Verfassungsentwicklung III

Verfassungsentwicklung III

Verfassungsentwicklung im Gesetz

Deutsch-Japanisches Verfassungsgespräch 2019

herausgegeben von

Matthias Jestaedt und Hidemi Suzuki

Mohr Siebeck

Matthias Jestaedt, 2002–2011 Professor an der Friedrich-Alexander-Universität Erlangen-Nürnberg, seit 2011 Professor an der Albert-Ludwigs-Universität Freiburg i. Br.

Hidemi Suzuki, 1992–1998 Professorin an der Hokuriku-Universität, Kanazawa, 1998–2002 Professorin an der Universität Hiroshima, 2002–2004 Professorin an der Nihon-Universität, Tokio, 2004–2015 Professorin an der Universität Osaka, seit 2015 Professorin an der Keio-Universität, Tokio.

Gedruckt mit großzügiger finanzieller Unterstützung der Fritz Thyssen Stiftung, Köln.

ISBN 978-3-16-160190-3 / eISBN 978-3-16-160191-0
DOI 10.1628/978-3-16-160191-0

Die Deutsche Nationalbibliothek verzeichnet diese Publikation in der Deutschen Nationalbibliographie; detaillierte bibliographische Daten sind über *http://dnb.dnb.de* abrufbar.

Das Buch wurde von Martin Fischer in Tübingen aus der Minion gesetzt und von Laupp & Göbel in Gomaringen auf alterungsbeständiges Werkdruckpapier gedruckt und gebunden.

Printed in Germany.

Inhaltsverzeichnis

Teil V: Polizeiliche Tätigkeit und Datenschutz

Teil VI: Verfassungsgerichtsbarkeit und Fachgerichtsbarkeit

Teil VII: Das Verhältnis von Verfassung und Gesetz im Lichte des EU-Rechts

Vorwort

Seit 2015 findet sich eine Gruppe von Staatsrechtslehrerinnen und Staatsrechtslehrern aus jeweils mehr als 10 japanischen und deutschen Rechtsfakultäten alle zwei Jahre zu einem „Deutsch-Japanischen Verfassungsgespräch" (DJVG) zusammen. Das DJVG dient der Verfestigung und Verbreiterung eines nachhaltigen, traditionell engen wissenschaftlichen Austausches zwischen der japanischen und deutschen Verfassungsrechtswissenschaft. Sämtliche Teilnehmerinnen und Teilnehmer auf japanischer Seite sind Mitglieder der „Forschungsgesellschaft für deutsches Verfassungsrecht" (FdV) (ドイツ憲法判例研究会, Doitsu Kempō Hanrei Kenkyūkai), sämtliche deutsche sind ihrerseits Mitglieder der „Vereinigung der Deutschen Staatsrechtslehrer" (VDStRL).

Vom 16. bis 18. September 2019 fand in Atami (Präfektur Shizuoka) sowie an der Keio-Universität in Tokio das mittlerweile dritte DJVG statt. Auch thematisch knüpfte dieses Gespräch an die beiden vorausgehenden Gespräche 2015 in Tokio und 2017 in Lenzkirch-Saig im Schwarzwald sowie an der Albert-Ludwigs-Universität in Freiburg i. Br. an: Einmal mehr ging es um das Phänomen der Verfassungsentwicklung. Während beim ersten Gespräch indes die Frage im Zentrum stand, wie sich die Verfassung durch Auslegung, Änderung und sonstige Formen des Wandels entwickelt (*Matthias Jestaedt/Hidemi Suzuki* [Hrsg.], Verfassungsentwicklung I. Auslegung, Wandlung und Änderung der Verfassung. Deutsch-Japanisches Verfassungsgespräch 2015, Mohr Siebeck, Tübingen 2017), und es beim zweiten Gespräch um die Rolle der Verfassungsgerichtsbarkeit beim *aggiornamento* der Verfassung ging (*Matthias Jestaedt/Hidemi Suzuki* [Hrsg.], Verfassungsentwicklung II. Verfassungsentwicklung durch Verfassungsgerichte. Deutsch-Japanisches Verfassungsgespräch 2017, Mohr Siebeck, Tübingen 2019), diskutierten 21 japanische und 13 deutsche Verfassungsrechtswissenschaftler(innen) unter dem Hauptthema „Verfassungsentwicklung III. Verfassungsentwicklung im Gesetz" darüber, welche Rolle das Gesetz für die Verfassungsentwicklung besitzt und wie sich diese ihrerseits auf Verständnis und Handhabung des Gesetzes(rechts) auswirkt. Dabei dreht es sich sowohl um die den Gesetzgeber limitierende und orientierende Funktion namentlich der Grundrechte, die sich in unterschiedlichen Referenzgebieten – herausgegriffen und einer näheren Betrachtung unterzogen wurden das Privatrecht, das Umweltrecht, das Sozialrecht und das Polizei- und Datenschutzrecht – mit unterschiedlichen Akzentsetzungen auswirkt, als auch um die unterschiedlichen Wege der Grundrechtsaktualisierung und -realisierung durch Gesetzesrecht; zu letzteren zählt auch die Kollisionslösungsaufgabe, die infolge des Vorbehalts des Gesetzes vorzugsweise dem Gesetzgeber zufällt. Unter verfassungsvergleichenden

Auspizien darf das in Japan und in Deutschland sehr unterschiedlich ausgestaltete Verhältnis von Verfassungsgerichtsbarkeit und Fachgerichtsbarkeit (in Japan gibt es kein Pendant der für die Frage des Ausstrahlungswirkung der Grundrechte auf das Gesetzesrecht überragend wichtigen Urteilsverfassungsbeschwerde, die rund 95% aller Verfahren beim Bundesverfassungsgericht ausmacht) nicht fehlen. Eine weitere deutsche Besonderheit, an der in Südostasien – und dort namentlich in Japan – besonderes Interesse besteht, ist die Verschiebung des Verhältnisses von Verfassung (Grundrechten) und Gesetz durch die Supranationalisierung; kraft des (grundsätzlichen) Vorrangs des Unionsrechts auch vor deutschem Verfassungsrecht steht das Gesetz nicht mehr in der exklusiven (Hierarchie-)Beziehung zur Verfassung, sondern auch zu dem die erstere Relation teils überlagernden und umprägenden Unions(primär- und sekundär)recht. Im Einzelnen waren die zur gemeinsamen Diskussion gestellten Themen so angelegt, dass sie einerseits auf sehr konkrete Verfassungsentwicklungen im Gesetz in den beiden Staaten zielten, andererseits aber auch abstraktere Fragen zum Gegenstand hatten, die immer wieder eine theoretisch vertiefte Reflexion der in den konkreteren Themen sich abzeichnenden Entwicklungen erlaubt(e).

Die Abhaltung des DJVG 2019 wurde durch großzügige Zuwendungen einerseits der Japan Society for the Promotion of Science (JSPS, 日本学術振興会) sowie andererseits der Fritz Thyssen Stiftung, Köln, ermöglicht. Für beider Unterstützung sind wir außerordentlich dankbar, sind doch derlei internationale Austausche ohne eine weitsichtige Wissenschaftsförderung nicht durchführbar. Der Fritz Thyssen Stiftung gebührt überdies herzlicher Dank für den Druckkostenzuschuss, der die vorliegende Publikation in Deutschlands führendem Verlag für Rechtswissenschaft ermöglicht hat, dem – nicht zuletzt in Gestalt der Herstellerin *Ilse König* – in gewohnt exzellenter Weise die verlegerischer Betreuung oblag. Last but not least gebührt den Mitarbeiterinnen und Mitarbeitern des Freiburger Lehrstuhls für Öffentliches Recht und Rechtstheorie der tiefe Dank der Herausgeber für die hervorragende redaktionelle Arbeit.

Tokio und Freiburg i. Br., im September 2021 *Hidemi Suzuki* und *Matthias Jestaedt*

Teil I

Privatautonomie

Privatautonomie

Von der unmittelbaren zur mittelbaren Drittwirkung und zurück?

Anna-Bettina Kaiser

I. „Sozialistisches Öl" zur Begrenzung der Privatautonomie?

„[U]nser Privatrecht muß ein Tropfen sozialistischen Oeles durchsickern!",[1] forderte *Otto von Gierke* als Reaktion auf den ersten Entwurf zum Bürgerlichen Gesetzbuch (BGB). Seine Kritik entzündete sich in erster Linie an der aus seiner Sicht grenzenlos ausgestalteten Privatautonomie.[2] Ihre wichtigste Ausprägung, die Vertragsfreiheit, gewährt dem Einzelnen bekanntlich die Freiheit, zu entscheiden, mit wem er einen Vertrag abschließt, als auch die Freiheit, den Vertrag zu gestalten.[3] Ob die Wahl des Vertragspartners oder der Vertragsinhalt vernünftig ist, spielt für die Wirksamkeit des Vertrags dagegen grundsätzlich keine Rolle. „Stat pro ratione voluntas", anstelle der Vernunft gilt der Wille, so lautet der Grundsatz der Vertragsfreiheit.[4]

Gegenwärtig stehen wir, das zeigt die Stadionverbotsentscheidung des Bundesverfassungsgerichts, vor einer grundsätzlichen Neujustierung der Grenzen der Privatautonomie. Sie steht im Zentrum dieses Beitrags. Zuvor sollen jedoch kurz die wesentlichen Entwicklungsschritte hin zur Gewährleistung der Privatautonomie und zur Formulierung ihrer wichtigsten Grenzen rekapituliert werden.

---

[1] *Otto [von] Gierke*, Die soziale Aufgabe des Privatrechts, Berlin 1889, S. 9 f.

[2] *Gierke* (Fn. 1), S. 28.

[3] *Christoph Krampe*, Art. Privatautonomie, Staatslexikon, hg. von der Görres-Gesellschaft, 4. Band, 7. Aufl., Sonderausgabe 1995, Sp. 566.

[4] Vgl. *Eduard Picker*, Antidiskriminierungsgesetz – Der Anfang vom Ende der Privatautonomie, JZ 2002, S. 880.

II. Der einfach- und verfassungsrechtliche Schutz der Privatautonomie

Der Verfassunggeber der Weimarer Reichsverfassung (WRV) und später der des Grundgesetzes fand mit dem BGB und weiteren Privatrechtskodifikationen das die Privatautonomie schützende einfache Recht bereits vor. Gerade das BGB hatte zwar nach *Gierkes* Intervention noch einige sozialistische Tropfen eingeflößt bekommen, war aber insgesamt ein Geschöpf der liberalen Marktgesellschaft des späten 19. Jahrhunderts geblieben.[5] Die demokratischen Verfassungen griffen diesen Zustand auf. Während die WRV in Art. 152 zumindest die Vertragsfreiheit ausdrücklich verfassungsrechtlich gewährleistete, verzichtete das Grundgesetz zwar auf einen derartigen expliziten Schutz. Das Bundesverfassungsgericht sowie die herrschende Lehre sehen die Privatautonomie jedoch ganz selbstverständlich durch Art. 2 Abs. 1 GG geschützt: Er gewährleiste die „Privatautonomie als ‚Selbstbestimmung des Einzelnen im Rechtsleben'".[6] Für diese Selbstbestimmung sind freilich auch Berufs- und Eigentumsfreiheit, Testierfreiheit sowie die Eheschließungsfreiheit unerlässlich.[7]

Ausgestaltet und begrenzt wird die Privatautonomie dabei durch das einfache Recht. Auch das Grundgesetz spricht *explizit* (zu weiteren Grenzen sogleich) Grenzen der Privatautonomie an. Zwar mögen jene nicht so deutlich benannt sein wie in Art. 152 WRV, der Wucher und Sittenwidrigkeit des Rechtsgeschäfts ausdrücklich aufführte, doch findet die Privatautonomie gem. Art. 2 Abs. 1 GG ihre Grenze in der verfassungsmäßigen Ordnung und etwa die Eigentumsfreiheit in der Sozialpflichtigkeit (Art. 14 Abs. 2 GG). So lässt das Bundesverfassungsgericht gesetzliche Kontrahierungszwänge und ähnliche Einschränkungen zur Sicherung sozialer Zwecke denn auch regelmäßig passieren.[8]

---

[5] *Franz Wieacker*, Industriegesellschaft und Privatrechtsordnung, 1974, S. 16, 22 und öfter; zur Rolle, die das negative Grundrechtsverständnis des 19. Jahrhunderts und die darin abgebildete Trennung zwischen Verfassung und Privatrecht in der Absicherung der liberalen Marktgesellschaft gespielt hat, s. nur *Dieter Grimm*, Verfassung und Privatrecht im 19. Jahrhundert, 2017, insb. die historische und systematische Einleitung in das Verhältnis, S. 1–37.

[6] BVerfGE 89, 214 (231, juris-Rn. 51) – Bürgschaft. Die Formulierung geht auf *Werner Flume* zurück, siehe *Horst Dreier*, in: Dreier (Hrsg.), Grundgesetz-Kommentar, Bd. 1, 3. Aufl. 2013, Art. 2 I, Rn. 35.

[7] *Josef Isensee*, Privatautonomie, in: ders./Paul Kirchhof (Hrsg.), Handbuch des Staatsrechts, Bd. 7, 3. Aufl. 2009, § 150, Rn. 60 ff., dort auch zum Streit, ob von einem einheitlichen Grundrecht der Privatautonomie ausgegangen werden sollte, was *Isensee* zu Recht verneint (Rn. 61).

[8] BVerfGE 103, 197 (215, juris-Rn. 71 ff.) – Pflegeversicherung I; 89, 48 (61 ff., juris-Rn. 49 ff.).

III. Die Privatrechtswirkung der Grundrechte und ihre Folgen für die Privatautonomie

Das sind aber nicht die einzigen Grenzen der Privatautonomie unter dem Grundgesetz. Spätestens seit der Lüth-Entscheidung des Bundesverfassungsgerichts aus dem Jahr 1958 ist ein wichtiger zweiter Strang hinzugekommen. Es ist bekannt, dass das Karlsruher Gericht davon ausgeht, dass die Grundrechte nicht nur Abwehrrechte des Einzelnen gegen den Staat enthalten. Es versteht sie bekanntlich auch als objektive Normen, ja als eine Wertordnung, die in das einfache Recht, insbesondere in unbestimmte Rechtsbegriffe und Generalklauseln, ausstrahlen, sog. mittelbare Drittwirkung.[9] In gewisser Weise hat das Gericht mit dieser Konstruktion einen Mittelweg eingeschlagen: Tendenzen aus der Literatur und Arbeitsgerichtsbarkeit der 1950er Jahre, den Grundrechten eine unmittelbare Drittwirkung zuzuerkennen,[10] erteilte es eine deutliche Absage. Denn eine solche unmittelbare Drittwirkung würde die Privatautonomie, darin ist man sich bis heute weitgehend einig,[11] unverhältnismäßig einschränken. Umgekehrt hat sich das Gericht aber auch nicht auf eine harte *state action*-Doktrin festgelegt, was zur Folge gehabt hätte, dass den Grundrechten lediglich die traditionelle Abwehrdimension zuerkannt worden wäre.

Diese von *Günter Dürig*[12] vorbereitete Kopernikanische Wende der Dogmatik führte allmählich zur vielbeschriebenen Konstitutionalisierung der bundesrepublikanischen Rechtsordnung,[13] blieb aber nicht unwidersprochen. Die scharfe frühe Kritik der *Schmitt*-Schule[14] erzielte allerdings nicht mehr als einen Teilerfolg: So setzte sich in der Literatur zwar bald die Meinung durch, dass die Rede von den Grundrechten als Wertordnung der Zeit und ihrem Kontext geschuldet sei[15] und eine Sackgasse darstelle. Am Ergebnis, der Doktrin der mittelbaren Drittwirkung, änderte das freilich nichts. Der vom Bundesverfassungsgericht einmal eingeschla-

---

[9] BVerfGE 7, 198. S. rechtsvergleichend *Rainer Wahl*, Die objektiv-rechtliche Dimension der Grundrechte im internationalen Vergleich, in: Detlef Merten/Hans-Jürgen Papier (Hrsg.), Handbuch der Grundrechte, Bd. 1, 2004, § 19 Rn. 28ff.

[10] Siehe *Hans Carl Nipperdey*, Das Arbeitsrecht im Grundgesetz, RdA 1949, S. 214 (216); *ders.*, Gleicher Lohn der Frau für gleiche Leistung, RdA 1950, S. 121 (124f.); *ders.*, Boykott und freie Meinungsäußerung, DVBl. 1958, S. 445ff.; *ders.*, Grundrechte und Privatrecht, 1961.

[11] Siehe nur *Horst Dreier*, in: Dreier (Hrsg.), Grundgesetz-Kommentar, Bd. 1, 3. Aufl. 2013, Vorb. Rn. 98.

[12] *Günter Dürig*, Grundrechte und Zivilrechtsprechung, FS Hans Nawiasky, 1956, S. 157ff.

[13] *Gunnar Folke Schuppert/Christian Bumke*, Die Konstitutionalisierung der Rechtsordnung, 2000.

[14] *Ernst Forsthoff*, Die Umbildung des Verfassungsgesetzes, in: Hans Barion/Ernst Forsthoff/Werner Weber (Hrsg.), Festschrift für Carl Schmitt, 1959, S. 35ff.; *Carl Schmitt*, Die Tyrannei der Werte [1960], 3. Aufl. 2011; *Ernst-Wolfgang Böckenförde*, Grundrechtstheorie und Grundrechtsinterpretation [1974], in: *ders.*, Staat, Verfassung, Demokratie, 1991, S. 115ff.

[15] *Oliver Lepsius*, Die maßstabsetzende Gewalt, in: Matthias Jestaedt et al., Das entgrenzte Gericht, 2011, S. 159 (197).

gene Entwicklungspfad (*Rainer Wahl*) wurde vom Gericht nicht mehr verlassen, obwohl die theoretische Basis der mittelbaren Drittwirkung inzwischen brüchig geworden war.[16]

Weiter verkompliziert wurde die Lage durch die Erfindung bzw. die Neuentdeckung (*Grimm*) der Schutzpflichtendimension der Grundrechte in der 1. Schwangerschaftsentscheidung. Bald galten die Schutzpflichten als neue und bessere theoretische Fundierung der *Privatrechtswirkung der Grundrechte*,[17] ein Vorschlag, der von *Claus-Wilhelm Canaris* und damit ausgerechnet aus dem Kreis der Zivilrechtler stammte.[18] Die Rechtsprechung des Bundesverfassungsgerichts griff diesen Gedanken in mehreren Entscheidungen auf,[19] vorangetrieben durch den Richter des Bundesverfassungsgerichts *Thomas Dieterich*, der in zentralen Entscheidungen als Berichterstatter fungierte,[20] so etwa in der im Folgenden darzustellenden Bürgschaftsentscheidung. Mit diesen dogmatischen Entwicklungen verfügte das Bundesverfassungsgericht über einen neuen Hebel, um der Privatautonomie verfassungsrechtliche Grenzen zu ziehen.

Die Bürgschaftsentscheidung des Bundesverfassungsgerichts aus dem Jahr 1993 stellt dafür ein besonders anschauliches Beispiel dar. Der Entscheidung liegt folgender Sachverhalt zugrunde: Die selbstlose, aber zugleich mittellose 21-jährige Tochter hatte für die Forderungen einer Bank gegen ihren Vater selbstschuldnerisch eine Bürgschaft in Höhe von 100.000 DM übernommen. Dabei hatte sie auf einem von der Bank vorgelegten Formblatt auf sämtliche Schutzvorschriften, die das BGB für Bürgschaften bereithält, verzichtet, nachdem der Bankvertreter das Haftungsrisiko heruntergespielt hatte. Dennoch hielt der Bundesgerichtshof (BGH) die Tochter an dem geschlossenen Bürgschaftsvertrag fest. *Pacta sunt servanda.*

Das Bundesverfassungsgericht sah die beschwerdeführende Tochter durch das Urteil des BGH in ihrer allgemeinen Handlungsfreiheit (Privatautonomie) verletzt, hob das Urteil daher auf und verwies die Sache an den BGH zurück. Zwar hatten die Vertragsparteien den Inhalt des Vertrags selbst privatautonom bestimmt. In einer solchen Konstellation komme dann aber den Zivilgerichten über die Generalklauseln der §§ 138, 242 BGB die Aufgabe der „Inhaltskontrolle“ des Vertrags zu. „Ein Verstoß gegen die grundrechtliche Gewährleistung der Privatautonomie“

---

[16] *Dominik Rennert*, Die verdrängte Werttheorie und ihre Historisierung. Zu „Lüth“ und den Eigenheiten bundesrepublikanischer Grundrechtstheorie, Der Staat 53 (2014), S. 31 ff.; *Anna-Bettina Kaiser/Dominik Rennert*, Schutzpflichten als „dynamisches Element“ der Rechtsordnung? Eine Grundrechtstheorie jenseits von Smend und Schmitt, in: Lars Viellechner (Hrsg.), Demokratischer Konstitutionalismus. Dieter Grimms Verständnis von Staat und Verfassung, 2021, S. 119 ff.

[17] *Matthias Ruffert*, Vorrang der Verfassung und Eigenständigkeit des Privatrechts, 2001, § 7 IX.

[18] *Claus-Wilhelm Canaris*, Grundrechte und Privatrecht, AcP 184 (1984), S. 201 (225 ff.).

[19] Etwa in BVerfGE 81, 242 – Handelsvertreter.

[20] *Matthias Ruffert*, Grundrechtliche Schutzpflichten: Einfallstor für ein etatistisches Grundrechtsverständnis?, in: Thomas Vesting/Stefan Korioth/Ino Augsberg (Hrsg.), Grundrechte als Phänomene kollektiver Ordnung. Zur Wiedergewinnung des Gesellschaftlichen in der Grundrechtstheorie und Grundrechtsdogmatik, 2014, S. 109 (114).

komme „in Betracht, wenn das Problem gestörter Vertragsparität gar nicht gesehen oder seine Lösung mit untauglichen Mitteln versucht wird“, so das Bundesverfassungsgericht.[21] Eine derartige strukturelle Störung der Vertragsparität sei im vorliegenden Fall aber gerade gegeben.

Die geschilderte verfassungsgerichtliche Entscheidung zeigt exemplarisch die Vorzüge und Schwächen der gegenwärtigen Dogmatik der Privatrechtswirkung der Grundrechte. Vom Gerechtigkeitsgefühl her betrachtet wird man dem Bundesverfassungsgericht zustimmen. Es erscheint als unbillige Härte, die Beschwerdeführerin am Vertrag festzuhalten. Der Einfluss der Grundrechte auf das Privatrecht wirkt dann als eine Form der Äquitas; sie dienen dazu, den Tropfen sozialistischen Öls über das Verfassungsrecht zu importieren. Bei näherem Hinsehen wirft die Entscheidung allerdings auch Fragen auf: Die Probleme beginnen schon bei der dogmatischen Konstruktion. So bleibt unklar, ob das Gericht die Konstruktion der mittelbaren Drittwirkung oder diejenige der Schutzpflichten bemüht.[22] Im Ergebnis verband das Gericht wohl beide Konstruktionen miteinander: Bei der Abwägung der kollidierenden Grundrechte, die im Rahmen der Auslegung der Generalklausel stattfindet – im vorliegenden Fall steht Privatautonomie gegen Privatautonomie – fällt seitens der beschwerdeführenden Tochter die Privatautonomie in der Schutzpflichtendimension in die Waagschale.

Weitere Einwände kamen aus der Zivilrechtswissenschaft. So hielt man dem Bundesverfassungsgericht vor, es geriere sich häufig als Superrevisionsgericht. Gerade in der Bürgschaftsentscheidung könnte sich dieser Vorwurf als zutreffend erweisen, wie ein Blick auf die Entscheidungen der Instanzgerichte zeigt. Tatsächlich hatte das Bundesverfassungsgericht in den dogmatischen Streit zwischen Oberlandesgericht und Bundesgerichtshof zugunsten des Oberlandesgerichts interveniert.[23]

Besonders schwer wiegt aber wohl der Vorwurf der Zivilrechtswissenschaft, die Konstitutionalisierung gefährde die Zivilrechtsdogmatik.[24] Tatsächlich kann beobachtet werden, dass die Zivilgerichtsbarkeit teilweise eine differenzierte Dogmatik durch eine Abwägung ersetzt.[25] Bei näherem Hinsehen geht es in der durch die Bürgschaftsentscheidung ausgelösten Diskussion um die Privatrechtswirkung der Grundrechte noch um mehr, es geht um einen Kampf um das angemessene Verständnis von Privatautonomie. Einem formellen Verständnis von Privatautonomie, zu dem Teile des Zivilrechts tendieren mögen, steht ein materielles Verständnis

---

[21] BVerfGE 89, 214 (234, juris-Rn. 56); daran anschließend BVerfGE 103, 89 – Unterhaltsverzichtsvertrag.

[22] *Ruffert* (Fn. 20), S. 113, geht von der Schutzpflichtenkonstruktion aus.

[23] *Günter Hager*, Von der Konstitutionalisierung des Zivilrechts zur Zivilisierung der Konstitutionalisierung, JuS 2006, S. 769 (774).

[24] *Uwe Diederichsen*, Das Bundesverfassungsgericht als oberstes Zivilgericht – ein Lehrstück der juristischen Methodenlehre, AcP 198 (1998), S. 171 (220).

[25] *Matthias Ruffert*, Die Rechtsprechung des Bundesverfassungsgerichts zum Privatrecht, JZ 2009, S. 389 (398), mit Nachweisen zur Rechtsprechung des Bundesarbeitsgerichts. S. auch *Alexander Tischbirek*, Die Verhältnismäßigkeitsprüfung, 2017, S. 146 f. und öfter.

entgegen, das im Öffentlichen Recht wohl überwiegt. Letztlich wurde der Grundsatzstreit nicht nur durch den Vorrang der Verfassung entschieden, sondern auch durch den Einfluss des Europarechts. Längst haben „Verbraucher" (§ 13 BGB) und Verbraucherschutz Einzug in das BGB gehalten und damit dessen ursprüngliches Modell formal gleicher Teilhabe am Privatrechtsverkehr endgültig abgelöst.

IV. Die neue Lehre: Staatsgleiche Grundrechtsbindung Privater in besonderen Situationen

Aus dem Siegeszug der Konstitutionalisierung des Privatrechts folgt aber nicht, dass alle dogmatischen Konstruktionsprobleme beseitigt wären, im Gegenteil. Auch über 60 Jahre nach der Lüth-Entscheidung ist die genaue rechtliche Begründung der Privatrechtswirkung der Grundrechte noch immer umstritten.[26] Der Erste Senat hat in seiner aktuellen Stadionverbotsentscheidung aus dem Jahr 2018 jedenfalls wieder den traditionellen Entwicklungspfad der mittelbaren Drittwirkung betreten.[27] Diese konventionelle Einkleidung der Entscheidung darf allerdings nicht darüber hinwegtäuschen, dass es sich bei diesem Beschluss um eine revolutionäre Leitentscheidung sowohl für die Privatautonomie als auch für die Privatrechtswirkung der Grundrechte allgemein handelt. Sie kann in ihrer Bedeutung kaum überschätzt werden, deutet sie doch die Richtung an, die das Bundesverfassungsgericht zukünftig gegenüber mächtigen Akteuren wie Facebook einschlagen könnte.

Der Sachverhalt ist dabei wenig spektakulär: Ein Fußballfan wandte sich gegen ein bundesweites Stadionverbot. Dieses war vom Fußballverein MSV Duisburg unter anderem im Namen des Deutschen Fußball-Bundes ausgesprochen worden, nachdem gegen den Fußballfan nach Randalen ein Ermittlungsverfahren wegen Landfriedensbruchs eingeleitet worden war. Neu ist indes, was der Senat für die Abwägung der sich gegenüberstehenden Grundrechtspositionen ausführt:

(1) Zunächst benennt der Senat Kriterien für die Abwägung, greift mit ihnen die Problematik des strukturellen Ungleichgewichts aus der Bürgschaftsentscheidung auf und führt sie weiter aus. Bei der Abwägung der beiderseitigen Rechtspositionen könnten „insbesondere auch die Unausweichlichkeit von Situationen, das Ungleichgewicht zwischen sich gegenüberstehenden Parteien, die gesellschaftliche

[26] *Matthias Jestaedt*, Diskriminierungsschutz und Privatautonomie, VVDStRL 64 (2005), S. 298 (330 f.). Alternative Konzepte wie die Argumentation, die Grundrechte gölten allein schon angesichts der Bindung des Zivilrichters an die Grundrechte, Art. 1 Abs. 3 GG (so *Jürgen Schwabe*, Die sogenannte Drittwirkung der Grundrechte, 1971), oder der Versuch, die Grundrechtsdimensionen auf die Abwehrfunktion zurückzuführen (*Ralf Poscher*, Grundrechte als Abwehrrechte, 2003), konnten sich (bislang) nicht durchsetzen.

[27] BVerfGE 148, 267 (279 f., Rn. 31 f.).

Bedeutung von bestimmten Leistungen oder die soziale Mächtigkeit einer Seite eine maßgebliche Rolle spielen".[28]

(2) Einschneidend aber ist dann, dass das Bundesverfassungsgericht erstmals anerkennt, dass auch der allgemeine Gleichheitssatz, Art. 3 Abs. 1 GG, in die Abwägung im Rahmen der mittelbaren Drittwirkung Eingang finden kann. Im vorliegenden Fall waren dementsprechend die Eigentümerbefugnisse mit Art. 3 Abs. 1 GG abzuwägen,[29] denn das Gericht sah den Kern der Verfassungsbeschwerde in der Ungleichbehandlung des Beschwerdeführers gegenüber all denjenigen, die das Stadion besuchen konnten.[30]

Aus Sicht der Privatautonomie ist diese Aussage freilich ein Paukenschlag: Was bleibt von der „Subjektivität *gewillkürter* Freiheit" (Fraport), dem Kern der Privatautonomie, übrig, wenn der allgemeine Gleichheitssatz und damit (zumindest) das *Willkürverbot* zur Anwendung kommt? Wird aus dem alten erwähnten Grundsatz der Privatautonomie, dass an die Stelle der Vernunft der Wille tritt, ein neuer Grundsatz, der einen *vernünftigen Willen* fordert? Das entspräche wohl dem, was schon *Gierke* vorschwebte („vernünftige Freiheit"),[31] und läge wohl auch nahe an der jüngsten Rechtsprechung des EuGH. Dieser hatte, etwa zeitgleich zur Stadionverbotsentscheidung, in der Rs. *Egenberger*[32] immerhin die unmittelbare Drittwirkung der *besonderen* Diskriminierungsverbote in Art. 21 GRCh festgestellt, indem er sie unter anderem den vereinzelten Diskriminierungsverboten in den Verträgen (etwa Art. 157 AEUV) gleichstellte.[33]

---

[28] BVerfGE 148, 267 (281, Rn. 33).

[29] BVerfGE 148, 267 (284, Rn. 44).

[30] BVerfGE 148, 267 (282f., Rn. 38).

[31] *Gierke* (Fn. 1), S. 28: „Wenn das moderne Recht hier den Grundsatz der Vertragsfreiheit durchführt, so kann doch auch hier nicht willkürliche, sondern nur vernünftige Freiheit gemeint sein: Freiheit, die kraft ihrer sittlichen Zweckbestimmung ihr Maß in sich trägt – Freiheit, die zugleich Gebundenheit ist. Schrankenlose Vertragsfreiheit zerstört sich selbst".

[32] EuGH, C-414/16, ECLI:EU:C:2018:257, Rn. 77 – Egenberger.

[33] Die Rechtsprechung ist nicht zufällig aus dem sekundären Antidiskriminierungsrecht herausgewachsen. Sie schließt die Rechtsprechungslinie *Mangold* ab, in der der EuGH das Diskriminierungsverbot der sekundären Diskriminierungsrichtlinien zu einem allgemeinen Grundsatz des Unionsrechts verdichtet hat und damit die Wirkung der Richtlinien auch in Fällen begründet, in denen sie ansonsten – wegen fehlerhafter Umsetzung und der methodischen Grenzen richtlinienkonformer Auslegung – gescheitert wäre (EuGH, Rs. C-144/04, Slg. 2005, I-9981, Rn. 74ff. – Mangold; Rs. C-555/07, Slg. 2010, I-365, Rn. 50 – Kücükdeveci; Rs. C-441/14, ECLI:EU:C:2016:278, Rn. 35f. – Dansk Industri; zu dieser „Vorwirkung" auch BVerfGE 126, 286 (312, juris-Rn. 78) – Honeywell; teilweise wurde darin bereits eine unmittelbare Privatrechtswirkung gesehen, vgl. *Ulrich Haltern*, Europarecht II, 3. Aufl. 2017, Rn. 1520). Allerdings bleibt noch offen, inwieweit dieser neue Schritt Art. 21 GRCh tatsächlich von seiner „unterstützenden" Wirkung für das sekundäre Antidiskriminierungsrecht (das ja häufig auch auf strukturelle Ungleichgewichte reagiert) verselbständigt und auf Fälle außerhalb ihres Anwendungsbereichs ausweitet. Daneben scheint der EuGH jetzt auch für andere Charta-Grundrechte unmittelbare Drittwirkungen für möglich zu halten, wobei der Sprung ebenfalls (bis jetzt) auf die „Mangold"-Konstellation beschränkt bleibt (s. EuGH, Rs. C-569 u. C-570/16, ECLI:EU:C:2018:871, Rn. 85 – Bauer, zuvor schon angedeutet

Der Senat beeilt sich jedoch, klarzustellen, dass Art. 3 Abs. 1 GG die Privatautonomie *grundsätzlich gerade nicht* begrenze (für spezielle Gleichheitsrechte, also die *Egenberger*-Konstellation, lässt das Gericht die Frage ausdrücklich offen[34]).[35] Eine Ausnahme könne sich jedoch *für spezifische Konstellationen* wie die vorliegende ergeben: „Indem ein Privater eine solche Veranstaltung ins Werk setzt, [die aufgrund eigener Entscheidung einem großen Publikum ohne Ansehen der Person geöffnet wird und die für die Betroffenen in erheblichem Umfang über die Teilnahme am gesellschaftlichen Leben entscheidet,] erwächst ihm von Verfassungs wegen auch eine besondere rechtliche Verantwortung. Er darf seine hier aus dem Hausrecht – so wie in anderen Fällen möglicherweise aus einem Monopol oder aus struktureller Überlegenheit – resultierende Entscheidungsmacht nicht dazu nutzen, bestimmte Personen ohne sachlichen Grund von einem solchen Ergebnis auszuschließen."[36] Liege eine solche spezifische Konstellation vor, bedürfe der Private wie vorliegend die Stadionbetreiber eines sachlichen Grundes für den Ausschluss eines anderen Privaten. Auch träfen ihn verfahrensrechtliche Anforderungen, vor allem eine vorherige Anhörung, ggf. eine Begründung.[37]

Im Ergebnis kommt der Senat damit für spezifische Situationen zu einer staatsgleichen Bindung des Privaten. Aus der mittelbaren Drittwirkung ist dabei eine faktisch-unmittelbare geworden, denn mehr als einen sachlichen Grund und vor allem verfahrensrechtliche Anforderungen träfen in einem vergleichbaren Fall auch den Staat nicht (sieht man von den zusätzlichen Erfordernissen der „neuen Formel" ab). In der Literatur wird daher die Frage aufgeworfen, wie der Senat dogmatisch

in Rs. C-176/12, EU:C:2014:2, Rn. 44 ff. – ASM). S. zur derzeitigen Diskussion *Matthias Ruffert*, Privatrechtswirkung der Grundrechte, JuS 2020, S. 1 ff.

Im Übrigen kennt das Unionsrecht nur bei den Grundfreiheiten im Fall monopolähnlicher Stellungen (Sportverbände: EuGH, Rs. 36/74, Slg. 1974, 1405 Rn. 16/19 – Walrave u. Koch; Gewerkschaften: EuGH, Rs. C-438/05, Slg. 2007, I-10779 Rn. 42 ff. – Viking) unmittelbare horizontale Wirkung, für die Rechte der Grundrechtecharta – ähnlich der Rechtsprechung des EGMR (EGMR, 69498/01, Rn. 46 u. 59 – Pla und Puncerna ./. Andorra; s. auch EGMR, 552/10, Rn. 67 ff. – I.B. ./. Griechenland; zur Übersicht *Christoph Grabenwarter/Katharina Pabel*, EMRK, 6. Aufl. 2016, § 19 Rn. 8 f.) – dagegen nur eine Art zurückgenommener mittelbarer Drittwirkung im Wege chartakonformer Auslegung von Sekundärrecht und mitgliedstaatlichem Privatrecht (EuGH, Rs. C-580/13, ECLI:EU:C:2015:48 Rn. 31 – Coty Germany; Rs. C-569 u. C-570/16, ECLI:EU:C:2018:871, Rn. 51 ff. – Bauer; Rs. C-55/18, ECLI:EU:C:2019:402 Rn. 33, 71 – CCOO; vgl. auch BVerfGE 152, 216 (254, Rn. 97) – Recht auf Vergessen II: eine der mittelbaren Drittwirkung „ähnliche Wirkung"; dabei handelt es sich um eine von der „Mangold"-Linie zu unterscheidende Konstellation, weil sich hier das nationale Recht richtlinienkonform auslegen lässt, ohne die contra legem-Grenze zu erreichen; in diesem Fall wirkt das Grundrecht mittelbar „durch" die Richtlinie hindurch auf die Auslegung des nationalen Rechts ein).

[34] Vgl. aus der verfassungsrechtswissenschaftlichen Diskussion *Jestaedt* (Fn. 26), S. 339 ff.; *Gabriele Britz*, Diskriminierungsschutz und Privatautonomie, VVDStRL 64 (2005), S. 355 (360 ff.).

[35] BVerfGE 148, 267 (283, Rn. 40).

[36] BVerfGE 148, 267 (284, Rn. 41).

[37] BVerfGE 148, 267 (285 f., Rn. 46).

zu dieser Entscheidung kommen könne.[38] Erklärbar ist diese revolutionäre Entscheidung nur vor dem Hintergrund zweier weiterer Entscheidungen,[39] in denen die staatsgleiche Grundrechtsbindung für „spezifische Konstellationen" bereits vorbereitet wurde: der Fraport-Entscheidung aus dem Jahr 2011, auf die sich die Stadionverbotsentscheidung auch ausdrücklich bezieht,[40] sowie der Kammerentscheidung zum „Bierdosenflashmob", in der die neuen Maßstäbe aus Fraport bereits zur Anwendung kamen.

Im Fraport-Fall aus dem Jahr 2011 hatte das Bundesverfassungsgericht darüber zu entscheiden, ob das von den Fachgerichten bestätigte Flughafenverbot, das der Betreiber des Frankfurter Flughafens, die Fraport AG, gegen Demonstranten erlassen hatte, deren Versammlungs- und Meinungsfreiheit verletzte. Zwar konnte sich Fraport als von der öffentlichen Hand beherrschte AG im Ergebnis gerade nicht auf ihre Privatautonomie berufen, sondern wurde vom Bundesverfassungsgericht umgekehrt als grundrechtsverpflichtet angesehen, so dass sich auch die Problematik der mittelbaren Drittwirkung nicht stellte. Doch machte der Senat in dieser Entscheidung in einem *obiter dictum* ganz grundsätzliche Ausführungen zur Unterscheidung von Staat und Gesellschaft, zur Privatautonomie und erstmals auch zum Leitbild[41] des öffentlichen Forums:

Der Senat geht dabei, gestützt auf Art. 1 Abs. 3 GG, nach wie vor von der strikten Unterscheidung von Staat und Gesellschaft aus. Während dem autonomen Privaten die „Subjektivität gewillkürter Freiheit" zukomme, sei der Staat „prinzipiell gebunden".[42] Interessant ist, dass der Senat einen *Zwischenbereich* konzipiert, der einerseits an ältere Vorschläge erinnert wie an denjenigen eines Gemeinrechts zwischen Öffentlichem Recht und Privatrecht durch *Martin Bullinger*,[43] andererseits an aktuelle verwaltungsrechtliche Konzeptionen des Gewährleistungsstaats:[44] Private können „möglicherweise [...] – etwa [!] im Wege der mittelbaren Drittwirkung – unbeschadet ihrer eigenen Grundrechte ähnlich oder auch genauso weit durch die Grundrechte in Pflicht genommen werden [wie die öffentliche Hand], insbesondere wenn sie in tatsächlicher Hinsicht in eine vergleichbare Pflichten-

---

[38] *Matthias Ruffert*, Common sense statt strikte Dogmatik? Zutreffendes aus Karlsruhe zu Stadionverboten, VerfBlog, 2018/4/30, https://verfassungsblog.de/common-sense-statt-strikte-dogmatik-zutreffendes-aus-karlsruhe-zu-stadionverboten/; *Alexander Hellgardt*, Wer hat Angst vor der unmittelbaren Drittwirkung? Die Konsequenzen der Stadionverbot-Entscheidung des BVerfG für die deutsche Grundrechtsdogmatik, JZ 2018, S. 901 (910).

[39] Diesen Zusammenhang stellt auch *Fabian Michl*, Situativ staatsgleiche Grundrechtsbindung privater Akteure, JZ 2018, S. 910 (911), her.

[40] Ausdrücklich werden die beiden Entscheidungen *Bürgschaft* und *Fraport* zitiert in Rn. 33.

[41] Zur Technik des Leitbilds s. *Uwe Volkmann*, Leitbildorientierte Verfassungsanwendung, AöR 134 (2009), S. 157 ff.

[42] BVerfGE 128, 226 (244, 249, juris-Rn. 48, 58).

[43] *Martin Bullinger*, Öffentliches Recht und Privatrecht, 1968, S. 80 ff., 87 ff.

[44] Vgl. *Jan Philipp Schaefer*, Neues vom Strukturwandel der Öffentlichkeit. Gewährleistungsverwaltung nach dem Fraport-Urteil des Bundesverwaltungsgerichts, Der Staat 51 (2012), S. 251 ff.

oder Garantenstellung hineinwachsen wie traditionell der Staat"[45] – so der revolutionäre Satz des Gerichts, mit dem der Senat die Unterscheidung zwischen mittelbarer und unmittelbarer Drittwirkung relativiert, die 60 Jahre als grundlegend galt.

In einem letzten Schritt benennt der Senat schließlich zwei Kriterien, die gegebenenfalls zu einer staatsgleichen Pflichtenstellung führen könnten. Das sei zum einen der Fall, wenn private Unternehmen „in Funktionen eintreten, die [...] früher dem Staat als Aufgabe der *Daseinsvorsorge* zugewiesen waren."[46] Zum anderen komme eine derartige Pflichtenstellung auch für Unternehmen in Betracht, die *Orte der allgemeinen Kommunikation* schaffen. Ob ein solcher Ort vorliege, beurteile sich nach dem „Leitbild des öffentlichen Forums",[47] für das sich der Senat vergleichend auch auf die Rechtsprechung des kanadischen und US-Supreme Court beruft.[48] Das öffentliche Forum sei „dadurch charakterisiert, dass auf ihm eine Vielzahl von verschiedenen Tätigkeiten und Anliegen verfolgt werden kann und hierdurch ein vielseitiges und offenes Kommunikationsgeflecht entsteht. [...] Werden Räume in dieser Weise für ein Nebeneinander verschiedener, auch kommunikativer Nutzungen geöffnet und zum öffentlichen Forum, kann aus ihnen gemäß Art. 8 Abs. 1 GG auch die politische Auseinandersetzung in Form von kollektiven Meinungskundgaben durch Versammlungen nicht herausgehalten werden."[49] Mit anderen Worten: Im öffentlichen Forum stößt die Privatautonomie an ihre Grenzen. – Umgesetzt wurden diese neuen Maßstäbe bereits, wie erwähnt, in der sog. Bierdosenflashmob-Kammerentscheidung. Auch dort stand eine Versammlung in Rede, doch anders als im Fraport-Fall befand sich der Innenstadt-Platz, auf dem die Versammlung stattfinden sollte, vollständig in der Hand eines Privaten, der ein Hausverbot ausgesprochen hatte. Die Kammer knüpfte an das Fraport-*obiter dictum* an und entschied, dass die mittelbare Drittwirkung für bestimmte Fälle wie dem vorliegenden zu einer staatsgleichen Grundrechtsbindung

---

[45] BVerfGE 128, 226 (248, juris-Rn. 56). Auf S. 249 (juris-Rn. 59) wird der Gedanke noch einmal wiederholt: „Je nach Gewährleistungsgehalt und Fallgestaltung kann die mittelbare Grundrechtsbindung Privater einer Grundrechtsbindung des Staates vielmehr nahe oder gleich kommen".

[46] BVerfGE 128, 226 (249 f., juris-Rn. 59), Hervorhebung durch *A.-B. K.*

[47] BVerfGE 128, 226 (253, juris-Rn. 70).

[48] Zitiert werden die beiden Entscheidungen Supreme Court of Canada, Committee for the Commonwealth of Canada v. Canada, [1991] 1 S. C. R. 139; Supreme Court of the United States, International Society for Krishna Consciousness [ISKON] v. Lee, 505 U. S. 672 (1992). In der US-amerikanischen Entscheidung hatte gleichfalls die *public forum*-Eigenschaft eines (von der öffentlichen Hand betriebenen) Flughafens zur Entscheidung gestanden; dort hat sie *Chief Justice* Rehnquist für das Gericht freilich verneint.

[49] BVerfGE 128, 226 (253 f., juris-Rn. 70). Die Ausführungen zum öffentlichen Forum sind nicht mehr Teil des *obiter dictum*, vielmehr wird ein Kriterium benannt für die öffentliche Hand, das *zugleich* dazu dienen kann, ggf. eine staatsgleiche Verpflichtung für Private zu schaffen.

Privater führen könne.[50] Die (der Privatautonomie dienende) Eigentumsfreiheit des Privaten hatte entsprechend zurückzutreten.

Die Literatur nahm die skizzierte Rechtsprechungslinie, soweit sie überhaupt wie hier rekonstruiert wurde, teilweise kritisch auf.[51] Dem Gericht wurde vorgeworfen, es verstecke einen größeren Rechtsprechungswandel hinter der Rede von der „mittelbaren Drittwirkung". Auch seien die Konstellationen, in denen es zur staatsgleichen Bindung komme, zu unspezifisch. Doch trifft diese Kritik zu? Bei näherer Betrachtung kann die geäußerte Kritik nicht überzeugen. Eine Analyse zeigt, dass kritikwürdige Punkte an anderer Stelle liegen.

Zunächst: Im Hinblick auf das Ergebnis der hier zitierten Entscheidungen besteht weitgehend Einigkeit; ein bundesweites Stadionverbot soll nicht willkürlich ausgesprochen werden dürfen; auf privatisierten Plätzen in Innenstädten, die der Allgemeinheit zur Verfügung stehen, muss auch demonstriert werden dürfen etc. Wie groß die Einigkeit ist, zeigt auch die Tatsache, dass die Fachgerichte vom Ergebnis her ähnliche Entscheidungen getroffen haben, etwa der BGH als letzte fachgerichtliche Instanz vor der Stadionverbotsentscheidung, der ebenfalls eine Willkürkontrolle vorgenommen, aber freilich keine verfahrensrechtlichen Anforderungen an den Veranstalter formuliert hatte.[52]

Nimmt man die Privatautonomie in den Blick, so sind die Grenzen, die die genannten Entscheidungen der Freiheit setzen, schon deshalb angemessen, weil sie sich im gewöhnlichen Rechtsverkehr nicht auswirken werden. In allen drei Entscheidungen wurde dementsprechend auf „spezifische Konstellationen" abgestellt. Solche Sondersituationen aber kennt auch das Zivilrecht schon lange und akzeptiert z. B. Kontrahierungszwänge, die der Privatautonomie einfachrechtliche Grenzen ziehen und nunmehr auch verfassungsrechtlich fundiert werden können.

Sind die genannten Entscheidungen dann überhaupt so revolutionär wie von mir behauptet? Ja, denn nunmehr kann es, wenn auch nur für spezifische Konstellationen (dazu sogleich), *im Rahmen der mittelbaren Drittwirkung* zu einer staatsgleichen Inpflichtnahme Privater kommen, so dass faktisch (fast) kein Unterschied mehr zur unmittelbaren Drittwirkung besteht.[53] Ist die Rede von der „mittel-

[50] BVerfG (K), Einstweilige Anordnung vom 18.7.2015, 1 BvQ 25/15, juris-Rn. 6 – Bierdosenflashmob.

[51] *Michl* (Fn. 39), S. 916 ff.

[52] Tatsächlich hatte der BGH vor der Stadionverbots-Entscheidung in seiner eigenen Rechtsprechung die Maßstäbe, in welchen Fällen eine privatautonome Entscheidung der Pflicht einer sachlichen Begründung unterlag, sogar weiter gezogen. Sie traf jeden Hausrechtsinhaber, der eine „Örtlichkeit für den allgemeinen Publikumsverkehr öffnet und dadurch seine Bereitschaft zu erkennen gibt, generell und unter Verzicht auf eine Prüfung im Einzelfall jedem den Zutritt zu gestatten, der sich im Rahmen des üblichen Verhaltens bewegt", vgl. BGH, Urt. v. 29.5.2020 – V ZR 275/18, juris-Rn. 14. Der BGH hat seine Dogmatik jetzt auf das Schutzniveau des BVerfG zurückgenommen, s. ebd., Rn. 15 ff.

[53] Zu einfach macht es sich *Michael Grünberger*, Warum der Stadionverbots-Beschluss weit mehr ist als nur Common Sense, VerfBlog 2018/5/01, https://verfassungsblog.de/warum-der-stadionverbots-beschluss-weit-mehr-ist-als-nur-common-sense/, der meint: „Die Horizontal-

baren Drittwirkung" dann nur vorgeschoben, wie von der Literatur teilweise vorgebracht? Nicht unbedingt, kann man die neue Rechtsprechungslinie doch auch als Anleitung für eine *Gewichtung* im Rahmen der Abwägung rekonstruieren – so mein Vorschlag. Stehen sich also Privatautonomie und ein kollidierendes Grundrecht gegenüber, ist die Kollision in gewöhnlichen Fällen durch praktische Konkordanz aufzulösen. Liegt demgegenüber eine „spezifische Konstellation" im Sinne der neuen Rechtsprechung vor, wird sich regelmäßig das kollidierende Grundrecht durchsetzen. Immerhin könnte sich der private Großveranstalter in meiner Rekonstruktion nach wie vor auf seine Grundrechte berufen, auch wenn sie in der Abwägung regelmäßig unterliegen werden. Ein solches Vorrangdenken ist z. B. auch aus der Abwägung im Baurecht bekannt.[54]

Damit wird der Blick auf die Frage gelenkt, wodurch sich eine solche „spezifische Konstellation" auszeichnet. Die Literatur wirft dem Gericht vor, es bleibe hier zu vage.[55] Richtig ist, dass das Gericht die Konstellationen bislang nicht ausbuchstabiert hat – doch das ist aus meiner Sicht zu begrüßen. Weitere Ausführungen hätten dem Gericht vielmehr den Vorwurf eingetragen, seine Maßstäbe mit zu großen theoretischen Ausführungen zu überfrachten. Hier ist die Literatur gefragt, Grenzlinien herauszuarbeiten. Gerade diese Grenzlinien – der Zuschnitt der Sonderkonstellationen – werden aber entscheidend sein bei der Frage, ob sich die neue Rechtsprechungslinie des Gerichts als übermäßig einschneidend für die Privatautonomie erweist oder nicht. Die Vorteile umgekehrt eines schrittweisen Vorgehens in der Rechtsprechung zeigen sich in der Sorgfalt, mit der die neuesten Kammerentscheidungen jetzt beginnen, die fraglichen Konstellationen genauer zu bestimmen.[56]

Zwar hat das Gericht, insbesondere in der Fraport-Entscheidung, selbst bereits Kriterien für solche Konstellationen genannt, als es einerseits auf funktionale

---

wirkung – unabhängig davon, ob man sie als unmittelbare oder mittelbare konstruiert – kann niemals zu derselben Bindung führen. Die verpflichteten privaten Akteure sind immer auch Grundrechtsberechtigte. Schon deshalb können die Bindung und die daraus folgenden Rechtfertigungsanforderungen keine umfassenden sein. Die Privaten werden nicht gebunden wie der Staat. Sie bleiben Private." *Grünberger* übersieht, dass die Möglichkeit der staatsgleichen Bindung Privater in der *Fraport*-Entscheidung gerade vorgesehen ist.

[54] S. näher *Hans-Joachim Koch/Reinhard Hendler*, Baurecht, Raumordnungs- und Landesplanungsrecht, 5. Auflage 2009, § 17, Rn. 33, 36 ff., mit Verweis auf *Robert Alexy*, Theorie der Grundrechte [1985], 1994, S. 89 f.

[55] *Michl* (Fn. 39), S. 916 f.; *Hellgardt* (Fn. 38), S. 909.

[56] S. BVerfG (K), Beschluss vom 27.8.2019 – 1 BvR 879/12, juris-Rn. 8: Beim Besuch eines Wellness-Hotels handelt es sich um keine Veranstaltung, die in erheblichem Umfang über die Teilnahme am gesellschaftlichen Leben entscheidet; BVerfG (K), Beschluss vom 9.7.2020 – 1 BvR 719/19, 1 BvR 720/19, juris-Rn. 10: Ein Arbeitgeber befindet sich im kollektiven Arbeitsrecht gegenüber einer tariffähigen Gewerkschaft in einer Position der strukturellen Überlegenheit.

Der BGH hat in seinem Urt. v. 29.5.2020 – V ZR 275/18, juris-Rn. 17 entschieden, dass die Frage nach der Bedeutung einer Veranstaltung für die Teilnahme am gesellschaftlichen Leben nicht subjektiv aus Sicht des Ausgeschlossenen, sondern objektiv aus Sicht der Betreiber beantwortet werden muss.

Äquivalente zur alten Daseinsvorsorge, andererseits auf das Leitbild des Öffentlichen Forums verwies. In der Tat leuchtet es ein, dass Private, wenn sie als Betreiber einer (privatisierten) Infrastruktur – ob analog oder digital – auftreten, die essenziellen Bedürfnissen ihrer Kunden dient, besonders in die Pflicht genommen werden.[57] Der Gedanke des Öffentlichen Forums erweist sich dagegen bei näherem Hinsehen als komplizierter als gedacht. So stammt die Figur des *public forum* aus der US-amerikanischen Rechtsprechung, die das Bundesverfassungsgericht auch auszugsweise zitiert; insbesondere der in Bezug genommene Fall des US-Supreme Court lag als Zitat durchaus nahe, weil auch er Meinungskundgaben in einem staatlichen Flughafen zum Gegenstand hatte.[58] Und doch ist die Anknüpfung an die *public forum*-Doktrin aus mehreren Gründen verwirrend: Zum einen gilt sie in den USA bereits seit längerem als unübersichtlich und widersprüchlich[59] und bietet sich schon deshalb nicht als „legal transplant" an. Zum anderen wendet sie der Supreme Court gerade nicht (bzw. nicht mehr) auf Private an.[60] Allerdings scheint der Senat inzwischen ohnehin eine eigene Theorie des Öffentlichen Forums

[57] S. auch den Fall zur „company town" Chickasaw: Marsh v. Alabama, 326 U.S. 501 (1946).

[58] S. oben Fn. 48.

[59] *Robert C. Post*, Between Governance and Management: The History and Theory of the Public Forum, UCLA L. Rev. 34 (1986/1987), S. 1713 (1715): „The doctrine has in fact become a serious obstacle not only to sensitive first amendment analysis, but also to a realistic appreciation of the government's requirements in controlling its own property." S. zur *public forum doctrine* auch *Angelika Siehr*, Das Recht am öffentlichen Raum, 2016, S. 597 ff.

[60] *Frederick F. Schauer*, Hudgens v. NLRB and the Problem of State Action in First Amendment Adjudication, Minnesota Law Review 61 (1977), S. 433 (443). Der US Supreme Court hatte in *Marsh* (s. oben Fn. 57) zunächst eine unmittelbare Wirkung für den Eigentümer einer „company town" angenommen und 1968 in der Entscheidung Food Employees Union Local 590 v. Logan Valley Plaza, Inc., 391 U.S. 308 (1968) auf den privaten Eigentümer einer Shopping Mall ausgeweitet. Schon bald darauf, in der Entscheidung Hudgens v. NLRB, 424 U.S. 507 (1976), hat das Gericht *Logan Valley* allerdings ausdrücklich wieder aufgegeben. Eine Verteidigung der strengen *state action*-Doktrin in *Hudgens* bei *Schauer*, ebd. Zum Ganzen auch *Geoffrey R. Stone u.a.*, The First Amendment, 5. Aufl. 2016, S. 327–330. Dass manche Staatenverfassungen weitere Rechte gewähren, thematisiert am Beispiel Kaliforniens PruneYard Shopping Center v. Robins, 447 U.S. 74 (1980). Die strenge *state action*-Doktrin aus *Hudgens* hat der Supreme Court jüngst in der Entscheidung Manhattan Community Access Corp. v. Halleck, 587 U.S. ___ (2019) noch einmal bestätigt. Die Entscheidung antwortete auf die Frage, ob ein privater TV-Anbieter, der einen sog. Public Access Channel (einen durch staatliche Gesetzgebung freigehaltenen TV-Sender, auf dem Private eigene Programminhalte darbieten können) betreibt, an die Meinungsfreiheit gebunden sein kann. Manche Stimmen im Vorfeld hatten das, gerade mit Blick auf große Internetplattformen, mit dem Hinweis befürwortet, dass der Sender ein *public forum* betreibe und sich allein daraus vermittels der *public forum*-Doktrin bereits die Grundrechtsbindung ergebe; auch die Vorinstanz hatte so entschieden. *Justice Kavanaugh* hat dagegen für die Mehrheit festgestellt, dass es für die Grundrechtsbindung nicht auf die *public forum*-Eigenschaft des Senders, sondern allein darauf ankomme, ob sein Handeln über die *state action*-Doktrin dem Staat zugerechnet werden könne; das hat er mit Verweis auf den strengen Maßstab in *Hudgens* verneint. Auch die Gegenmeinung der 5:4-Entscheidung von *Justice Sotomayor* hat für die (bejahte) Zurechnung zum Staat nur darauf abgestellt, dass der Staat New York den Public Access Channel durch Gesetzgebung vorsehe; delegiere er dann seinen Betrieb an einen privaten Anbieter, werde dessen Handeln zum

zu entwickeln, wenn er in der Stadionverbotsentscheidung verallgemeinernd davon spricht, dass derjenige in eine verstärkte Verantwortungsposition gerät, der für ein großes Publikum eine „Veranstaltung" ins Werk setzt, die „für die Betroffenen in erheblichem Umfang über die Teilnahme am gesellschaftlichen Leben entscheidet"; das „öffentliche Forum" klingt hier nur noch leise an.

Wo der Erste Senat mit seiner Rechtsprechungslinie hinmöchte, ahnt man, wenn man den folgenden Schritt[61] dieser Rechtsprechungslinie in den Blick nimmt: die einstweilige Anordnung der Kammerentscheidung vom Mai 2019, die *Facebook* verpflichtete, die Facebookseite der Partei „Der III. Weg" vorläufig zu entsperren. Die Kammer kombiniert hier die Fraport- mit der Stadionverbotsentscheidung: Gerade für die Betreiber sozialer Netzwerke könne eine „spezifische Situation" im Sinne der Stadionverbotsentscheidung vorliegen, die zu gleichheitsrechtlichen Anforderungen und einer entsprechenden Einschränkung der Privatautonomie führen könne.[62] Denn Facebook habe „zum Zweck des gegenseitigen Austausches und der Meinungsäußerung [ein Forum eröffnet], das [...] von besonderer Bedeutung [ist], da es sich um das von der Nutzerzahl her mit Abstand bedeutsamste soziale Netzwerk handelt."[63]

Auch dieser Schritt des Ersten Senats ist vom Ergebnis her zu begrüßen, auch die Übertragung des Forumsgedankens auf digitale Foren.[64] Doch bleiben zwei Fragen offen: Wäre es nicht primär Aufgabe des *Gesetzgebers*, die Pflichten sozialer Netzwerke zu bestimmen und durch die Öffentlichkeit des Gesetzgebungsverfahrens die verschiedenen gesellschaftlichen Kräfte einzubinden? Und: Wie ist die Strategie des Gerichts zu bewerten (so es eine ist), über ein *obiter dictum* (Fraport), eine Kammerentscheidung, die das (bloße) *obiter dictum* bereits umsetzt (Bierdosenflashmob), und einer scheinbar harmlosen Senatsentscheidung (Stadionverbot) das *Eigentliche* vorzubereiten – die Einhegung der Privatautonomie von *Facebook*?

---

staatlichen; aus der *public forum*-Eigenschaft allein folgt auch danach keine private Grundrechtsbindung – tatsächlich macht erst die Zurechnung das Forum zu einem *public forum*.

Dieses Aussparen privater *public fora* aus dem Schutz der Meinungsfreiheit hat in der Literatur prominent *Cass Sunstein* kritisiert, s. *ders.*, The Partial Constitution, 1993, S. 208. *Sunstein* hat deswegen in jüngerer Zeit vorgeschlagen, große Internetplattformen wenigstens im Wege der Gesetzgebung als *public fora* zu regulieren, s. *ders.*, #republic, 2017, S. 31 ff.

[61] Zur weiteren Folgerechtsprechung s. die Nachweise in Fn. 56.

[62] BVerfG (K), Einstweilige Anordnung vom 22.5.2019 – 1 BvQ 42/19, juris-Rn. 15.

[63] BVerfG (K), Einstweilige Anordnung vom 22.5.2019 – 1 BvQ 42/19, juris-Rn. 19.

[64] Den entgegengesetzten Standpunkt vertritt für das US-amerikanische Verfassungsrecht etwa *Kate Klonick*, https://slate.com/technology/2016/08/free-speech-is-the-wrong-way-to-think-about-twitter-and-facebook.html.

Horizontale Geltung der Grundrechte und Selbständigkeit des Gesetzesrechts

Kommentar zu dem Referat von Anna-Bettina Kaiser

Go Koyama

I. Einleitung

Privatautonomie heißt, dass jeder frei seinen Willen bilden, äußern und gemäß diesem Willen handeln kann. Die Privatautonomie äußert sich im Zivilrecht in der Vereinigungsfreiheit, der Eigentumsfreiheit, der Freiheit der Eheschließung und der Testierfreiheit, aber vor allem in der Vertragsfreiheit. Einer autonomen Vertragsgestaltung sind aber immer wieder starke Grenzen gesetzt. Beschränkungen der Privatautonomie bestehen in erster Linie durch die Legislative, aber auch durch die Judikative, einschließlich der Verfassungsrechtsprechung.

In diesem kleinen Beitrag möchte ich zuerst die Drittwirkungsdebatte Japans kurz skizzieren und dann zu den von Frau *Kaiser* geschilderten neuen Tendenzen des BVerfG einige Bemerkungen aus rechtsvergleichender Sicht machen.

II. Drittwirkungsdebatte in Japan

(1) Eine Drittwirkung oder horizontale Wirkung der Grundrechte hat die japanische Verfassungsrechtswissenschaft durch die deutsche Literatur und Rechtsprechung kennengelernt: zuerst die sog. unmittelbare Drittwirkung, vertreten durch *Nipperdey* und durch die Rechtsprechung des Bundesarbeitsgerichts[1], danach die mittelbare Drittwirkung. Herrschend geworden ist die Lehre von der mittelbaren

[1] *H.C. Nipperdey*, RdA 1950, 121, 124ff.; BAG, Urteil v. 3.12.1954 (BAGE 1, 185); BAG, Urteil v. 10.5.1957 (BAGE 4, 274, insb. 276ff.).

Drittwirkung, die sich auf die Lehre von *Dürig* und auf das *Lüth*-Urteil des BVerfG stützte.[2] Die offensichtlichen Unterschiede zwischen *Dürig* und dem *Lüth*-Urteil des BVerfG sind dabei nicht bemerkt worden.

(2) Der Oberste Gerichtshof (OGH) hatte 1973 die Gelegenheit, in einem arbeitsrechtlichen Prozess zu dieser dogmatischen Frage Stellung zu nehmen (Mitsubishi-Jushi-Urteil)[3]. In diesem Fall ging es um die Kündigung eines Arbeitnehmers kurz vor dem Ablauf der dreimonatigen Probezeit wegen der Zugehörigkeit zu einer Organisation und Teilnahme an politischen Bewegungen in der Studentenzeit. Der Kläger berief sich auf den Verstoß gegen die Gedanken- und Gewissensfreiheit aus Art. 19 und das Diskriminierungsverbot aus Art. 14 Abs. 1 Japanische Verfassung[4]. In der ersten und zweiten Instanz hatte der Kläger Erfolg. Der OGH lehnte die eher zur unmittelbaren Drittwirkung neigende Auffassung des Oberlandesgerichtes ab und wies den Fall zur Ausgangsinstanz zurück. Aus verschiedenen Formulierungen in der Begründung kann man schließen, dass am OGH das *Lüth*-Urteil gelesen worden ist.

Mit dieser Entscheidung hat sich der OGH *vermutlich* für die mittelbare Drittwirkung der Grundrechte entschieden. Diese Entscheidung hat aber Unklarheiten erzeugt, da die nachfolgende Rechtsprechung des OGH in Fällen verschiedenster Art eher zur Verneinung einer Drittwirkung der Grundrechte tendierte. Abgesehen von einigen Fällen[5], in denen es um die Benachteiligung von Frauen ging, wies der OGH grundrechtliche Argumente wiederholt zurück. Das Mitsubishi-Jushi-Urteil allerdings hat die „Beachtung der Grundsätze der Privatautonomie" hervorgehoben und ausgeführt, dass der Arbeitgeber beim Abschluss des Arbeitsvertrags die Freiheit habe, einem Bewerber wegen bestimmter Gedanken oder wegen des

---

[2] Bei der japanischen Staatsrechtslehrertagung 1963 (Public law Review 26, 1964) haben sich nur Wenige für die unmittelbare Drittwirkung der Grundrechte ausgesprochen. Namhafte Referenten wie *N. Ashibe, S. Taguchi, T. Abe* u. a. haben für die mittelbare Drittwirkung plädiert.

Übrigens findet sich in Japan die amerikanische state action-Doktrin bis heute von nicht wenigen Autoren vor allem im Bereich des Deliktrechts vertreten, wurde aber nie vorherrschend. Dies hängt zusammen mit der jeweiligen Formulierung des japanischen und des amerikanischen Grundrechtskatalogs. Während z. B. das First Amendment to the United States Constitution den Staat als Adressaten ausdrücklich nennt („Congress shall make no law ..."), erklärt die Japanische Verfassung einfach, dass z. B. Meinungsäußerungsfreiheit gewährleistet werden soll. Art. 21 Abs. 1 lautet: „Die Freiheit der Versammlung und der Vereinsbildung sowie die Freiheit der Rede, der Presse und anderer Gedankenäußerungen werden gewährleistet." (Für den Text in deutscher Sprache siehe *U. Eisenhardt* u. a. (Hrsg.), Japanische Entscheidungen zum Verfassungsrecht in deutscher Sprache, 1998, S. 538).

[3] OGH, Großer Senat, Urteil v. 12.12.1973 (Minshû 27, 1536).

[4] Art. 19: „Die Freiheit des Gedankens und des Gewissens ist unverletzlich."; Art. 14 Abs. 1: „Alle Bürger sind vor dem Gesetz gleich. Kein Bürger wird in politischer, wirtschaftlicher oder sozialer Hinsicht wegen seiner Rasse, seines Glaubens und seiner Anschauungen, seines Geschlechtes, seiner sozialen Stellung oder seiner Abstammung benachteiligt oder bevorzugt.", vgl. *Eisenhardt* u. a. (Fn. 2), S. 537 f.

[5] OGH, 3. Kleiner Senat, Urteil v. 24.3.1981 (Minshû 35, 300); OGH, 2. Kleiner Senat, Urteil v. 17.3.2006 (Minshû 60, 773).

Gewissens die Aufnahme eines Arbeitsverhältnisses zu verweigern, da die Verfassung in Art. 22 (Berufsfreiheit) und Art. 29 (Eigentum) die Wirtschaftsfreiheit als Grundrecht gewährleiste.

Es verwundert nicht, dass später die Frage aufkam, ob das Mitsubishi-Jushi-Urteil tatsächlich für die mittelbare Drittwirkung Stellung bezogen hat. Unabhängig von der Antwort auf diese Frage kann man feststellen, dass in Japan die Intervention der Grundrechte in die Auslegung des Privatrechts nur sehr schwach ausgeprägt ist.

(3) Mit diesem Befund darf man sich aber nicht darüber hinwegtäuschen, dass der OGH die Rolle als Hüter der Privatautonomie bewusst (aus)spielt. Im Gegenteil: Auch das Mitsubishi-Jushi-Urteil hat arbeitsrechtliche Vorschriften zum Arbeitnehmerschutz herangezogen und gefragt, ob das arbeitsrechtliche Schutzgebot gerade auf den vorliegenden Fall (Kündigung vor Ablauf der Probezeit) anzuwenden sei. Die Ausgangsinstanz solle genau überprüfen, ob die Kündigung kurz vor Ende der Probezeit bei dieser Firma (Mitsubishi-Jushi) mit der Kündigung im ordentlichen Arbeitsverhältnis gleichzusetzen sei. Zusammenfassend ist festzuhalten, dass der OGH zwar bereit ist, sich selten verfassungsmittelbar, doch aber anhand der gesetzlichen Vorschriften in die privatrechtlichen Verhältnisse einzumischen.

III. Zum Stadionverbots-Beschluss

(1) Der von Frau *Kaiser* ausführlich dargestellte Stadionverbots-Fall[6] ist geeignet, unterschiedliche Denkweisen der deutschen und japanischen Gerichte zu verdeutlichen.

Beim Stadionverbot in Nagoya[7] ging es um die Frage, ob das vom Beklagten ausgesprochene Eintrittsverbot für ein Baseballstadion rechtswidrig sei. Die Kläger, ein Mitglied der Beifallklatscher u. a., begründeten ihr Recht auf Stadionbesuch und Ermutigungszurufe im Stadion mit dem Persönlichkeitsrecht: Professioneller Baseball sei Teil des Alltagslebens eines Japaners und bilde eine unersetzbare Kultur. Zwischen dem Zuschauen im Fernsehen und dem Zuschauen mit Ermutigungszurufen im Stadion bestehe ein wesentlicher Unterschied. Für denjenigen, der zu den organisierten Beifallklatschern gehöre, sei das Stadion ein unersetzbarer Ort der Selbstdarstellung und Selbstentfaltung.

Das LG Nagoya zog aber die Vertragsfreiheit heran und räumte dem Veranstalter die Befugnis ein, nach eigenem Ermessen darüber zu entscheiden, welches Sportbild er verfolgen und mit welcher Atmosphäre er den Zuschauerraum gestalten wolle. Nach dem LG Nagoya besitzt der Kläger kein Persönlichkeitsrecht bzw. ein gesetzlich geschütztes Interesse, welches das Ermessen des Veranstalters überwiegt.

---

[6] BVerfGE 148, 267.

[7] LG Nagoya, Urteil v. 28.1.2010 (Hanrei Jihô 2075, 62).

(2) Insoweit besteht kein großer Unterschied zwischen dem Argumentationsgang des BVerfG und des japanischen Gerichts.[8] Nach Verneinung einer Persönlichkeitsrechtsverletzung ging das japanische Gericht nicht zur Drittwirkungsfrage über, sondern zur Frage nach zivilrechtlichem Rechtsmissbrauch. Das LG Nagoya räumte ein, dass der Baseball als Betrieb eines nationalen Sports öffentlichen Charakter habe und die Ermessensausübung des Veranstalters dann als rechtswidrig zu beurteilen sei, wenn sie ohne tatsächlichen Grund erfolge oder der allgemein geltenden Ansicht nach offensichtlich unangemessen sei. Von einer Drittwirkung des Gleichheitssatzes sprach das Gericht kein Wort.

IV. Zum Bierdosenflashmob-Beschluss

(1) Mit der Frage, ob man auf einem Privatgrundstück ohne Zustimmung des Eigentümers eine Meinung äußern darf, hat sich der OGH im Privateisenbahnbahnhof-Urteil[9] beschäftigt. Der OGH erklärte ohne nähere verfassungsrechtliche Erörterung die Angeklagten einstimmig für schuldig. Der Richter *Masami Ito* zog aber in der ergänzenden Meinung die sog. public forum-Doktrin heran und forderte zur Gesamtwürdigung der konkreten Umstände auf. In seiner ergänzenden Meinung versteht er den Begriff der „Öffentlichkeit" offenbar im funktionalen Sinne. Während diese ergänzende Meinung in der Wissenschaft grundsätzlich positive Kritik erfahren hat, findet sie kein Echo in der nachfolgenden Rechtsprechung. Eine mittelbare Drittwirkung der Grundrechte, auf die sich das BVerfG erneut im Bierdosenflashmob-Beschluss[10] stützte, kam damals auch in den wissenschaftlichen Anmerkungen nicht in Betracht.

(2) Zum Bierdosenflashmob-Beschluss habe ich folgende Ansicht: Ich stimme zu, dass öffentliche Verkehrsflächen im Privateigentum für die Funktion der Versammlungsfreiheit heute eine ähnliche Bedeutung erlangen wie öffentliche Räume in öffentlicher Trägerschaft, und dass die Abwägung im Rahmen der mittelbaren Drittwirkung ein besserer Weg ist als die amerikanische public forum-Doktrin. Ich halte auch für richtig, dass das BVerfG die Versammlung auf dem Passauer Nibelungenplatz genehmigt hat. Fraglich ist aber doch, ob die Erweiterung der Versammlungsfreiheit nicht zu weit geht. Aus der Begründung des Beschlusses kann man eine klare Trennlinie zwischen einer der Versammlung geöffneten und gesperrten privaten Fläche nicht erkennen. Angesichts der Ausführung des BVerfG, Private könnten im Wege der mittelbaren Drittwirkung von Grundrechten „auch

[8] Genau besehen besteht doch ein Unterschied: Das BVerfG hat die Rüge einer Persönlichkeitsverletzung schon in der ersten Stufe der Prüfung (Schutzbereich) verneint. Eine Drei-Stufen-Prüfung ist in den japanischen Gerichten eigentlich nicht üblich. Vor allem in Fällen der Persönlichkeitsrechtsverletzung ziehen die Gerichte eine Gesamtbetrachtung vor.

[9] OGH, 3. Kleiner Senat, Urteil v. 18.12.1984 (Keishû 38, 3026).

[10] BVerfG, Beschluss v. 18.7.2015 (NJW 2015, 2485).

ähnlich oder auch genauso weit wie der Staat durch die Grundrechte in die Pflicht genommen werden", ist es geboten, die Voraussetzungen einer so starken Bindung klarzustellen.

Auch die Begründung zum § 21 ME VersG gibt in dieser Beziehung keine genaue Antwort. Im Übrigen scheint mir die Beschreibung, „(i)n Einkaufsparks und -zentren fallen etwa nur die Verbindungswege und Plätze zwischen den einzelnen Geschäften, nicht aber die Flächen der Ladenlokale in den Anwendungsbereich von § 21"[11], zu Lasten des Privateigentums zu großzügig zugunsten der Versammlungsfreiheit zu sein[12].

V. Schluss

Der Stadionverbots-Beschluss des BVerfG deutet auf die unterschiedliche Argumentationsweise der deutschen und der japanischen Gerichte hin, die ihrerseits durch unterschiedliche Justizsysteme geprägt sind. Die Ergebnisse divergieren dabei – trotz des Unterschiedes in der Begründung – m. E. nicht so sehr. Der OGH ist kein selbständiges Verfassungsgericht. Der OGH ist zwar die letzte Instanz, um über die Verfassungsmäßigkeit aller Gesetze und Hoheitsakte zu entscheiden. Im Gegensatz zum selbständigen Verfassungsgericht ist der OGH nicht darauf verwiesen, die Rechtsfragen als grundrechtliche zu behandeln. Diese Tendenz ist allen Instanzgerichten gemeinsam.

Hingegen kann der Bierdosenflashmob-Beschluss in der japanischen Praxis eher eine negative Kritik erfahren, da die japanischen Richter, die eigentlich im Zivilrecht zuhause sind, die Neigung haben, Eigentumsrecht und Hausrecht des Besitzers zu betonen. Wie gesagt, bin ich selbst der Auffassung, dass die Versammlung auf dem Passauer Nibelungenplatz zu erlauben ist. Geboten ist aber die genauere und angemessene Bestimmung der Kriterien für einer Versammlung geöffnete private Flächen, die man erst im Hauptsacheverfahren erwarten kann.

---

[11] *Ch. Enders, W. Hoffmann-Riem, M. Kniesel, R. Poscher, H. Schulze-Fielitz, M. Hong*, Musterentwurf eines Versammlungsgesetzes (ME VersG): Gesetzestext mit Begründungen, 2011, S. 88 ff.

[12] Siehe auch BVerfG, Kammerbeschluss v. 27.8.2019 – (NJW 2019, 3769). Dazu vgl. *M. Ruffert*, Privatrechtswirkung der Grundrechte, JuS 2020, 1, 4.

Teil II

Umweltrecht und Grundrechte

Umweltrecht und Grundrechte

Verfassungsentwicklung im Gesetz

Kazuhiko Matsumoto

I. Die Problemstellung

Anders als im deutschen Grundgesetz gibt es in der japanischen Verfassung (JV) keine ausdrücklichen Bestimmungen für den Umweltschutz. Zwar enthält Art. 25 Abs. 2 JV insoweit einen umweltfreundlichen Satz, als der Staat sich darum bemühen muss, die öffentliche Gesundheitspflege zu fördern und zu entwickeln. Aber dieser Satz orientiert sich nicht hauptsächlich am Umweltschutz, sondern vielmehr an sozialen Leistungen, weil die Vorschrift besagt, dass der Staat sich um die Förderung und Mehrung des sozialen Wohls, der sozialen Sicherheit und der öffentlichen Gesundheit zu bemühen hat. Als die JV 1947 entstand, war die Umwelt als Verfassungsgut unbekannt.

Danach rückte der Umweltschutz vor allem seit den 1970er Jahren als Verfassungsproblem ins Bewusstsein, weil gegen die Umweltschäden als Nebenfolge der ökonomischen Entwicklung keine ausreichenden Maßnahmen getroffen worden waren, obwohl die Schäden ein schon nicht mehr hinnehmbares Ausmaß erreicht hatten. Damals wurde befürchtet, dass solche Maßnahmen vielleicht das Wirtschaftswachstum stören könnten. Die Regierung wollte also keine effektive Umweltpolitik entwickeln. Deshalb konnten die durch Umweltverschmutzung körperlich oder seelisch Geschädigten nur vor Gericht Hilfe suchen. Dabei beriefen sie sich auf die gesetzlichen Vorschriften in Verbindung mit den Grundrechten. Die Opfer waren überzeugt, dass die Richter den Fall unter Berücksichtigung der Grundrechte als Werte behandeln würden.

Die JV hat zahlreiche Grundrechtsbestimmungen, und zwar schützt sie verschiedene Grundrechtsgüter wie Leben, Körper, Freiheit, Eigentum und Streben nach Glück. Aber sie alle sind individuelle Rechtsgüter. Die Umwelt als solche ist ein öffentliches Gut und wird nicht als Grundrechtsgut betrachtet. Daher konnte kein Gericht ein Grundrecht auf Umweltschutz oder ein Umweltgrundrecht in der JV finden, obwohl in der Literatur der Verfassungsrechtswissenschaft tendenziell ein solches Grundrecht befürwortet worden ist[1]. Die Lehre, die für ein Umweltgrundrecht ohne Individuumsbezug gesprochen hat, war praktisch nicht überzeugend. Ihre verfassungsrechtlichen Begründungen verfingen nicht. Es bedurfte aber gar nicht solcher Begründungen, sondern vielmehr Grundrechtsauslegungen, die die einzelnen Grundrechtsgüter und den Umweltschutz verbinden konnten, und zwar auf Basis der gesetzlichen Vorschriften. In diese Richtung gingen die Versuche, die Grundrechte umweltfreundlich zu objektivieren und zu expandieren, und zugleich die gesetzlichen Vorschriften grundrechtskonform auszulegen.

II. Unterschiedliche Versuche für grundrechtlichen Umweltschutz

Zum grundrechtlichen Umweltschutz sind unterschiedliche Versuche unternommen worden[2], beispielsweise hat man Grundrechtswerte aus dem Persönlichkeitsrecht, dem Gleichheitssatz, dem Eigentumsrecht und dem Verfahrensrecht abgeleitet und dafür plädiert, gesetzliche Vorschriften bei konkreten Rechtsfällen unter Berücksichtigung der Grundrechtswerte auszulegen.

1. Persönlichkeitsrecht

Art. 13 JV sieht vor, dass das Recht auf Leben, Freiheit und Streben nach Glück, soweit es nicht dem öffentlichen Wohl entgegensteht, bei der Gesetzgebung und in anderen Regierungsangelegenheiten in höchstem Maße zu erwägen ist. Dieser Artikel ist mit dem Art. 2 Abs. 1 GG vergleichbar. Er wird nicht nur in der Lehre, sondern auch in der Rechtspraxis als ein umfassendes und allgemeines Freiheitsrecht betrachtet. Er ist auch mit dem Art. 2 Abs. 2 GG vergleichbar. Art. 13 JV schützt ausdrücklich das menschliche Leben. Nicht nur das Leben des Menschen, sondern auch seine körperliche Unversehrtheit ist damit verfassungsrechtlich zu schützen.

---

[1] Osaka Bar Association (Arbeitsgruppe Umweltrecht) (Hrsg.), Recht auf Umwelt, 1973.

[2] *K. Matsumoto*, Grundrechtlicher Umweltschutz in Japan, Verfassung und Recht in Übersee, 2008, S. 467 ff.

Fast alle Richter denken, Art. 13 JV schütze auch das Persönlichkeitsrecht. Der Oberste Gerichtshof (OGH) hat im Jahr 1986 (Hoppo-Journal-Fall[3]) schon das Recht auf Ehre als Persönlichkeitsrecht bestätigt und mit dem Art. 13 JV begründet. Damit erkannte man an, dass das Persönlichkeitsrecht durch den Art. 13 JV gewährleistet wird, obwohl der OGH die Beziehung zwischen dem Persönlichkeitsrecht und dem Art. 13 JV noch nicht dargelegt hat. Dazu garantiert er nicht nur die freie Entfaltung der Persönlichkeit, sondern schützt auch Leben und Körper des Menschen, weil diese als Bestandteile seiner Persönlichkeit angesehen werden. Das Recht auf Leben und körperliche Unversehrtheit wird also als ein Teil des Persönlichkeitsrechts verstanden.

Ein typisches Beispiel für Umweltschutz durch das Persönlichkeitsrecht bildet das Fluglärm-Urteil[4] (Flughafen Osaka) vom Oberlandesgericht Osaka. Das Gericht hat im Jahr 1975 entschieden, dass „das Leben und körperliche und geistige Güter einzelner zum Wesentlichen seiner Persönlichkeit gehören, und in der Gesamtheit als das Persönlichkeitsrecht geschützt werden können. Das Recht darf von niemandem ohne Grund verletzt werden. Wenn es verletzt werden sollte, kann der Betroffene seine Befugnis, die Eingriffe abzuwehren, ausüben". Nach Ansicht des Oberlandesgerichts Osaka bietet das Persönlichkeitsrecht eine Grundlage für den privatrechtlichen Anspruch auf Unterlassung eingreifender Tätigkeiten, in diesem Fall auf das Verbot des Ab- und Anflugs.

Die Thesen sind im Wesentlichen sowohl in der Rechtslehre als auch in der Rechtspraxis weitgehend zustimmend aufgenommen worden, obwohl der OGH sie noch nicht ausdrücklich festgestellt hat[5]. Die Persönlichkeit einschließlich Leben und Körper des Menschen soll als Grundrechtsgut vor gefährlichen Emissionen geschützt werden. Wenn die menschliche Persönlichkeit durch Umweltschäden sehr gefährdet wird, dann muss ihr durch das Grundrechtsgebot Unterstützung zuteil werden, was in der Folge zu Umweltschutz führen könnte.

2. Recht auf ein Leben in Ruhe

Einige untere Instanzen reden vom Recht auf ein Leben in Ruhe. Im Jahr 1987 hat das Oberlandesgericht Tokio zum ersten Mal ausdrücklich vom Recht auf ein Leben in Ruhe gesprochen (Yokota-Stützpunkt-Fall[6]). Das Recht sei eine Art Persönlichkeitsrecht und zugleich ein Recht auf ein Leben in einem ruhigen und sicheren Zustand. Lärm, Erschütterungen oder Abgase können dieses Recht verletzen.

Obwohl das OLG Tokio im betreffenden Fall eine Verletzung des Rechts noch nicht festgestellt hat, wurde dieses subjektive Recht in der späteren Rechtsprechung

---

[3] Urteil des OGH vom 11.6.1986.

[4] Urteil des OLG Osaka vom 27.11.1975.

[5] Der OGH hat im Fluglärm-Urteil vom 16.12.1981 nur auf die umweltschonende Rolle des Persönlichkeitsrechts hingewiesen, aber sie noch nicht anerkannt.

[6] Urteil des OLG Tokio vom 15.7.1987.

zur Unterlassung von Emissionsanlagen wieder aufgegriffen und häufig erwähnt. Zum Beispiel hat das Landgericht Sendai 1992 entschieden, dass sich aus dem Recht auf ein Leben in Ruhe als eine Art Persönlichkeitsrecht ein Recht auf ungefährliches Trinkwasser ergeben kann (Marumoricho-Fall[7]). Damit untersagte es den Bau einer Deponie, weil sie mit hinreichender Wahrscheinlichkeit schwere Schäden an Leben und Gesundheit der Bewohner mit sich bringe und deren Recht auf sauberes Trinkwasser verletze.

Die neuere Rechtsprechung erkennt eine andere Natur als die des normalen Persönlichkeitsrechts. Das Recht auf ein Leben in Ruhe nehme die Bürger gegen starke Angst oder Furcht vor dem Tod oder Beschädigung in Schutz[8]. Mit diesem Recht können die Bürger Leben und Körper verteidigen, noch bevor ihre Angst oder Furcht sich realisiert und auch wenn ihre gesundheitlichen Schäden noch nicht wissenschaftlich nachgewiesen sind. Natürlich reicht bloße Besorgnis nicht. Sorgen müssen immer „vernünftig" konstituiert sein. Nur Anlässe für „vernünftige" Angst oder Furcht können durch das Recht auf Leben in Ruhe sofort unterbunden werden.

Wer wegen Angst oder Furcht aus seinem Wohnort in Fukushima freiwillig geflüchtet ist, nachdem die vom Tsunami überschwemmten Atomkraftwerke explodierten, kann, auch wenn die gesundheitlichen Schäden noch nicht wissenschaftlich nachgewiesen worden sind, nach dem Urteil des Landgerichts Maebashi 2017[9], gegen den Stromerzeugungsbetreiber und den Staat Schadenersatzansprüche haben, weil seine Flucht so vernünftig war, dass er sie mit dem Recht auf ein Leben in Ruhe begründen konnte.

Bei dem Fall des National Institute of Infectious Diseases haben Nachbarn gegen das Institut klageweise gefordert, es soll keine Abgase und Abwasser in die Umwelt entlassen, weil darin pathogene Stoffe oder Schadstoffe enthalten sein könnten. Aber das Oberlandesgericht Tokio hat im Jahr 2003 die Klage zurückgewiesen, weil noch nicht nachgewiesen wurde, dass diese Emissionen die Nachbarn konkret und wirklich in Gefahr gebracht hätten[10]. Man argumentierte also, die Gefahren seien noch abstrakt und zu allgemein geblieben und die Furcht könnte daher nicht als vernünftig angesehen werden. Deshalb hat das Gericht das Recht auf ein Leben in Ruhe für nicht verletzt erklärt und nicht vorgeschrieben, den Betrieb des Institutes zu unterlassen.

Wo die Schwelle „vernünftiger" Angst oder Furcht liegt, ist noch unklar. Daher ist zweifelhaft, ob das Recht auf ein Leben in Ruhe wirklich einen gegenüber dem

---

[7] Beschluss des LG Sendai vom 28.2.1992.

[8] Das subjektive Recht wurde früher im Sinne eines Rechts auf Privatsphäre oder eines Rechts auf Ruhe im privaten Leben verstanden. Heute begreift man es vielmehr als ein Abwehrrecht vor einem Lebens- oder Gesundheitsrisiko.

[9] Urteil des LG Maebashi vom 17.3.2017. Außerdem gibt es zahlreiche Rechtsstreitigkeiten und Gerichtsentscheidungen, die die Atomunfälle in Fukushima behandeln, weil unzählig viele Evakuierte davon betroffen sind.

[10] Urteil des OLG Tokio vom 29.9.2003. Die erste Instanz (das LG Tokio) kam am 27.3.2001 im Ergebnis zu demselben Urteil.

Persönlichkeitsrecht eigenständigen Inhalt haben kann. Ob es dieses Rechts neben dem Persönlichkeitsrecht wirklich bedarf, ist ebenfalls fraglich. Zwar bedeutet es kein neues und unabhängiges Recht, sondern ist nur ein Aspekt des Persönlichkeitsrechts. Ein neuer Rechtsbegriff ist vielleicht gar nicht nötig. Noch aber ist es zu früh, das Potential dieses subjektiven Rechts ganz zu verneinen[11]. Im Übrigen muss man auch die Falltypen unterscheiden: Ängste vor den Fukushima-Atomunfällen, die sich schon ereigneten, sind nämlich etwas anderes als Ängste vor riskanten Anlagen, bei denen sich noch kein Unfall ereignet hat.

3. Recht auf gleichen Zugang zu Umweltgütern

Art. 14 Abs. 1 JV bestimmt, dass alle Bürger unter dem Recht gleich sind. Der Gleichheitssatz ist ohne Zweifel der wichtigste verfassungsrechtlich anerkannte Grundsatz. Er kann sich auch im umweltrechtlichen Bereich entfalten. Man kann sagen, alle Bürger sind beim Genuss der Umweltgüter gleich zu behandeln. Die Umweltgüter wie Luft, Wasser, Sonnenlicht oder Atmosphäre sind als solche keine Grundrechtsgüter, aber ihre Gebrauchschancen sollen allen gleich zu Teil werden. Ungleicher Zugang zu Umweltgütern ohne Gründe wäre gleichheitssatzwidrig[12].

Ein Urteil des OGH aus dem Jahr 1972 hat das Sonnenlicht und die Frischluft für Wohnhäuser als wichtiges Lebensinteresse anerkannt und die gesetzeswidrige Störung ihres Genusses als unerlaubte Handlung angesehen[13]. Der OGH hat diese Störungen als rechtswidrigen Missbrauch der Freiheit erwähnt. Er hat aber kein subjektives Recht auf Sonnenlicht und Frischluft anerkannt. Die Anerkennung eines solches Rechts würde sich allerdings sehr schwierig gestalten. Der OGH hat 2007 in einem anderen Fall (Kunitachi-Hochhaus) das Interesse, eine gute städtische Landschaft zu genießen, soweit sie alltäglich für die Bewohner zugänglich war, als gesetzlich schutzwürdig angesehen[14]. Das Gericht hat trotzdem kein subjektives Recht auf eine gute städtische Landschaft anerkannt, ja sogar ausdrücklich verneint. Das Interesse, gute städtische Landschaften zu genießen, sei zwar gesetzlich schutzwürdig, aber kein Recht. Ein solches subjektives Recht würde zurzeit nicht nur gesetzlich[15], sondern auch verfassungsrechtlich noch nicht anerkannt.

---

[11] Vgl. *T. Otsuka*, Die Begriffsentwicklungen zum Recht auf ein Leben in Ruhe, Environmental Law Review, No. 8, S. 1 (40f.).

[12] *D. Murswiek*, Privater Nutzen und Gemeinwohl im Umweltrecht, DVBl 1994, S. 77 (81f.). *Murswiek* ordnet die Nutzung der öffentlichen Umweltgüter dem Bereich der Freiheit zur Teilhabe an Gütern der Allgemeinheit zu, aber diese Ansicht führt schließlich auf den Gleichheitssatz. Vgl. auch *ders.*, Grundrechte als Teilhaberechte, soziale Grundrechte, in: HStR IX, 3. Aufl. 2011, S. 569 (596f.).

[13] Urteil des OGH vom 27.6.1972.

[14] Urteil des OGH vom 30.3.2007.

[15] Das Landschaftsgesetz (Gesetz Nr. 110, 2004) erkennt auch kein subjektives Recht an.

Wenn auch ein solches subjektives Recht noch nicht existiert, sollten gleiche Zugangsmöglichkeiten zu den Umweltgütern gewährleistet werden, wenigstens im Bereich staatlicher Maßnahmen. Eine ungleiche Verteilung der Zugangsmöglichkeiten zu den Umweltgütern muss, wenn sie denn stattfinden soll, mit vernünftigen Gründen gerechtfertigt werden.

4. Eigentumsgarantie

Das Eigentum wird ausdrücklich in der JV gewährleistet. Nach Art. 29 Abs. 1 und Abs. 2 JV ist „das Recht, Eigentum zu besitzen, unverletzlich. Die Eigentumsrechte werden in Überstimmung mit dem öffentlichen Wohl durch Gesetz bestimmt." Auf das Eigentum einwirken können vor allem Lärm, Abgase, Abwasser oder Gerüche usw. Deshalb ist es wohl verständlich, fast alle Emissionen aus den öffentlichen Anstalten ins Eigentum durch Art. 29 JV zu erfassen. Das Eigentum wird auch gesetzlich, insbesondere durch das japanische BGB, garantiert. Die Eigentumsgarantie erstreckt sich damit auf fast alle Bereiche des Umweltrechts.

Trotzdem ist der Stellenwert der Eigentumsgarantie in der Tat relativ gering, weil die staatlichen oder privaten Einwirkungen auf das Eigentum normalerweise zugleich Eingriffe ins Persönlichkeitsrecht darstellen können. Bevor sich das Persönlichkeitsrecht etablierte, wurde daher oftmals auf das Eigentumsrecht verwiesen[16]. Denn nur das Eigentumsrecht wurde früher als eine festgelegte Grundlage für den Umweltschutz angesehen. Nach der Verallgemeinerung des Persönlichkeitsrechts ist es jedoch in Wirklichkeit nicht mehr erforderlich. Man legt häufig lieber und mehr Gewicht auf die Persönlichkeit als auf das Eigentum, in der Annahme, es ist für den Umweltschutz günstiger und geeigneter, sich auf das Persönlichkeitsrecht zu berufen, als auf das Eigentumsrecht.

5. Recht auf ein faires Verfahren

Für den Umweltschutz spielen nicht nur materielle Rechte, sondern oft auch Verfahrens- und Partizipationsrechte eine große Rolle. Ein Einzelner, soweit er in seinen eigenen Gütern durch die Einwirkungen des Staates betroffen sein wird, zum Beispiel bei der Errichtung oder dem Betrieb einer öffentlichen Anstalt mit höheren Risiken, kann mit den Verfahrensrechten an den Verhandlungs- oder Entscheidungsverfahren der Verwaltung teilnehmen, dabei seine Meinung vorbringen oder Einsprüche erheben. Dadurch könnten nicht nur seine Interessen in die endgültige Entscheidung einfließen, sondern der Schutz von Individualrechtsgütern auch Nachbesserungen für die Umweltqualität zur Folge haben. Das bedeutet eine mittelbare Auswirkung der Verfahrensrechte auf den Umweltschutz.

---

[16] Urteil des ehemaligen OGH vom 22.12.1916 (Osaka-Alkali-Fall).

Als allgemeines Verfahrensgrundrecht enthält die JV nur das strafrechtliche Verfahrensgrundrecht gemäß Art. 31 JV, nach dem „niemand seines Lebens oder seiner Freiheit beraubt noch mit irgendeiner sonstigen Strafe für Vergehen belegt werden darf, außer nach den gesetzlich errichteten Verfahren." Art. 31 JV gewährleistet zwar ein Recht auf Verfahren, aber macht ausdrücklich nicht klar, ob sich der Artikel über das Strafverfahren hinaus auf das Verwaltungsverfahren, vor allem auf das umweltrelevante Verfahren, erstrecken kann. Der OGH hat früher die Frage offen gelassen, jedoch seit dem Narita-Flughafen-Fall 1992 grundsätzlich den Artikel als eine Grundlage des Verfahrensgrundrechts behandelt[17]. Nicht nur von der Rechtsprechung, sondern auch von der herrschenden Meinung wird Art. 31 JV in letzter Zeit bereits als allgemeines Verfahrensgrundrecht anerkannt.

Das Verfahrensgrundrecht stellt ein Recht auf ein faires Verfahren im staatlichen Entscheidungsprozess dar. Auch in umweltrelevanten Verfahren kann man in Anspruch nehmen, seine Position zu vertreten, auch wenn sich das Verfahrensgrundrecht als solches nicht an der Umwelt orientieren soll. Wenn zahlreiche Betroffene an den Verwaltungsverfahren partizipieren und mehr Interesse an der Umwelt geltend machen könnten, dann würde dies in der Folge zu effektiverem Umweltschutz führen[18]. Das faire Verfahren hat die Funktion, ein Forum anzubieten, in dem zwischen den Beteiligten die relevanten Informationen erhoben, ausgetauscht und veröffentlicht werden können. Auch im umweltrelevanten Bereich kann das Recht auf ein faires Verfahren ein Forum für den Umweltschutz errichten helfen.

III. Bedeutung und Grenze des grundrechtlichen Umweltschutzes

1. Bedeutung des grundrechtlichen Umweltschutzes

Die Grundrechte sind in erster Linie individuelle Rechte, die den Schutz konkreter, besonders gefährdeter Bereiche menschlicher Freiheit zum Gegenstand haben. Sie sind zunächst Abwehrrechte gegen den Staat, beschreiben also ursprünglich eine staatsfreie Sphäre der Bürger, in die der Staat nur mit verfassungsrechtlich begrenzten Befugnissen eingreifen darf[19]. Diese Sphäre muss er aber weder fördernd ausgestalten noch gegen Angriffe Privater schützen. Die Ansicht von „Grundrechten als subjektiven Abwehrrechten" ist nicht nur in Japan, sondern auch in Deutschland als klassisches Grundrechtsverständnis weit verbreitet.

[17] Urteil des OGH vom 1.7.1992.

[18] Im Ikata-Atomkraftwerk-Fall hat der OGH am 29.10.1992 geurteilt, dass es kein Verstoß gegen den Art. 31 JV ist, keine besondere gesetzliche Verfahrensgrundlage zur Teilnahme der Einwohner bereitzustellen, weil das Verfahren zur Beratung der Atomkommission bereitgestellt und damit für die Sicherheit der Atomanlage ausreichend gesorgt worden sei. Aber es bleibt fraglich, ob dieses Verfahren ohne Bürgerteilnahme wirklich angemessen war.

[19] *C. Schmitt,* Verfassungslehre, 1928, S. 163.

Es ist jedoch selbstverständlich nicht genug, durch einen modernen Umgang mit den subjektiven Abwehrrechten der Umwelt als öffentlichem Gut Grundrechtsschutz zu verschaffen. Das Verständnis der Grundrechte als Abwehrrechte gegen den Staat bietet zum einen keine Lösung für das Problem von Verletzungen oder Gefährdungen grundrechtlich geschützter Rechtsgüter durch Einwirkungen Privater. Die Beschränkung auf individual-rechtliche Umweltgüter erschwert den Grundrechten zudem, in ihrer negatorischen Funktion einen effektiven Schutz der Umwelt zu bewirken.

In Deutschland wurde in ständiger Rechtsprechung des BVerfG anerkannt, dass neben der Funktion der subjektiven Abwehrrechte die Grundrechte auch die objektiven Schutzpflichten des Staates beinhalten[20]. Diese verpflichten die staatlichen Organe, besonders den Gesetzgeber, sich schützend und fördernd vor die Grundrechtsgüter wie das menschliche Leben zu stellen und sie vor rechtswidrigen Eingriffen durch Andere zu bewahren[21]. Mit der Anerkennung der staatlichen Schutzpflichten aus den Grundrechten konnte die Grundrechtsgarantie objektiviert und auf den verfassungsrechtlichen Schutz vor Gefährdungen des Lebens und der körperlichen Unversehrtheit durch Private ausgedehnt werden.

In Japan aber wird die Lehre von den Schutzpflichten des Staates noch nicht, oder nur in gewissen Kreisen[22], aufgenommen. Sie erscheint vielleicht als ein „Fremdkörper" aus Deutschland. Zwar gibt es in der JV keine Bestimmung wie Art. 1 Abs. 1 GG, in dem es heißt: „Die Würde des Menschen ist unantastbar. Sie zu achten und zu schützen ist Verpflichtung aller staatlichen Gewalt." Doch auch in Deutschland scheint mir diese Begründung aus dem Art. 1 Abs. 1 GG nicht ausschlaggebend. Die Basis der staatlichen Schutzpflichten kommt hauptsächlich aus dem Verständnis der Grundrechte als objektive Grundsatznormen. Wenn dies so verstanden wird, könnte die Lehre von den Schutzpflichten verallgemeinert werden.

Es muss jedoch danach gefragt werden, ob diese in Deutschland herrschende Lehre auch für den grundrechtlichen Umweltschutz in der japanischen Rechtspraxis wirklich notwendig ist. Die Grundrechtsgüter wie Leben, Körper oder Persönlichkeit des Menschen sind eigentlich nicht nur auf der verfassungsrechtlichen Ebene, sondern durch die gesamte Rechtsordnung zu schützen. Sie werden als die grundrechtlichen Werte auch in den Gerichtsentscheidungen problemlos beachtet und respektiert. Ohne den Gedanken der staatlichen Schutzpflichten könnte man etwa annehmen, dass die Grundrechtsgüter als solche auf die Auslegung der betreffenden Gesetze einwirken würden[23]. Damit können Richter bei deren Interpretation unter Berücksichtigung der Grundrechtsgüter den Fall verarbeiten. Man

[20] *H.D. Jarass/B. Pieroth*, GG-Kommentar, 15. Aufl. 2018, S. 17; *H. Dreier*, GG-Kommentar, Bd. I, 3. Aufl. 2013, S. 112.

[21] BVerfGE 39, 1 (42).

[22] *Go Koyama*, Die Lehre von den grundrechtlichen Schutzpflichten, 1998.

[23] Exakt gesagt, nimmt man an, dass die Güter wie Leben oder Körper des Menschen ohne Berücksichtigung der „Grundrechtsgüter" rechtlich schutzwürdig sind.

kann sagen, sie funktionieren in der Rechtspraxis wie die grundrechtlichen Schutzpflichten.

Umweltgüter werden von den Grundrechtsgütern (oder von den Schutzpflichten des Staates) nur dann einbezogen, wenn es sich bei ihnen um Individualrechtsgüter handelt[24]. Umgekehrt werden damit solche Tiere und Pflanzen nicht erfasst, an denen Menschen keine Rechte haben oder die keinen Vermögenswert aufweisen. Wenn es um die Individualrechtsgüter als Teile der Umwelt geht, dann soll man sich auf die Grundrechte berufen, zuerst für den Rechtsschutz, schließlich für den Umweltschutz. Die Grundrechte taugen am besten zum Individualschutz. Die Initiative des Einzelnen für den Rechtsschutz im Umweltbereich würde mehr Wissen und Weisheit mit sich bringen und einen effektiven Umweltschutz zur Folge haben. Vor allem für den Rechtsschutz können die Tätigkeiten der Gerichte in Anspruch genommen werden. Die Einklagbarkeit öffnet häufig neue Rechtsfelder. Durch die Kooperation von Individual-Initiativen und Justiztätigkeit lässt sich das Niveau des Rechtsschutzes und des Umweltschutzes gemeinsam steigern.

2. Grenze des grundrechtlichen Umweltschutzes

Damit wird deutlich, dass Umweltgüter ohne Individuumsbezug grundrechtlich nur partiell geschützt werden können. Das Klima oder die biologische Vielfalt gehören zum Beispiel nicht dem Individuum, sondern der Allgemeinheit. Solchen Umweltgütern ist der grundrechtliche Schutz sehr schwierig zu verschaffen. Dabei entstehen Schutzlücken. Sie sind beim deutschen Grundgesetz durch die Staatszielbestimmung in Art. 20a GG geschlossen[25]. Aber in der JV gibt es keine solche Bestimmung. Deshalb bestehen die Schutzlücken weiter.

Diese Schutzlücken bestehen nicht nur auf der örtlichen, sondern auch auf der zeitlichen Ebene. Umweltschäden müssen nicht unmittelbar entstehen. Sie werden wohl erst bei zukünftigen Generationen noch deutlicher zutage kommen. Im Klimawandel ist dies gerade der Fall. Das Rechtsdenken, das nur auf die gegenwärtige Generation zielt, berücksichtigt die Frage des Umweltschutzes als „Nachweltschutz“ eventuell nicht genug. Es bleibt damit eine noch immer zu lösende Aufgabe.

Die negative Seite des grundrechtlichen Umweltschutzes ist zwar zu beachten. Doch nicht immer wirkt sie sich auch nachteilig aus. Wenn Schutzlücken grundrechtlich nicht geschlossen werden können, ist es sicherlich auf anderen, außerverfassungsrechtlichen Wegen möglich, sie auszufüllen, vor allem durch angemessene Umweltgesetze. Mögen sich die Grundrechte auch nicht als allmächtig erweisen, zeigen sie sich doch entwicklungsfähig. Der grundrechtliche Umweltschutz hat seinerseits auch mehr Vorteile als Nachteile.

---

[24] *R. Steinberg*, Der ökologische Verfassungsstaat, 1998, S. 81 f.

[25] *Jarass/Pieroth*, GG-Kommentar (Fn. 20), S. 587 f.

IV. Neue Möglichkeit der verfassungsrechtlichen Rechte?

Um die Schutzlücken des grundrechtlichen Umweltschutzes zu füllen, sind verschiedene rechtliche Versuche unternommen worden. Das bekannteste Beispiel ist die Begründung eines Umweltgrundrechts. Dieses Grundrecht ist als ein materielles Recht auf einen guten und gesunden Umweltgenuss konzipiert. Die Fürsprecher dieses subjektiven Rechts vertreten, dass es verfassungsrechtlich auf Art. 13 JV (Recht auf Streben nach Glück) und zugleich auf Art. 25. Abs. 1 JV (Recht auf Existenzminimum) gegründet werden kann[26]. Die Verfassungsrechtsliteratur steht dieser Ansicht insgesamt wohlwollend gegenüber, aber die Justiz hat ein solches subjektives Recht deutlich verneint, wie oben (I.) schon dargelegt wurde. Umweltgüter sind nämlich öffentliche Güter und kein unmittelbarer Gegenstand des an Individualrechtsgütern orientierten subjektiven Rechts.

Als ein neues subjektives Recht, das die Juristen interessiert, erwähnt man neuerdings manchmal ein Recht auf einen Beitrag zur Allgemeinheit[27]. Das bekannteste Beispiel ist das Recht auf Zugang zu Verwaltungsdokumenten. Das subjektive Recht wird durch den Act on Access to Information Held by Administrative Organs (Gesetz Nr. 42, 1999) allen Bürgern einschließlich Ausländern gewährleistet, weil mit der Ausübung dieses Rechts, unabhängig von deren Absicht, öffentliche Güter wie die Transparenz der Verwaltung oder die Verantwortlichkeit der Regierung sichergestellt werden können.

Paragraph 1 des Acts lautet: „The purpose of this Act is, in accordance with the principle of sovereignty of the people, and by providing for the right to request the disclosure of administrative documents, etc., to endeavor towards greater disclosure of information held by administrative organs thereby ensuring to achieve accountability of the Government to the citizens for its various activities, and to contribute to the promotion of a fair and democratic administration that is subject to the citizens' appropriate understanding and criticism."

Zugangsrechte zu Informationen der Verwaltung sind für den Schutz der öffentlichen Güter vor allem im Bereich des Umweltrechts speziell gewährleistet. Zum Beispiel: ein Zugangsrecht zur Datei der Treibhausgase (§ 30 I Klimaschutzgesetz), zur Datei der riskanten Chemikalien (§ 10 I PRTR-Gesetz) oder zum Grundbuch, das den Bezirk einer Kontamination zeigt (§ 15 III Bodenschutzgesetz). Es soll hier besonders hervorgehoben werden, dass alle diese Zugangsrechte für die Allgemeinheit allen Bürgern gewährt werden, die sich für Umweltfragen interessieren. Dies ist mit dem Grundsatz 10 der Rio-Erklärung über Umwelt und Entwicklung verträglich. Denn dessen Absatz 1 heißt: „Umweltfragen sind am besten auf entsprechender Ebene unter Beteiligung aller betroffenen Bürger zu behandeln."

---

[26] *Y. Matsuura*, Grundzüge des Umweltrechts, 4. Aufl. 2004, S. 62 und 69.

[27] Vgl. *K. Matsumoto*, Umweltschutz als Rechtsschutz, Osaka Law Review Vol. 64, No. 3/4, S. 235 (246).

Dessen Gedanke berührt sich eng mit der Aarhus-Konvention[28]. Zahlreiche europäische Länder wurden Mitglied dieser Konvention. Aber Japan unterzeichnet und ratifiziert sie leider noch nicht. Die Konvention gewährleistet jeder Person Zugangs- und Beteiligungsrechte, die nicht als materielles Recht, sondern als ein an Verfahren oder Partizipation orientiertes Recht zum Umweltschutz bestimmt sind. Ein subjektives Recht auf Beteiligung an Entscheidungsverfahren hat nicht dieselbe Bedeutung wie das subjektive Recht auf eine bestimmte Entscheidung. Die Entscheidung muss von dem demokratisch legitimierten Subjekt getroffen werden. Individuelle Bürger haben keine solche umfassende Legitimationskraft. Sie haben aber als politisch selbstbewusste Bürger Beteiligungsrechte an demokratischen Prozessen und zusätzlich die Meinungsäußerungs- oder Versammlungsfreiheit, um ihrer eigenen Meinung und Anschauung gegen ein öffentliches Subjekt wie die Regierung Ausdruck zu verleihen[29].

V. Schluss

In Japan gibt es seit langem einige politische Bewegungen, die zwecks effektiven Umweltschutzes auf die Einführung eines Umweltgrundrechts in die Verfassung abzielen. Eine Verfassungsänderung verwirklicht sich zwar wegen der nötigen Zweidrittel-Mehrheit nach Art. 96 JV nicht ganz so leicht, angesichts der neueren politischen Situation ist sie aber nicht unmöglich[30]. Vielleicht kann sie sich nach einigen Jahren verwirklichen. Diesem Grundrecht würde jedoch nur eine symbolische, keine juristische Bedeutung zukommen, soweit es nicht als ein subjektives und materielles Recht auf Umweltschutz konzipiert würde.

Ob ein solches subjektives Recht wünschenswert ist, erscheint mir fraglich. Auch ohne Verfassungsänderung wurden die Grundrechte bislang aber erfolgreich in Richtung Umweltschutz entwickelt. Sie werden sich auch künftig weiter entfalten, auch wenn sie offensichtlich nur beschränkten Schutz gewährleisten können. Wenn wir einige neue rechtliche Grundlagen schaffen wollen, sollte eher die positive einfache Gesetzgebung für den Umweltschutz, einschließlich der Ratifizierung der internationalen Verträge in Umweltangelegenheiten im Vordergrund stehen, als eine mehr oberflächliche Verfassungsänderung.

---

[28] Übereinkommen über den Zugang zu Informationen, die Öffentlichkeitsbeteiligung an Entscheidungsverfahren und den Zugang zu Gerichten in Umweltangelegenheiten vom 25.6.1998.

[29] Vgl. *J. Habermas*, Faktizität und Geltung, 1998.

[30] Seit 2020 wird beobachtet, dass in den beiden Häusern des Parlaments mehr als Zweidrittel der Abgeordneten die Verfassung ändern wollen.

Teil III

Gesetzgeberische Gestaltungsfreiheit am Beispiel des Sozialrechts

Gesetzgeberische Gestaltungsfreiheit am Beispiel des Sozialrechts

Hinnerk Wißmann

I. Einleitung: Die Entwicklung der Verfassungspraxis und der Topos der Gestaltungsfreiheit

Die äußeren Voraussetzungen für „Verfassungsgespräche" aller Art haben sich in den letzten Jahren mit rasanter Geschwindigkeit verändert. Zu beobachten sind neue Bedrängungen der freiheitlichen Demokratie von außen, etwa durch autoritär-moderne Staatsmodelle, die in der vernetzten Welt an Einfluss gewinnen. Aber auch von innen her werden zunehmend Kräfte wirksam, die die Verfassungsstaaten zu zermürben drohen. Im letztgenannten Feld sind in Bezug auf die Mechaniken des Rechtsstaats zwei Großtrends zu unterscheiden: Zum einen sieht sich – auf der großen, politischen Bühne – das partnerschaftliche Zusammenspiel von Staatsleitung und Justiz in vielfältiger Weise auf die Probe gestellt.[1] Zum anderen verzweigen sich – im Alltag der Jurisprudenz – gleichzeitig scheinbar un-

[1] Nicht nur in den USA und in mehreren EU-Staaten ist die Justizpolitik zum Schauplatz brachialer Mehrheitsdemokratie geworden; auch in Deutschland wird die Befolgung von Gerichtsurteilen durch die Gubernative inzwischen wiederholt auf die Probe gestellt, etwa im Bereich (gesetzlich vorgeschriebener) Abgasbekämpfung (in Bayern, vgl. Vorlageentscheidung des VGH München an den EuGH, Beschl. v. 09.11.2018, Az. 22 C 18.1718, dazu Entscheidung des EuGH, Urt. v. 19.12.2019, Az. C-752/18) oder Abschiebungsschutz (in Nordrhein-Westfalen, vgl. OVG Münster, Beschl. v. 15.08.2018, Az. 17 B 1029/18).

angefochten die Pfade des Spezialrechts und seiner Anwendung immer weiter, so dass eine übergreifende Rückbindung an allgemeine Standards zunehmend schwer fällt.[2] Aus beiden Faktoren entsteht für die Rechtspraxis der Verfassungsstaaten eine *neue Unübersichtlichkeit*, gemeinsame Anschauungen und Prägungen verlieren an Wirkungskraft oder können doch zumindest immer weniger einfach vorausgesetzt werden. In dieser Lage ist das akademische Gespräch herausgefordert, das Verhältnis von Verfassung und Gesetz und damit institutionell die *Koordination von Judikative, Exekutive und Legislative als Daueraufgabe der Verfassungspraxis* neu zu bedenken. Das soll hier für die Großfrage der Gestaltungsfreiheit des Gesetzgebers bezogen auf das Sozialrecht in Form einer knappen Skizze geschehen.

Ebendieser Topos „Gestaltungsfreiheit" würde in der Wilhelmstraße 49 in Berlin-Mitte wohl als ironische Provokation verstanden werden. Dort befindet sich der Hauptsitz des Bundesministeriums für Arbeit und Soziales, und ein guter Teil der dort koordinierten Gesetzgebungsvorhaben findet in Anweisungen des Bundesverfassungsgerichts und also nicht in parlamentarischer Selbstbestimmung seinen Anfang.[3] Gegen eine solche Sichtweise auf „Sozialgesetzgebung als Ausführung von Vorgaben im Jurisdiktionsstaat" liegen freilich auch Widerreden etwa von Verfassungsrichtern nahe, die je nach Zusammenhang auf unabweisbare Verfassungsdirektiven verweisen könnten oder darauf, dass es in der Regel nur um nachlaufende Korrekturen gesetzgeberischer Erstaktivitäten geht, denen es an der notwendigen Konsistenz fehlt.

Nimmt man beide Grundanschauungen ernst, bietet sich folgende Deutung an: Das Beispiel des Sozialrechts hat für das Generalthema „Freiheit des Gesetzgebers" seinen besonderen Reiz, eben weil diese Verbindung sich nicht dafür eignet, glatte Großformeln von der Macht politischer Dezision einerseits oder von Politik als bloßem Vollzug der Verfassung andererseits zu deklinieren.[4] Vielmehr führt die Kombination der allgemeinen Frage mit dem hiesigen Referenzgebiet in den Ma-

---

[2] Mindestens indizielle Wirkung hat – neben einer Vielzahl von Beispielen materieller Feinstdogmatik – insoweit die Zunahme der durchschnittlichen Länge von hervorgehobenen Senatsentscheidungen des Bundesverfassungsgerichts, die mit ihren detaillierten Großprogrammen zu den Reaktionen des Gesetzgebers führen, die im Folgenden erörtert werden.

[3] BVerfGE 125, 175 – Hartz IV (2010) und BVerfGE 137, 34 – Regelbedarf (2014) führten zu der Neuregelung von § 28 XII SGB, vgl. BT-Drs. 18/9984, explizit unter „A. Problem und Ziel" (BGBl. 2016 I S. 3159). Entsprechend jetzt BT-Drs. 19/15078 zum Urteil des Ersten Senats vom 05. November 2019, 1 BvL 7/16 – Hartz IV-Sanktionen. Vgl. aber auch BVerfGE 149, 126 ff. – Sachgrundlose Befristung (2018) zum Schutz des parlamentarischen Gesetzgebers vor fachgerichtlicher Rechtsfortbildung im Sozialrecht.

[4] Zu dieser Entgegensetzung in Bezug auf die Anwendungsperspektive *Ernst-Wolfgang Böckenförde*, Die Methoden der Verfassungsinterpretation – Bestandsaufnahme und Kritik (1976), in: Staat, Verfassung, Demokratie, 2. Aufl., Frankfurt a. M. 1992, S. 53 (56 ff.). Zum integrierten Modell in der Verfassungspraxis des Grundgesetzes klassisch *Konrad Hesse*, Grundzüge des Verfassungsrechts, 19. Aufl., Heidelberg 1993, Rn. 41 ff. Siehe nunmehr zur Kritik des „deutschen Materialisierungsansatzes" *Shu-Perng Hwang*, Verfassungsordnung als Rahmenordnung, Tübingen 2018, insb. S. 85 ff. mit Einzelstudien zur Judikatur des Bundesverfassungsgerichts.

schinenraum des real existierenden Verfassungsstaats: Es geht also um sehr konkrete Beziehungen sehr konkreter Akteure, die mit den ihnen jeweils zugeteilten Aufgaben und Kompetenzen die Verfassungsordnung beachten, durchsetzen, entwickeln wollen.[5]

II. „Ob", „wie" und „wann" als Parameter gesetzgeberischer Gestaltungsfreiheit – Thesen

Wer die Freiheit des Gesetzgebers im Verfassungsstaat analysieren will, wird naheliegenderweise die Fragen des „Ob" und des „Wie" unterscheiden. Das gilt auch für das Sozialrecht: Für welche Fragen sieht die Verfassung verpflichtend vor, dass überhaupt Regelungen getroffen werden, wo ist der Gesetzgeber rechtlich frei? Und in der Folge fragt sich, wie der Gesetzgeber dann vorzugehen hat, welches Verfahren er zu beachten hat, welche Regelungstiefe er erreichen muss. Die Sozialgesetzgebung kann nach einer ersten Intuition in beiden Fragen sicher nur als *Fall einer gesetzgeberischen Freiheit zweiter Ordnung* aufgefasst werden: Denn hier werden in Deutschland aus der Verfassung relativ weitgehende Handlungspflichten wie auch prozedurale Begründungspflichten abgeleitet, die jedenfalls nicht den allgemeinen Handbüchern zu den Staatsaufgaben und zur Gesetzgebungslehre entnommen sind.

In der folgenden Skizze soll neben das „Ob" und das „Wie" ein dritter Parameter in den Vordergrund gestellt werden: *Das Sozialrecht im Verfassungsstaat entwickelt sich „in der Zeit"*. Will sagen: Es verfehlt die Realität des Verfassungsstaats

---

[5] Die Rolle des Sozialrechts als Referenzmaterie allgemeiner öffentlich-rechtlicher Fragen ist in Deutschland nach einer langen Phase weitgehender Abkapselung (mit der Ausnahme der Schriften von *Hans Zacher*) seit rund zwei Dekaden neu bedacht worden, vgl. dazu in einer ersten Phase mit Konzentration auf das Sozialversicherungsrecht insbesondere die Habilitationsschriften von *Peter Axer*, Normsetzung der Exekutive in der Sozialversicherung, Tübingen 2000; *Christian Rolfs*, Das Versicherungsprinzip im Sozialversicherungsrecht, München 2000; *Friedhelm Hase*, Versicherungsprinzip und sozialer Ausgleich, Tübingen 2000; *Joachim Becker*, Transfergerechtigkeit und Verfassung, Tübingen 2001; *Hermann Butzer*, Fremdlasten in der Sozialversicherung, Tübingen 2001. Nochmals breiter dann *Thorsten Kingreen*, Das Sozialstaatsprinzip im europäischen Verfassungsverbund, Tübingen 2003; *Stephan Rixen*, Sozialrecht als öffentliches Wirtschaftsrecht, Tübingen 2005; *Hans Michael Heinig*, Der Sozialstaat im Dienst der Freiheit, Tübingen 2008; sowie *Astrid Wallrabenstein*, Versicherung im Sozialstaat, Tübingen 2009. Die Vereinigung der Staatsrechtslehrer hat sich 2004 in Jena unter dem Leitthema „Sozialstaat in Deutschland und Europa" versammelt, mit Referaten von *Enders, Wiederin, Pitschas, Sodan, Tettinger, J.P. Schneider, Jestaedt* und *Britz* (VVDStRL 64, 2005). Zur Entwicklung der Diskussion aus Sicht des Verfassungsrechts Andreas von Arnauld/Andreas Musil (Hrsg.), Strukturfragen des Sozialverfassungsrechts, Tübingen 2009; aus Sicht des Verwaltungsrechts die Beiträge von *Rixen, Kingreen, Wißmann, Hufen*, Die Verwaltung 42 (2009), S. 309 ff. Nunmehr zusammenführend *Astrid Wallrabenstein*, Sozialstaat, in: Gärditz/Herdegen/Masing/Poscher, Handbuch des Verfassungsrechts, i. E. 2021.

in geradezu dramatischer Weise, wenn Gesetzgebungstheorien von einer Abfolge Verfassung – Gesetz – Gesetzesanwendung ausgehen. Vielmehr handelt es sich um ein *Verbundsystem*, in dem in einer ständigen Abfolge unterschiedliche Impulse der Rechtsentwicklung aufeinander Bezug nehmen: Die gegenwärtige Verfassung findet den Sozialstaat durchaus schon vor, die parlamentarische Gesetzgebung nimmt Bezug auf Verwaltungspraxis und Verfassungsrechtsprechung und passt ihrerseits wo nötig die Verfassung an, und überhaupt ist schon „Verfassung" eher eine Chiffre für eine höchst bewegliche Verbindung ganz verschiedener Regelungsebenen. Diese Vorgänge sind nicht irregulär, bedürfen aber einer Systematisierung von einem eigenständigen Beobachtungspunkt aus, den nach Lage der Dinge die Verfassungsrechts*wissenschaft* bilden muss.

Dabei ist zu beachten, dass es sich bei der Gestaltungsfreiheit des Gesetzgebers im Sozialrecht um ein eigengeartetes Beispiel deutschen Verfassungsrechts handelt, das zunächst einmal in dieser Eigenart bestimmt werden sollte. Nur von dieser konkreten Teil-Konstruktion aus lässt sich dann allgemeiner und als Beitrag zum Rechtsvergleich begründen, wie und warum das Verfassungsrecht in Deutschland mit so weitreichendem Anspruch politische und gesellschaftliche Beziehungen ordnet. Dem Gedankengang liegen folgende Thesen zugrunde:

– Die soziale Frage ist ein *notwendiges Thema* jeder entwickelten Verfassungsordnung. Eine Ausblendung oder Betonung angeblicher Gegensätze – namentlich zwischen Sozialstaat und Rechtsstaat – verfehlt die gemeinsamen Tiefenschichten der staatsrechtlichen Moderne. In der Konsequenz ist das verfassungsbezogene *Parlamentsgesetz der strukturell zutreffende Ort* für die Gestaltung des Sozialrechts.

– Das Sozialrecht bewegt sich in Deutschland in einem *spezifischen Korridor rechtlicher Vorgaben*. Sozialstaatsprinzip, völker- und europarechtliche Bestimmungen und die subjektiven Rechte aus der Menschenwürde und einzelnen Grundrechten verbinden sich mit Elementen sozialrechtlicher Eigendynamik.

– Am Beispiel des Sozialrechts lässt sich zeigen: Verfassung und Gesetz entwickeln sich nach dem Prinzip der *Wechselseitigkeit*. Ein solcher Modus unterliegt wissenschaftlichen und politischen Konjunkturen, setzt aber vor allem ein reflektiertes Rollenbewusstsein aller Akteure voraus.

III. Entwicklungslinien: Sozialgesetzgebung als Strukturelement des modernen Verfassungsstaats

1. Die soziale Frage als notwendiges Element frühmoderner Staatlichkeit

a) Zunächst also zur ersten These. In einem empirisch und historisch angelegten Längsschnitt ergibt sich: Schon deutlich vor der ausdrücklichen Positivierung der sozialen Idee in der Verfassungsurkunde des Grundgesetzes hat es das moderne Staatswesen in Deutschland um seiner selbst willen notwendig mit der sozialen

Frage zu tun.[6] Denn die *staatsrechtliche Moderne* ab dem ausgehenden 18. Jahrhundert basiert eben nicht nur auf dem Großkonzept der bürgerlichen Rechte, Freiheit und Gleichheit, sondern trifft auch auf den endgültigen Zerfall autarker Lebenswelten. In der Industrialisierung und ihrer radikal vorangetriebenen Arbeitsteilung, den großen Wanderungsbewegungen vom Land in die Städte und in neue Welten, der neuen Spanne zwischen Armut und Reichtum, verliert sich die reale Möglichkeit des selbstbestimmten Menschen genau in dem Moment, in dem ihm dieses Recht auf Autonomie rechtlich erstmals zugesprochen wird. Diese dialektische Gleichzeitigkeit überfordert freilich das neu entstehende Verfassungsrecht in Deutschland, so dass es zunächst Inseln wie die Staatsorganisation und einen kleinen Kreis von Freiheitsrechten als seinen Gegenstand definiert.[7] Die tatsächliche Staatsverantwortung und Staatstätigkeit sind freilich zu keinem Zeitpunkt mit dieser Beschränkung verbunden gewesen. Ganz im Gegenteil: Der angebliche Nachtwächterstaat schafft in dieser frühen Moderne allgemeine Infrastrukturen, definiert mit dem Topos der „Selbstverwaltung" ein neues Verhältnis zwischen örtlicher Gemeinschaft und gesamtstaatlichen Aufgaben, nimmt wie selbstverständlich komplexe Regulierungen der sozialen Wirklichkeit in Angriff.[8]

Eine am Realbefund orientierte Verfassungslehre wird daher zu konstatieren haben: Beim Konzept des bürgerlich-liberalen Verfassungsstaats handelt es sich um eine *funktionale Fiktionalisierung*. Deren verfassungsstaatlicher Nutzen lag in der Ausprägung systematisch stimmiger Rechtlichkeit, und im guten Fall wurde tatsächlich Macht nach dem Maßstab der Gewaltenteilung organisiert oder nach dem der Bürgerrechte beschränkt. Freilich kann nicht übersehen werden, dass es sich zeitlich wie sachlich um Inseln in einem Meer handelte: Das tatsächliche Staatshandeln wurde und wird weder im Umfang noch im Modus durch die buchstäbliche Anwendung der Verfassung bestimmt. Mit einer solchen Einsicht ist gerade kein Vorrang eines irgendwie vorverfassungsrechtlichen Staatsgedankens vor der Verfassung propagiert, sondern nur die Größe der Aufgabe angedeutet, den Verfassungsstaat als Alltag der Amtsstuben zu etablieren und zu verteidigen, ob es nun um Rechtsstaat, Demokratie, föderale Gewaltenteilung, Grundrechte oder eben auch den Sozialstaat geht.

---

[6] Zum historischen Zusammenhang von sozialer Frage und Staatsordnung knapp *Michael Stolleis*, Geschichte des Sozialrechts in Deutschland, Stuttgart 2003, S. 15 ff. Zur „Erzählung vom (modernen) deutschen Sozialstaat" *Astrid Wallrabenstein*, Sozialstaat, in: Gärditz/Herdegen/Masing/Poscher, Handbuch des Verfassungsrechts, i. E. 2021, A. I.

[7] Zum oft beschriebenen Wechsel der Staatswissenschaften zum Verfassungsrecht im 19. Jahrhundert etwa *Joseph H. Kaiser*, Art. Staatslehre, Staatslexikon, 7. Aufl. 1995, Sp. 188 (194 ff.). Zur Reintegration z. B. *Andreas Voßkuhle/Christian Bumke/Florian Meinel* (Hrsg.), Verabschiedung und Wiederentdeckung des Staates im Spannungsfeld der Disziplinen, Der Staat, Beiheft 21, Berlin 2013.

[8] Zu den entsprechenden Staatstätigkeiten im Infrastrukturbereich in der frühen Moderne jenseits der sozialen Frage *Hinnerk Wißmann*, Die Anforderungen an ein zukunftsfähiges Infrastrukturrecht, VVDStRL 73 (2014), S. 369 (377 ff.) m. w. N.

b) Auch und gerade die soziale Frage gehört also notwendig zu den Grundthemen, die sich aus der *Disposition der Moderne* ergeben. Zum Sozialrecht in Europa lassen sich im Kern die Fragen der Krankenpflege, der Absicherung im Alter, der Unterstützung von Erwerbslosen und Mittellosen und die Fürsorge insbesondere für hilfebedürftige Kinder und Jugendliche zählen.[9] Der partikulare Staat der Frühen Neuzeit hatte die entsprechenden Aufgaben im Sinn der Allzuständigkeit seiner guten Policey in der Theorie bereits von der örtlichen und kirchlichen Ebene an sich gezogen; als im 19. Jahrhundert entsprechende Programmpflichten nun zur Wirklichkeit drängten, ist es ein bemerkenswerter Umstand, dass in Deutschland gerade nicht Ungetüme staatlicher Eigenverwaltung geschaffen wurde. Vielmehr entwickelten sich mit der kommunalen Selbstverwaltung, der kirchlichen Diakonie und Caritas wie später der Arbeiterwohlfahrt (also dem „Dritten Sektor") wie dann schließlich auch mit den Versicherungslösungen der Bismarckschen Sozialgesetze von Anfang an arbeitsteilige Arrangements.[10]

Für diesen Pfad gibt es nicht zuletzt eine Erklärung über die Verteilung der entsprechenden Zuständigkeiten: Denn das geschriebene Verfassungsrecht des Bismarckschen Fürstenbundes in der *Reichsverfassung von 1871* konnte sich zu den sozialen Fragen schon aus kompetentiellen Gründen nur in engen Ausschnitten verhalten. Nur als Ausnahme zu begreifen ist insofern die Jahrhundertlösung der Sozialversicherungen in den 1880er Jahren, die sich letztlich auf die schmale Gesetzgebungskompetenz des Reichs für das auf den Gewerbebetrieb bezogene Versicherungswesen (Art. 4 Nr. 1 RV 1871) stützen konnte.[11] Eindrücklich und typisch ist etwa auf der anderen Seite, dass die wichtige einheitliche Reichsbürgerschaft ausdrücklich eingeschränkt war in Bezug auf die Armenversorgung und die damit korrespondierende Aufnahme in den örtlichen Gemeindeverband (Art. 3 III RV 1871).

Die *Weimarer Verfassung* von 1919, die den Sprung zur republikanischen Verfassung der Bürger wagte, wählte als Weg zum sozialen Staat kein abstraktes Staatsziel, sondern starke Reichskompetenzen – die ja mittelbar auch Staatsaufgaben formulieren! – wie auch soziale Grundrechte.[12] Bekanntlich war diesem Pfad kein

---

[9] Zur üblichen Aufgliederung *Eberhard Eichenhofer*, Sozialrecht, 11. Auflage, Tübingen 2019, v. a. I § 1 Rn. 10 ff., s. a. II. §§ 14, 16, 26, 27. Zu den empirischen Größenordnungen der einzelnen Felder *Astrid Wallrabenstein*, Sozialstaat, in: Gärditz/Herdegen/Masing/Poscher, Handbuch des Verfassungsrechts, i. E. 2021, A. II.

[10] Die Hauptlinie der Darstellungen konzentriert sich im 19. Jahrhundert sehr stark auf die Frage der Versicherungslösungen, auch das ein Beispiel für die häufiger zu beobachtende zentralistische Entdifferenzierung in der Verfassungsgeschichtsschreibung.

[11] Zur Gesamtentwicklung *Michael Stolleis*, Geschichte des Sozialrechts in Deutschland, Stuttgart 2003, S. 36 ff., zur Verfassungslage S. 58 ff.; *Fabian Wittreck*, Art. 20 (Sozialstaat), in: Horst Dreier, Kommentar zum GG, Bd. II, 3. Aufl., Tübingen 2015, Rn. 5 ff.

[12] Zusammengefasst im Abschnitt „Das Wirtschaftsleben", Art. 151–165 WRV, der dem zweiten Hauptteil „Grundrechte und Grundpflichten der Deutschen" zugeordnet war. Zur damaligen Gesamtkonstruktion der verschiedenartigen Bestimmungen knapp *Astrid Wallrabenstein*, Sozialstaat, in: Gärditz/Herdegen/Masing/Poscher, Handbuch des Verfassungsrechts, i. E. 2021, A. I.2.

Glück beschieden, die Republik scheiterte ganz maßgeblich an der sozialen Frage.[13] Und dem entsprach, dass der Nationalsozialismus seine Erfolge und seine hohe Zustimmung nicht zuletzt als tätiger Sozialstaat erreichte (was natürlich nur für „Volksgenossen" galt und unlösbar mit dem Inferno der mörderischen Selektion verbunden war, in der Euthanasie wie in der „Rassenfrage").[14]

2. Sozialstaatliche Gesetzgebung im Verfassungsstaat des Grundgesetzes

a) Das Sozialverfassungsrecht des Grundgesetzes ist – im Abstand von seinen Vorläufern – durch eine neue Verbindung aus Menschenwürde, Gleichheitsrechten und Sozialstaatsprinzip gekennzeichnet. Dabei ist dann allerdings zu beachten, dass der *parlamentarische Gesetzgeber* auch *in der Bundesrepublik erst spät zum vorrangigen Akteur* des Sozialstaats wurde.[15]

Insoweit sind ganz unterschiedlich strukturierte Felder zu unterscheiden: Die großen, einheitlichen *Versicherungssysteme* (Krankheit und Unfall, Alter, Arbeitslosigkeit) waren wie gesehen schon durch den konstitutionellen Gesetzgeber im 19. Jahrhundert gebildet worden. Das „Ob" war also schon entschieden, hier wurden für das „Wie" später vor allem die Grundrechte relevant.[16] Die soziale Hilfe im Bereich der klassischen *Fürsorge*, die sich auf die Bewältigung von Notlagen, insbesondere in Bezug auf Kinder, Jugendliche, Vermögenslose, gestrauchelte Existenzen bezog, hatte dagegen vor 1949 nur im Ausnahmefall gesetzliche Grundlagen. Auch die frühen Jahre des Grundgesetzes sind hier noch geprägt durch die ältere Verordnungsgebung der Weimarer Zeit und die fachgerichtliche Judikatur; dabei wurden dann durch die Rechtsprechung der Verwaltungsgerichtsbarkeit aus allgemeinen Rechtsprinzipien wie aus dem Sozialstaatsprinzip und aus Menschenwürde und Grundrechten erste Ansprüche abgeleitet.[17] Für unsere Fragestellung soll festgehalten werden: Der Beginn der subjektiv-rechtlichen Phase des Sozialrechts wird nicht durch neue Aktivitäten des Gesetzgebers markiert, der auf die neue Verfassung reagiert, sondern durch die Fortführung und Neuinterpretation

---

[13] Vgl. zur tatsächlichen Entwicklung und den politischen Folgen *Hans-Ulrich Wehler*, Deutsche Gesellschaftsgeschichte 1914–1949, München 2003, S. 428 ff. sowie S. 514; die Präsidialregime *Brüning*, *Papen* und *Schleicher* fuhren einen erbarmungslosen Kurs der Konsolidierung, die die Massenarbeitslosigkeit in Kauf nahm und gerade deshalb die NSDAP zur Volkspartei machte, vgl. zur entsprechenden verfassungsrechtlichen Disposition *Hinnerk Wißmann*, Verfassungsrechtsprechung im Übergang, Der Staat 47 (2008), S. 187 (196 ff.).

[14] Zum Sozialrecht im Dritten Reich *Michael Stolleis*, Geschichte des Sozialrechts in Deutschland, Stuttgart 2003, S. 180 ff.

[15] Für einen Gesamtüberblick der Entwicklung *Karl Otto Scherner*, Sozialrechtsgeschichte der Neuzeit, Zeitschrift für Neuere Rechtsgeschichte 18 (1996), S. 102 (insb. 147 f.); *Michael Stolleis*, Geschichte des Sozialrechts in Deutschland, Stuttgart 2003, S. 209 ff.

[16] Beginnend mit BVerfGE 1, 97 (105) – Hinterbliebenenrente I (1951); 40, 121 (133) – Waisenrente II (1975); 65, 182 (193) – Sozialplan (1983).

[17] Bahnbrechend zum Vertrauensschutz OVG Berlin, DVBl. 1957, 503; dann BVerwGE 5, 312 (313); 9, 251 (254 f.).

überkommener Regelungssysteme, die in vielfältigen Wendungen mit der allgemeinen Idee des subjektiven Rechtes verbunden werden.

Der Gesetzgeber kommt hier in größerem und neuem Umfang erst zum Zuge, als zwei Bedingungen erfüllt sind: Zum ersten dringt die *Lehre von der Gesetzmäßigkeit der Verwaltung* auf dem Boden der Grundrechte und namentlich der allgemeinen Handlungsfreiheit in ganz neue Regionen vor.[18] Nicht mehr nur wenige abgezählte Eingriffe der Polizei benötigen nun eine tatbestandsmäßige Ermächtigung – mit der Idee einer flächendeckenden Freiheit vor staatlichen Einwirkungen wird die Handlungslast zwischen Staat und Gesellschaft fundamental verändert, was vor allem die „Produktion" von Gesetzen und gesetzesausführenden Verordnungen exponentiell erhöht. Das wirkt sich auch auf den Bereich der Leistungsverwaltung aus. Zweitens wird der *rapide Aufwuchs sozialstaatlicher Aufgaben* und Ausgaben in der geschlossenen Erfolgsgesellschaft der Bundesrepublik seit dem Ausgang der 1950er Jahre als allgemeine *conditio des Wirtschaftsmodells* akzeptiert: Der Reichtum der Erwerbsgesellschaft rechtfertigt sich und wird gestützt durch die Teilhabe der Bevölkerung vor, nach und auch außerhalb der Arbeitswelt. Sowohl das Bundessozialhilfegesetz als auch das Kinder- und Jugendhilfegesetz spiegeln so auf ihre Weise das nach außen geschlossene und nach innen integrierte Gesellschaftsmodell der Bundesrepublik von seinen Rändern her.[19]

b) Die genannten Grundfaktoren, also zunehmende Gesetzmäßigkeit und zunehmende Verteilungsmasse, laufen zusammen im *Projekt der sozialstaatlichen Kodifikation*, die in den 1970er Jahren beginnt.[20] Es darf nicht übersehen werden, dass das Sozialgesetzbuch mit seinen derzeit 12 Abteilungen sowohl für die Etablierung umfangreicher Ansprüche (und damit für die Expansion umfangreicher Verwaltungstätigkeit) steht – aber eben auch für die Begrenzung sozialstaatlicher Tätigkeit durch das Gesetz. Denn anders als nach allgemeinen Lehren ist im Sozialrecht staatliche Leistung grundsätzlich nur nach Maßgabe eines materiellen Gesetzes möglich (§ 38 SGB I).[21] Zu betonen ist: Die Vergesetzlichung des Sozial-

---

[18] Allgemein *Dirk Ehlers*, Verwaltung und Verwaltungsrecht, § 2: Rechtsquellen und Rechtsnormen der Verwaltung, in: ders./Hermann Pünder, Allgemeines Verwaltungsrecht, 15. Aufl., Berlin 2016, Rn. 40 ff.; *Hartmut Maurer/Christian Waldhoff*, Allgemeines Verwaltungsrecht, 20. Aufl., München 2020, § 6, insb. Rn. 10 ff.; s. zu den grundrechtlichen Entwicklungsimpulsen *Eberhard Schmidt-Aßmann*, Das allgemeine Verwaltungsrecht als Ordnungsidee, 2. Aufl., Berlin 2006, Rn. 2/32 ff.

[19] Zur langgestreckten Entwicklung nach 1945 *Michael Stolleis*, Geschichte des Sozialrechts in Deutschland, Stuttgart 2003, S. 214 ff., 230 ff. Vgl. auch *Matthias Jestaedt*, Das Kinder- und Jugendhilferecht und das Verfassungsrecht, in: Johannes Münder/Reinhard Wiesner/Thomas Meysen (Hrsg.), Kinder- und Jugendhilferecht, 2. Aufl., Baden-Baden 2011, S. 101 (insb. S. 118 f.).

[20] Zu diesem Projekt zeitgeschichtlich *Karl Hauck*, Der Allgemeine Teil und die Gesamtkodifikation des Sozialgesetzbuchs, VSSR 1973, 330 ff.; s. a. *Eberhard Eichenhofer*, Sozialrecht, 11. Auflage, Tübingen 2019, II § 7 Rn. 167 ff.; *ders.*, in: ders./Katharina v. Koppenfels-Spies/Ulrich Wenner (Hrsg.), Kommentar zum Sozialgesetzbuch I, 2. Aufl., Köln 2018, § 1 Rn. 6 ff.

[21] *Michaela Merten/Dirk Dahm* in: Eberhard Eichenhofer/Katharina v. Koppenfels-Spies/Ulrich Wenner (Hrsg.), Kommentar zum Sozialgesetzbuch I, 2. Aufl., Köln 2018, § 38 Rn. 6 f.

rechts ist – bei aller notwendigen Kritik an Überspezialisierung, Verdeckung von Realgeschehen und seinem schieren Ausmaß – eine folgerichtige, integrierende Vorgehensweise, die das offene Konzept der Rechtsstaatlichkeit auf bedeutsame Handlungsfelder des Staates ausweitet. Nichts liegt ferner als die von *Ernst Forsthoff* vertretene Behauptung einer strukturellen Widerläufigkeit.[22] Der Modus des Rechts, sei es durch subjektive Rechte des Bürgers oder durch objektive Pflichten des Staates, steht vielmehr prinzipiell gegen die Vorstellung von entsprechenden Bereichsausnahmen oder Ebenendifferenzen.

Der Anspruch einer bundesrechtlichen Kodifikation hatte und hat im Übrigen die naheliegende Konsequenz, dass schwache Bundeskompetenzen wie etwa das ursprünglich auf Interventionen ausgerichtete „Recht der Fürsorge“ im Magnus Consensus von Bundestag, Bundesrat und Bundesverfassungsgericht zu einer umfassenden bundesrechtlichen Zugriffsmöglichkeit auf den Bereich der frühkindlichen Bildung uminterpretiert wurde, das von der Wiege aus über die flächige Bereitstellung von Kinderbetreuung jetzt zielstrebig auf die Regelung der Ganztagsschule zusteuert.[23] Da es sich um Rechte der Bürger und vorläufig nicht um Pflichten handelt, und die Bundesländer sich ihre Zustimmung gewohnheitsmäßig abhandeln lassen, fehlt es weithin an einer ernsthaften Reflexion über diese Entwicklung. Wo es Widerstände gibt – etwa unter dem Stichwort „Verbot der Mischverwaltung“[24] – wird gegebenenfalls das Grundgesetz geändert, um dem politischen Programm des Gesetzgebers nicht im Wege zu stehen.[25] Ein ergänzender, kompetentiell ausgerichteter Befund zu These 1 soll also lauten: Die Freiheit des Gesetzgebers im Sozialrecht zeigt sich praktisch darin, dass per Bundesregelung *immer neue Bereiche des sozialen Feldes unitarisch geregelt* werden und dies als Verfassungsentwicklung durch Auslegung oder Änderung zu verbuchen ist. Hierin ist das Sozialrecht ganz sicher Teil einer allgemeinen Entwicklung, die einer verbreiteten politischen Erwartung und Logik folgt – und daher jedenfalls nicht nur der Grundrechtsjudikatur des Bundesverfassungsgerichts angelastet werden kann.[26]

---

[22] *Ernst Forsthoff*, Begriff und Wesen des sozialen Rechtsstaats, VVDStRL 12 (1954), S. 8 (25 ff.); später *ders.*, Rechtsstaatlichkeit und Sozialstaatlichkeit, Darmstadt 1968, S. 145 ff.; sowie *ders.*, Die Umbildung des Verfassungsgesetzes (1959) in: Rechtsstaat im Wandel, 2. Aufl., München 1976, S. 130 (141 f.). Zur *Forsthoff-Abendroth*-Debatte auf der Tagung der Staatsrechtslehrer 1953 (dort der Beitrag von *Wolfgang Abendroth* S. 85 ff.) jetzt übersichtlich *Astrid Wallrabenstein*, Sozialstaat, in: Gärditz/Herdegen/Masing/Poscher, Handbuch des Verfassungsrechts, i. E. 2021, B II. 1.

[23] Zusammengefasst in BVerfGE 97, 332 (347 f.) – Kindergartenbeiträge (1998).

[24] BVerfGE 119, 331 (365 f.) – Hartz IV-Arbeitsgemeinschaften (2007); BVerfGE 137, 108 (143) – Art. 91e GG (2014).

[25] Änderung des Art. 91e GG im Jahr 2010 (BGBl. I S. 1112) wegen BVerfGE 119, 331 – Mischverwaltung (2007); dazu dann BVerfGE 137, 108 – Art. 91e (2014).

[26] In Bezug auf das Sozialrecht zusammenfassend *Astrid Wallrabenstein*, Sozialstaat, in: Gärditz/Herdegen/Masing/Poscher, Handbuch des Verfassungsrechts, i. E. 2021, IV. 1.; ebenso *Hans Zacher*, Das soziale Staatsziel, HStR II, 3. Aufl., Heidelberg 2004, § 28 Rn. 98. Die unitarisierende Wirkung von Obergerichten ist ein Grunddatum der modernen Verfassungsgeschichte. Zur Rolle insbesondere des Reichsgerichts *Hinnerk Wißmann*, Das richterliche Prüfungsrecht in Reichskon-

IV. Der Verbund verfassungsrechtlicher Vorgaben für das Sozialrecht

1. Vertikale und horizontale Vielschichtigkeit des Sozialverfassungsrechts

Für einen zweiten Durchgang ist darauf zu schauen, welchen Vorgaben das Parlamentsgesetz in der Sache folgen soll, wenn es die soziale Frage unter der Geltung des Grundgesetzes regelt. Zunächst lässt sich in vertikaler Perspektive feststellen, dass auch insoweit für die deutsche Rechtslage das Bild vom „verfassungsrechtlichen Mehrebenensystem" eine zutreffende Grundanschauung vermittelt.[27] Nimmt man das Grundgesetz als Ausgangspunkt, verweist es von sich aus sowohl auf die Ebene des Landesrechts als Kompetenzsperre des Bundesrechts (Art. 30, 70 GG) als auch auf Regelungen des Völkerrechts und des Europarechts (Art. 23 f. GG), die ebenfalls Maßgaben für den Gesetzgeber im Sozialrecht machen können. Zu sprechen ist also schon insoweit von einem *Verbundsystem verfassungsrechtlicher Vorgaben* und nicht nur vom Grundgesetz.

Dabei ist dann weiter zu beachten, dass von diesen Ebenen aus quasi horizontal ganz *unterschiedliche Formen von Rechtsregeln* auf das Sozialrecht einwirken: Wir treffen im Völkerrecht wie in der Grundrechtecharta der EU wie im Landesverfassungsrecht auf ausdrückliche soziale Rechte, etwa auf Arbeit, Bildung, Wohnen oder sozialen Schutz, die sich dann in der Regel allerdings als bestenfalls objektiv bindend, aber nicht subjektiv einforderbar herausstellen.[28] Auf allen Ebenen gibt es außerdem vielfältige Zielbestimmungen für eine gute soziale Ordnung. Auffällig ist vor allem, dass die Europäische Union eine deutliche Ausweitung ihres einschlägigen Primärrechts erfahren hat. So ist sie inzwischen ausdrücklich auch auf

---

stitutionalismus und Republik – Wegmarke der Verfassungsgerichtsbarkeit, Der Staat, Beiheft 22 (2014), S. 253 (255 ff., 262 ff.). In Bezug auf das Bundesverfassungsgericht ist dies lange nicht besonders reflektiert worden, sondern als quasi notwendige Verfallsgeschichte vor allem des Landesverfassungsrechts hingenommen worden; im Verhältnis zwischen BVerfG, EuGH und EGMR sind nun seit einigen Jahren neue Anstrengungen unternommen worden, den Sog der Unitarisierung qua Letztentscheidungsrecht für die supranationale Integration konzeptionell zu bewältigen, vgl. dazu einerseits aus der Judikatur des 2. Senats BVerfGE 123, 267 – Vertrag von Lissabon (2009) sowie dann BVerfGE 134, 366 – OMT Vorlage (2014); korrespondierend EuGH, Urteil der Großen Kammer vom 16. Juni 2015, Rs. C-62/14 sowie dann BVerfGE 142, 123 – OMT (2016). Jetzt konzeptionell grundlegend neu 1. Senat BVerfG, Beschluss vom 06. November 2019 – 1 BvR 276/17 (Recht auf Vergessen I) sowie vor allem Beschluss vom 06. November 2019 – 1 BvR 16/13 (Recht auf Vergessen II).

[27] Dazu aus institutioneller Perspektive *Andreas Voßkuhle*, Der europäische Verfassungsgerichtsverbund, NVwZ 2010, S. 1 (3). Integrierte Darstellung bei *Gernot Sydow/Fabian Wittreck*, Deutsches und Europäisches Verfassungsrecht I, 2. Aufl., München 2020, insb. Kap. 1, Rn. 67 ff.

[28] Zur Rolle sozialer Grundrechte *Dietrich Murswiek*, Grundrechte als Teilhaberechte, soziale Grundrechte, § 192, HStR IX, 3. Aufl., Heidelberg 2011, Rn. 43 ff.; *Astrid Wallrabenstein*, Sozialstaat, in: Gärditz/Herdegen/Masing/Poscher, Handbuch des Verfassungsrechts, i. E. 2021, C I. 2.; näher zu Typologie und Dogmatik *Thorsten Kingreen*, Soziale Grundrechte, in: Dirk Ehlers (Hrsg.), Europäische Grundrechte und Grundfreiheiten, 4. Aufl., Berlin 2014, § 22 Rn. 3 ff.

die Förderung sozialer Gerechtigkeit und sozialen Schutzes verpflichtet (Art. 3 EUV); dies setzt sich im AEUV mit der geteilten Zuständigkeit zur Sozialpolitik fort (Art. 4, 9, 151 ff. AEUV). Gemeinsam mit dem Grundsatz der Gleichbehandlung der Unionsbürger (Art. 9 EUV) haben auf mittelbarem Weg vor allem die Grundfreiheiten, insbesondere die Niederlassungs- und auch die Dienstleistungsfreiheit starke sozialrechtliche Wirkungen – sowohl auf der Seite der „Kunden" wie der „Anbieter" des Sozialstaats.[29] Das Grundgesetz selbst hat bekanntlich auf soziale Rechte im eigentlichen Sinn verzichtet; vor allem die Menschenwürde und die Gleichheitsrechte sind hier aber für das soziale Feld wirksam gestellt worden.[30] Die echte Besonderheit des Regelungsbereichs bildet allerdings zweifellos das Verfassungsprinzip „sozialer Staat": Vor allem von hier aus bildet sich die besondere Verbundstruktur, die zu einem eigenen Sozialverfassungsrecht führt und den Gesetzgebungsprozess anleitet. Auf diesen Baustein will und muss ich mich im Folgenden konzentrieren.

2. Insbesondere: Sozialstaatsprinzip

a) Das Sozialstaatsprinzip ist Teil der rhetorisch eher mühsamen Bestimmung des Art. 20 Abs. 1 GG: „Die Bundesrepublik Deutschland ist ein demokratischer und sozialer Bundesstaat". Durch die Ewigkeitsklausel des Art. 79 Abs. 3 GG sind die damit angesprochenen „Grundsätze" nach herrschender Auffassung einheitlich änderungsfest und also ebenso wie die Menschenwürde als verfassungsrechtliche Höchstwerte ausgezeichnet.[31] Der Inhalt des „sozialen Staats" ist nicht weiter ausgeführt, muss also deduktiv entwickelt werden – gerade umgekehrt zum Rechtsstaatsprinzip, das an entscheidender Stelle in Art. 20 GG gerade nicht ausdrücklich genannt ist, sondern als Summe seiner Einzelteile wie z. B. der Gewaltenteilung und der Gesetzesbindung gebildet wird.

Der parlamentarische Rat hat sich mit der immerhin strukturell neuartigen Formel vom „sozialen Staat" nicht sehr umfassend beschäftigt.[32] Die uns heute ge-

---

[29] *Andreas Musil*, Sozialstaatliche Strukturen der EU-Mitgliedstaaten unter Liberalisierungsdruck – dargestellt am Beispiel des deutschen Gesundheitsrechts, in: Andreas von Arnauld/Andreas Musil (Hrsg.), Strukturfragen des Sozialverfassungsrechts, Tübingen 2009, S. 21 (34 ff.).

[30] BVerfGE 125, 175 (222 f.) – Hartz IV (2010). Zum Gesamtkontext jetzt umfassend *Mathias Hong*, Der Menschenwürdegehalt der Grundrechte, Tübingen 2019, dort S. 582 ff. knapp zur Rechtsprechung in Bezug auf das Existenzminimum.

[31] Zur herrschenden Auffassung BVerfGE 84, 90 (121); *Horst Dreier*, in: ders., GG-Kommentar, Bd. II, 3. Aufl., Tübingen 2015, Art. 79 III Rn. 45 f. m. w. N.; zuletzt *Astrid Wallrabenstein*, Sozialstaat, in: Gärditz/Herdegen/Masing/Poscher, Handbuch des Verfassungsrechts, i. E. 2021, B. Anders in Bezug auf das Sozialstaatsprinzip *Ewald Wiederin*, Sozialstaatlichkeit im Spannungsfeld von Eigenverantwortung und Fürsorge, VVDStRL 64 (2005), S. 53 (74 f.); in Parallele zum Bundesstaatsprinzip ebenfalls ablehnend *Matthias Jestaedt*, Bundesstaat als Verfassungsprinzip, HStR II, 3. Aufl., Heidelberg 2004, § 29 Rn. 54 (Fn. 294).

[32] Nachweise bei *Hans Zacher*, Das soziale Staatsziel, HStR II, 3. Aufl., Heidelberg 2004, § 28 Rn. 14 f.; *Rolf Gröschner*, Art. 20 (Sozialstaat), in: Dreier, GG II, 2. Aufl., Tübingen 2006, Rn. 8 f.

läufige Unterscheidung von vollflächig wirksamen Verfassungsprinzipien und vergleichsweise nachrangigen Staatszielen war jedenfalls 1948/49 nicht konzeptionell durchgearbeitet. Schon deswegen ist es auffällig, dass das Bundesverfassungsgericht gleich im ersten Jahr seiner Tätigkeit das „Bekenntnis" des Grundgesetzes zum Sozialstaat hervorhebt, „das bei der Auslegung des Grundgesetzes wie bei der Auslegung anderer Gesetze von entscheidender Bedeutung sein" könne.[33] Bereits hier lässt sich die angesprochene Verbundstruktur erkennen, wenn sie auch die konkrete Entscheidung noch nicht trägt: Der klagenden Soldatenwitwe wird ein auf Art. 1 Abs. 1 und Art. 2 Abs. 2 Satz 2 GG gestützter Anspruch auf gesetzliche Regelung von Ansprüchen auf angemessene Versorgung durch den Staat versagt; es gebe auch ganz grundsätzlich keinen grundrechtlichen Anspruch auf Handeln des Gesetzgebers.[34] Doch wird das Sozialstaatsprinzip bereits als ein Kontrollmaßstab dieser überkommenen Grundanschauung genannt, woraus dann in späteren Entscheidungen – unter anderen Umständen eines leistungsfähigen und verschuldungsbereiten Staats – eben doch sehr wohl die bundesverfassungsrechtliche Verpflichtung entwickelt wird, Mindestvoraussetzungen für ein menschenwürdiges Dasein der Bürger zu schaffen.[35]

Damit lässt sich eine erste Aussage zum „Ob" sozialer Mindestansprüche aus folgender Ableitung bilden: Der „soziale Staat" ist strukturell in die Kette der höchstrangigen Verfassungsprinzipien aufgenommen und kann daher nicht als bloße allgemeine Zielbestimmung verstanden werden, die unter dem Vorbehalt politischer Abwägungen steht. Konkrete Folgen gewinnt diese Qualifizierung der Norm aber erst, weil sich zusätzlich ein subjektiv-rechtlicher Bezugspunkt finden lässt. Dieser ist die – in ihrer Struktur ebenfalls ungewöhnliche und nicht folgenklare – Verpflichtung allen staatlichen Handelns auf den Schutz der Menschenwürde in Art. 1 Abs. 1 GG. Da mit dem Bundesverfassungsgericht eine Institution bereitsteht, diese Einzelteile zu verbinden, können verfassungspraktische Fragen nun auch verfassungsrechtlich in Form subjektiver Rechte rekonstruiert werden.[36]

b) Weitere bedeutsame Weichenstellungen folgen dann in der Phase, in der es um die *Gestaltung* der schnell wachsenden sozialen Leistungen geht. Dem Sozialstaatsprinzip wird nun die Funktion zugewiesen, dem aktiv werdenden Gesetzgeber die Möglichkeit zu erhalten, Differenzierungen nach dem Grund sozialer Schutzbedürftigkeit vorzunehmen und dabei auch typisierend vorzugehen. Bei der *materiellen Dimension der „Wie"-Frage*, also der Frage nach dem „Wieviel", steht das Sozialstaatsprinzip nicht an der Seite der Grundrechte, sondern ist tendenziell eine Gegengröße, die dafür sorgt, dass jenseits eines Mindestmaßes nicht die formale

---

[33] BVerfGE 1, 97 (105) – Hinterbliebenenrente (1951).

[34] BVerfGE 1, 97 (Leitsätze 1, 4) – Hinterbliebenenrente (1951).

[35] Grundlegend BVerfGE 40, 121 (133) – Waisenrente II (1975).

[36] Zusammenfassend BVerfGE 125, 175 (222) – Hartz IV (2010). Rekonstruktion der Rolle der Rechtsprechung bei *Astrid Wallrabenstein*, Sozialstaat, in: Gärditz/Herdegen/Masing/Poscher, Handbuch des Verfassungsrechts, i. E. 2021, C.III.

Gleichheit der Begünstigten maßgeblich ist; das Sozialstaatsprinzip schützt hier also im Verbund der verfassungsrechtlichen Bestimmungsgrößen gerade die politische Entscheidungsfreiheit.[37]

Eine weitere grundsätzliche Dimension des „Wie“ wird in der berühmten Entscheidung zur Jugendhilfe von 1967 vorgegeben. Leitsatz 1 lautet: *„Das Sozialstaatsprinzip verpflichtet den Staat, für eine gerechte Sozialordnung zu sorgen. Es besagt jedoch nicht, daß der Gesetzgeber für die Verwirklichung dieses Zieles nur behördliche Maßnahmen vorsehen darf; es steht ihm frei, dafür auch die Mithilfe privater Wohlfahrtsorganisationen vorzusehen.“*[38] Gegen die Klage der Länder Hessen, Niedersachsen und Hamburg wurde damit die „Bonner“ Lösung geschützt, dass für die tatsächliche Ausgestaltung des Sozialstaats vorrangig der damit endgültig etablierte „Dritte Sektor“ herangezogen werden konnte, also Diakonie und Caritas ebenso wie etwa die Verbände der Arbeiterwohlfahrt.

Diese Kompromissformel hat den gigantischen Aufwuchs dieser Tätigkeitsfelder trotz öffentlicher Finanzierung aus der unmittelbaren Staatsverantwortung herausgezogen; im Religionsverfassungsrecht hat das Bundesverfassungsgericht schon bald die Weimarer Gewährleistung kirchlicher Selbstverwaltung (Art. 140 GG i. V. m. Art. 137 III WRV) auch auf diese Krankenhäuser, Kindergärten und Pflegeheime bezogen, in der Folge wird bis in die unmittelbare Gegenwart im europäischen Verfassungsverbund um einen Ausgleich zwischen dem Schutz religiöser Selbstbestimmung und dem Schutz von Arbeitnehmern vor Diskriminierung gestritten; eine Rückbindung in das allgemeine Verfassungsrecht ist erst mit einer Verspätung von dreißig Jahren angegangen worden und bis heute nicht abgeschlossen.[39] Für unser Thema bleibt festzuhalten: Das Sozialstaatsprinzip bildet für das *institutionelle „Wie“* eine weite Klammer: Öffentliche Aufgabe heißt nicht notwendig allein staatliche Tätigkeit; die Entscheidung darüber ist Sache des Gesetzgebers.

c) Ein letzter Punkt führt uns nun zu der Frage nach den *prozeduralen Pflichten*, die dem Gesetzgeber qua Sozialstaatsprinzip aufgegeben werden: Auf welchem Weg ist also das „Wieviel“ und das „Was“ zu ermitteln? Den Gesetzgeber trifft

---

[37] BVerfGE 13, 248 (258 f.) – Entschädigungsrecht (1961); 17, 1 (22) – Waisenrente I (1963); vgl. aber auch BVerfGE 12, 354 (367) – Volkswagenprivatisierung (1961).

[38] BVerfGE 22, 180 – Jugendhilfe (1967).

[39] *Hinnerk Wißmann*, Grundrechtsbindung im Gewährleistungsstaat, JöR 65 (2017), S. 41 (54 f.). Nicht zuletzt ist mangels praktischer Konkordanz die Frage zu einem Kampffeld zwischen BAG, BVerfG und EuGH geworden, vorläufig zuletzt BAG, Urteil vom 25.10.2018, 8 AZR 501/14 (Egenberger) und BAG, Urteil vom 20.2.2019, 2 AZR 746/14 (Chefarzt) nach Vorlageentscheidungen des EuGH, Urteil des Gerichtshofs (Große Kammer) vom 17.4.2018, C 414/16 (Egenberger) bzw. EuGH, Urteil des Gerichtshofs (Große Kammer) vom 11.9.2018, C 68/17 vor dem Hintergrund von BVerfGE 137, 273 – Chefarzt II (2014). Aus einer Fülle unmittelbarer Reaktionen erste Zusammenschau und strategische Begründung der erneuten Verfassungsbeschwerde im Verfahren *Egenberger* bei *Hans Ulrich Anke*, Diakonischer Republikanismus? Reflexive Loyalität? Atheistische Oberkirchenräte?, ZevKR 64 (2019), S. 406 (insb. S. 412).

hier nach Auffassung des Bundesverfassungsgerichts eine strukturell unumgängliche Pflicht zur *„Konkretisierung und stetigen Aktualisierung"*, die die *„zu erbringenden Leistungen an dem jeweiligen Entwicklungsstand des Gemeinwesens und den bestehenden Lebensbedingungen"* auszurichten hat.[40] Bekanntlich sind zu den verfassungsfesten Bestandteilen sowohl die physische Existenz des Menschen (Nahrung, Kleidung, Hausrat, Unterkunft, Heizung, Hygiene und Gesundheit) als auch die *„Sicherung der Möglichkeit zur Pflege zwischenmenschlicher Beziehungen und zu einem Mindestmaß an Teilhabe am gesellschaftlichen, kulturellen und politischen Leben"* gezählt worden, also das sogenannte soziokulturelle Existenzminimum.[41] Verfassungshistorisch kann man anmerken, dass diese ausführliche Festschreibung der Versuch war, eine friedenstiftende Mittellage zu definieren, als erstmals in der Bundesrepublik mit den Hartz-Reformen in radikaler Weise sozialstaatliche Standards allgemein und konzeptionell gewollt zurückgefahren wurden – es ging also nicht um Fragen des Aufwuchses, sondern um Sicherungsnetze für das mögliche Absinken der Lebensumstände, das damals wegen des Wegfalls der Arbeitslosenhilfe für hochqualifizierte, langjährig beschäftigte Arbeitnehmer den Kern des politischen Streits bildete – es handelt sich besonders gut erkennbar um eine Entwicklung der Verfassungsrechtsprechung „in der Zeit".[42]

Konkret entsteht so eine Dreifachstruktur: Der erste Senat des Bundesverfassungsgerichts zählt die genannten Bestandteile des Existenzminimums als verbindlich auf, hält dann fest, dass der Umfang des Anspruchs „nicht unmittelbar aus der Verfassung" abzuleiten sei, wobei die also notwendige Konkretisierungsaufgabe dem Gesetzgeber zufalle, der sich nun – und das ist die neue Qualität dieser Entscheidung – erheblichen prozeduralen Pflichten gegenübersieht. Allgemein soll insoweit gelten: *„Zur Ermittlung des Anspruchumfangs hat der Gesetzgeber alle existenznotwendigen Aufwendungen in einem transparenten und sachgerechten Verfahren realitätsgerecht sowie nachvollziehbar auf der Grundlage verlässlicher Zahlen und schlüssiger Berechnungsverfahren zu bemessen."*[43] Dabei darf die Methode der Berechnung von Ansprüchen durch den Gesetzgeber wie etwa das Statistik- oder das Warenkorbmodell selbst gewählt werden – er muss aber sowohl beachten, dass alle notwendigen Bedarfe berücksichtigt werden und Abweichungen von der

---

[40] BVerfGE 125, 175 (222) – Hartz IV (2010).

[41] Ebenda.

[42] Zur damaligen Diskussion *Johannes Masing*, Umbau des Doppelregimes von Sozial- und Arbeitslosenhilfe, DVBl. 2002, S. 7 (zu Verteilungsgerechtigkeit und Verteilungseffizienz S. 10 ff.). Ebenfalls zur Weiterentwicklung in der Zeit gehört die nunmehrige Begrenzung der Sanktionsmöglichkeiten, BVerfG, Urteil des Ersten Senats vom 5. November 2019, 1 BvL 7/16 – Hartz IV-Sanktionen.

[43] BVerfGE 125, 175 (225) – Hartz IV (2010). Zu den vielschichtigen Dimensionen und der Differenz zur „Armenfürsorge" *Andreas von Arnauld*, Das Existenzminimum, in: ders./Andreas Musil (Hrsg.), Strukturfragen des Sozialverfassungsrechts, Tübingen 2009, S. 251 (257 ff.).

gewählten Methode sachlich gerechtfertigt werden müssen.[44] Wichtig sei auch eine *„fortwährende Überprüfung"* der Ergebnisse, um etwa Preissteigerungen oder Änderungen der Verbrauchssteuern bei den Bedarfen abzubilden.[45] Der Erste Senat hat seine Rechtsprechung allerdings selbst dann so verstehen wollen, dass nur die Ergebnisse des Gesetzgebungsverfahrens und nicht das Verfahren selbst besonderen Anforderungen unterliegen sollen – so sollen Verhandlungen und politische Kompromisse möglich bleiben.[46]

Mit der großen Grundentscheidung von 2010 ist hier ein neuer Pfad der verfassungsrechtlichen Vorgaben für den Gesetzgeber betreten worden, der dann in der Folge durch mehrere große Senatsentscheidungen weiter ausbuchstabiert und tendenziell auch wieder begrenzt wurde. Dabei ging es vor allem auch um die Reichweite und innere Kontur der Kontrolle gesetzgeberischer Entscheidungen durch das Bundesverfassungsgericht. Bevor wir abschließend zu dieser institutionellen Perspektive kommen, möchte ich zusammenfassen: Die verfassungsrechtlichen Vorgaben für den Gesetzgeber im Sozialrecht lassen sich nur als Verbund angemessen erfassen. Insofern spielt das Sozialstaatsprinzip eine hervorgehobene Rolle, weil es einen aktivierenden Bezugspunkt für die je für sich inkompletten Grundrechtsbestimmungen geliefert hat. Verfassungsentwicklung im Gesetz fand und findet hier statt, weil erst das Gesetz konkrete Fragen des Ob und Wie klären kann, dabei aber durch ein Bündel von Kompetenz-, Verfahrens- und Zielvorgaben determiniert wird.

V. Wechselseitigkeit statt Gestaltungsfreiheit

Meine dritte These soll zugleich eine Schlussbemerkung sein: Verfassung und Gesetz entwickeln sich im Sozialrecht nach dem Prinzip der Wechselseitigkeit. Ein

---

[44] BVerfGE 132, 134 (163) – Asylbewerberleistungsgesetz (2012); 125, 175 (225) – Hartz IV (2010). Vgl. aus der Lit. *Maximilian Wallerath*, Zur Dogmatik eines Rechts auf Sicherung des Existenzminimums, JZ 2008, S. 157 (158 f.); im Einzelnen etwa *Andy Groth*, Entspricht die neue Regelleistung den Anforderungen des Bundesverfassungsgerichts?, NZS 2011, S. 571 (572 ff.); *Tobias Brings/Maximilian Oehl*, Verfassungswidrige Kürzungen und nachgeschobene Berechnungen, ZAR 2016, S. 22 (25 f.).

[45] BVerfGE 125, 175 (225) – Hartz IV (2010).

[46] BVerfGE 137, 34 (73 f.) – Existenzsichernder Regelbedarf (2014). Zum Konzept der Begründbarkeit der Ergebnisse bereits BVerfGE 132, 134 (162) – Asylbewerberleistungsgesetz (2012) („Anforderungen an die methodisch sachgerechte Bestimmung grundrechtlich garantierter Leistungen beziehen sich nicht auf das Verfahren der Gesetzgebung, sondern auf dessen Ergebnisse"). Kritisch zur Wellenlinie der Judikatur seit BVerfGE 125, 175 (225) – Hartz IV (2010) *Arno Wieckhorst*, Verfassungsrechtliche Gesetzgebungslehre, DÖV 2018, S. 845 (846, insb. 849). Der zweite Senat verpflichtet den Gesetzgeber dagegen ausdrücklich auf eine auch tatsächlich vorliegende Begründung, vgl. etwa BVerfGE 130, 263 (301) – W2-Besoldung (2012); BVerfGE 139, 64 (126 f.) – Richterbesoldung (2015). Zur Differenz BVerfGE 143, 246 (345 f.) – E.ON/RWE/Vattenfall.

solcher Modus unterliegt wissenschaftlichen und politischen Konjunkturen, setzt aber vor allem ein reflektiertes Rollenbewusstsein aller Akteure voraus.

Ich nenne einige wenige Beispiele: Für die konkrete Festsetzung von Leistungen und Leistungsstandards und ihre Durchführung wird im sozialen Feld selbstverständlich nicht nur auf staatliche Eigentätigkeit vertraut. Ich erinnere an den Dritten Sektor, zu nennen wäre etwa auch der berühmte Gemeinsame Bundesausschuss, der als Organ der funktionalen Selbstverwaltung diejenigen Leistungen festlegt, die im Rahmen der Krankenversicherung erstattet werden.[47] Das Gesetz und erst recht die Verfassung reagieren auf diese institutionellen *Ausprägungen einer bestimmten fachbezogenen Sachrationalität* eher passiv, in den letzten Dekaden im Regelfall durch ausdifferenzierende Duldung und Fortführung, nur ganz ausnahmsweise durch radikale Korrektur.[48]

Wichtiger ist das *Verhältnis zwischen Gesetz und Verfassung* selbst. Bundesregierung, Bundestag, das Bundesverfassungsgericht, aber auch Europäische Kommission und EuGH agieren bei der Gestaltung des Sozialrechts jeweils in konkreten Kontexten, wobei die jeweiligen Pfade einer Eigenlogik folgen, zugleich aber immer wieder zu Schichten der Verfassungsentwicklung zusammenfinden. Nimmt man die entscheidenden Wegmarken, aber auch die Wellenbewegungen in der Judikatur des Bundesverfassungsgerichts als Beispiel, zeigt sich: Der hohe normative Anspruch des deutschen Verfassungssystems folgt auf der Richterbank einer *Rationalität der Textbindung und -auslegung* und akzeptiert das Moment eigener Dezisionsmacht nur versteckt und jedenfalls streng diskursverpflichtet. Damit sind spezifische Folgelasten verbunden; ein erstes Problem ist die immer weitere Ausdifferenzierung der eigenen Judikatur. Vor allem aber ist festzustellen, dass der Gestus des „Ja, aber" (bzw. des „So nicht, aber anders"), in dem Erster und Zweiter Senat letztlich verbunden sind, auf den demokratischen und parlamentarischen Prozess vertraut, wenn dieser nur hinreichend angeleitet und flankiert wird. Als Reaktion ist zu beobachten, dass der Gesetzgeber in Text wie Begründung bei Bedarf ausufernd (nach)liefert, sich aber sachlich-inhaltlich kaum noch irritieren lässt.

Dieses spezifische Wechselspiel prägt die Beziehung von Legislative und Judikative im deutschen Rechtskreis seit einer Dekade.[49] Ganz allgemein ist daran zu erinnern: Auch der transparent begründende, methodensichere, reflektierte

---

[47] § 91 SGB V (Gesetzliche Krankenversicherung).

[48] Eine eher konventionelle Debatte leuchtet intensiv die Frage der demokratischen Legitimation des GBA aus, vgl. dazu anlassbezogen *Winfried Kluth*, Der Gemeinsame Bundesausschuss (G-BA) nach § 91 SGB V aus der Perspektive des Verfassungsrechts: Aufgaben, Funktionen und Legitimation, Berlin 2015.

[49] Zur Diskussion um Begründungspflichten des Gesetzgebers anhand der Differenzen zwischen erstem und zweitem Senat aktuell *Arno Wieckhorst*, Verfassungsrechtliche Gesetzgebungslehre, DÖV 2018, S. 845 ff.; umfassend: *Henrik Gartz*, Begründungspflicht des Gesetzgebers, Baden-Baden 2015, insb. S. 69 ff.; *Andreas Heusch*, in: Kluth/Krings, Gesetzgebung, Heidelberg 2014, § 36, etwa Rn. 85 f.; kritisch bereits: *Klaus Schlaich*, Die Verfassungsgerichtsbarkeit im Gefüge der Staatsfunktionen, VVDStRL 39 (1980), S. 103 (109 f.).

Gesetzgeber kann gegen die Verfassung verstoßen – und gerade dann braucht es Gerichte, die unsere komplexe Freiheitsordnung in den Anfechtungen unserer Zeit verteidigen.

Rechtliche und tatsächliche Bedingungen für die Konstitutionalisierung des Sozialrechts

Kommentar zu dem Referat von Hinnerk Wißmann

Sotaro Ishizuka

I. Einleitung

Der Bericht von Herrn *Wißmann* besteht meinem Verständnis nach im Großen und Ganzen aus drei Thesen. Und zwar: 1. das Sozialrecht hat sich im Laufe der Zeit aufgrund der Aktivitäten verschiedener Akteure entwickelt; 2. auf dem Gebiet des Sozialrechts wirkt zwischen der Verfassung und dem Gesetz (Parlamentsgesetz) das Prinzip der Wechselseitigkeit; und 3. nicht nur das Grundgesetz, auch das Internationale bzw. EU-Recht stellen ein Verbundsystem verfassungsrechtlicher Vorgaben dar. Zudem wird als Grundgedanke angedeutet, dass das Bundesverfassungsgericht bedeutend zur Gestaltung des Sozialrechts beigetragen hat[1].

Ich möchte hier nur ein paar Punkte mit Bezug auf Deutschland und Japan ansprechen. Was den ersten und zweiten Punkt angeht, so bin ich völlig einer Meinung mit Herrn *Wißmann*. Daher gilt mein Interesse dem dritten Punkt, also der Existenz eines Verbunds verfassungsrechtlicher Vorgaben, der in Deutschland vergleichsweise ausgeprägt ist, und der Frage, warum das BVerfG diese rechtlich „vollziehen" – gegen diesen Begriff gibt es vermutlich Einwände – kann. Meine Diskussion dreht sich nicht darum, wie in Japan „die Normen, die den Bereich des Sozialrechts regeln", aussehen, sondern zeigt, unter der Prämisse, dass solche in Japan in Wirklichkeit nicht existieren, hypothetisch *den Grund dafür, dass sich im Inneren des Sozialrechts keine Verfassungsnormen entwickeln*. Folglich möchte ich

[1] Vgl. *Andreas Voßkuhle*, Der Sozialstaat in der Rechtsprechung des Bundesverfassungsgerichts, SGb 2011, 181 ff.

daran erinnern, dass diese Diskussion in vielen Teilen keine normative Dimension besitzt, sondern sich um die wirkliche Dimension[2] dreht.

Ich werde zunächst meine Hypothese nennen. Damit „zwischen der Verfassung und dem Gesetz (Parlamentsgesetz) das Prinzip der Wechselseitigkeit wirken" kann, bedarf es eines normierten Zwischenbereichs, um beide zu verbinden, sowie der Akteure, die ihn an verschiedenen Stellen erschaffen. In Deutschland gibt es Forscher, die sowohl mit der Verfassung als auch mit dem Sozialrecht vertraut sind, ihre weitreichende Beteiligung am Gesetzgebungsprozess, die Intention zur Systematisierung, das Sozialgesetzbuch als Ergebnis ihrer Mühen, eine eigene Sozialgerichtsbarkeit zu seiner Auslegung sowie das BVerfG, welches seine Weisheit (teilweise) aufsaugt – in Japan gibt es jedoch nichts dergleichen. In Japan spielt die Verfassung keine bedeutende Rolle und so sind Fragen des Sozialrechts völlig zu politischen bzw. finanziellen Fragen geworden und gehören dem Fachbereich der Verwaltung zu.

II. Die Kontrollnormen des Sozialrechts in Japan

Zunächst ist es wohl nötig, den in Japan bestehenden „Verbund verfassungsrechtlicher Vorgaben für das Sozialrecht" aufzuzeigen[3]. Die Japanische Verfassung wendet hinsichtlich des Sozialstaats die summative Methode[4] an und behandelt in den Artikeln 25 bis 28 soziale Fragen. Artikel 25 Absatz 1 garantiert das Recht auf Sozialhilfe und Absatz 2 desselben erhebt soziale Sicherheit, soziale Wohlfahrt und öffentliche Gesundheit in ihrer Gesamtheit zur staatlichen Pflicht. Artikel 26 regelt die Bildung und Artikel 27 und 28 regeln die Arbeit. Es ist charakteristisch, dass Artikel 27 das Recht auf Arbeit garantiert. Das Recht auf Arbeit besitzt zwar in der Theorie Normativität, es ist allerdings nicht klar, welche Wirkung es tatsächlich hat.

Wenn man sagen will, was anders als im deutschen Grundgesetz ist, so ist dies, dass viele konkrete Regelungen schriftlich festgehalten sind. Allerdings übersieht das Oberste Gericht – möglicherweise absichtlich – die Konkretheit dieser Gesetzestexte und bringt ihre Normativität fast nie zur Geltung. Im Zentrum des Verbundsystems steht Artikel 25, aber ungeachtet Absatz 1 desselben unterscheidet das Oberste Gericht nicht zwischen Absatz 1 und Absatz 2 und interpretiert Artikel 25 im Ganzen als Manifest der Staatspflicht, was der deutschen Normkategorie der

---

[2] Zu den außergerichtlichen Durchsetzungsmechanismen der Staatszielbestimmungen *Karl-Peter Sommermann*, Staatsziele und Staatszielbestimmungen, 1997, S. 452 ff.

[3] Vgl. zur Formulierung im Wortlaut den Anhang dieses Kommentars.

[4] Zum integralen und summativen Verständnis des Rechtsstaates *Eberhard Schmidt-Aßmann*, Der Rechtsstaat, in: Isensee/Kirchhof (Hrsg.), HStR, 3. Aufl. 2004, Bd. 2, § 26 Rn. 8 f.

Staatszielbestimmung entspricht (Horiki-Urteil[5])[6]. Obwohl Sozialhilfe demzufolge ein zentrales Problem des Sozialstaats ist, ist die in Artikel 25 der Verfassung bestimmte Gestaltungsfreiheit des Gesetzgebers extrem groß. In Übereinstimmung mit dem Bericht von Herrn *Wißmann* kann man sagen, dass das Oberste Gericht zwar das Ob anerkennt, aber bis jetzt noch nicht das Wie angeht. Wenn man hier Deutschland und Japan – zumindest auf dem Level nationalen Rechts – miteinander vergleicht, erkennt man, dass, obwohl die rechtlichen Bedingungen in Japan in überwältigender Weise reguliert sind, Japan weniger bemüht ist, die Normen zu entfalten.

Was dabei typischerweise als Begründung für die extrem umfangreiche Gestaltungsfreiheit des Gesetzgebers angeführt wird, sind Finanzprobleme. Natürlich sollte diesbezüglich in Deutschland das Gleiche gelten. In Japan wird die Sozialhilfe wahrscheinlich als politisches Werkzeug – im Guten wie im Schlechten – betrachtet, und man denkt vielleicht, dass dieses Problem kein rechtliches, sondern ein politisches ist. Nach meinem Verständnis wirkt auf dem Gebiet des Sozialrechts „the doctrine of political and financial questions" – was einen starken Respekt („deference") vor der Politik herbeiführt. Wenn wir dies für den Moment voraussetzen, ist der Bereich des Sozialrechts in Japan nur oberflächlich konstitutionalisiert und wird tatsächlich nur als „Programmsatz" verstanden. Als weiteres Problem kann man noch die niedrige Regulierungsdichte des Sozialrechts anführen[7], aber aus zeitlichen Gründen werde ich mich nur auf diesen Hinweis beschränken.

Des Weiteren zeigt die normative Kraft des Gleichheitssatzes auf dem Gebiet des Sozialrechts kaum Wirkung in Japan. In Deutschland hat der Gleichheitssatz zur (derivativen) Konstitutionalisierung des Bereichs des Sozialrechts beigetragen[8],

---

[5] OGH, Großer Senat, Urteil vom 7.7.1982 (Minshû 36, 1235). Vgl. *Akio Ebihara*, Horiki-Fall – Kinderunterhaltszuschuss und Sozialstaat (Anfechtung einer Verwaltungsverfügung), in: Ulrich Eisenhardt u. a. (Hrsg.), Japanische Entscheidungen zum Verfassungsrecht in deutscher Sprache, 1998, S. 398 ff.

Das Horiki-Urteil hat die Koordinierungsklausel zwischen der Behindertenhilfe und dem Kinderunterhaltszuschuss für verfassungsmäßig gehalten. Mit dieser Klausel darf man beide Hilfen nicht gleichzeitig erhalten, und zwar wegen einer sogenannten Anspruchskonkurrenz. Das Oberste Gericht hat gesagt, dass die beiden in gleicher Weise die Funktion der Einkommenssicherung haben und der Grad der Minderung der Erwerbsfähigkeit nicht immer im Verhältnis mit der Zahl der von den Betroffenen erfüllten Voraussetzungen steigt.

[6] Zu den Lehren für soziale Grundrechte in Japan *Tetsuo Maeda*, Soziale Grundrechte als subjektive Rechte im Verfassungsrecht. Vergleich der „Theorie der sozialen Grundrechte" in Deutschland und Japan, St. Andrew's University [Universität Momoyamagakuin], Bulletin of the Research Institute, Vol. 28, no. 2, 2002, S. 29 ff. (auf Deutsch).

[7] Vgl. *Atsushi Takada*, Seizonken no Shôsatsu [Reflexionen über das Recht auf Existenzminimum], in: Takenori Murakami u. a. (Hrsg.), Hôchikokka no Tenkai to Gendaiteki Kôsei [Entwicklung des Rechtsstaates und deren moderne Konstruktion], 2007, S. 137 ff. (auf Japanisch).

[8] *Volker Neumann*, Sozialstaatsprinzip und Grundrechtsdogmatik, DVBl. 1997, S. 93: „Art. 3 I GG i. V. mit dem Sozialstaatsprinzip" erscheint als eigenständiges Grundrecht. Vgl. auch *Christian Starck*, in: Mangoldt/Klein/Starck, GGK, Bd. 1, 6. Aufl. 2010, Art. 3, Rn. 27–31.

aber in Japan wurde er von der Kontrolle des Artikel 25, der eine extrem niedrige Kontrolldichte hat, aufgesaugt und entfaltet keine eigenständige Rechtswirkung (Horiki-Urteil)[9].

Das heißt, dass in Japan zwar die rechtlichen Bedingungen des Verbundsystems oberflächlich reguliert sind, man sie aber tatsächlich nur schwer gebrauchen kann. Wahrscheinlich ist es nicht nur so, dass das Oberste Gericht einfach keine Lust hat. Auch Herr *Wißmann* hat darauf hingewiesen, dass die normative Kraft des Verbundsystems in Deutschland hoch ist und dass dies eine Besonderheit ist. Ich denke, dass für die Entfaltung der normativen Kraft des Verbundsystems die tatsächliche Erfüllung mehrerer Bedingungen nötig ist.

III. Inkurs: Zum Fehlen des Verbundgedankens in Japan

Bevor ich zum nächsten Abschnitt übergehe, möchte ich daher noch ein wenig auf die Problempunkte in Japan eingehen, die in Zusammenhang mit dem Thema dieses Symposiums „Verfassungsentwicklung im Gesetz" stehen. Dabei handelt es sich um den Mangel an Ausführungen zur Verfassung in Lehrbüchern zu einzelnen Bereichen des Gesetzesrechts wie dem Sozialrecht oder dem Umweltrecht bzw. den geringen Einfluss solcher Ausführungen. Weil das kooperative Verhältnis zwischen Verfassung und Gesetz in der japanischen Verfassungslehre nicht direkt anerkannt wird und die Selbstständigkeit der Verfassungsauslegung hoch war, wurde die Bildung eines Verbundsystems durch die Wechselseitigkeit von Verfassung und Gesetz im Laufe der Zeit nicht vorhergesehen. Anders ist dies zum Beispiel beim deutschen Umweltrecht, dessen Prinzipien[10] zum Teil nachträglich als Normeninhalt von Artikel 20a GG aufgenommen wurden[11]. Dass die Aufnahme des Normeninhalts in die Verfassung in Deutschland nachträglich geschah, lag nicht an der Tatsache, dass Artikel 20a GG nach der Vorbereitung des Umweltrechts erlassen wurde, sondern daran, dass die inhaltliche Vollständigkeit und Systematisierung des Gesetzes sowieso vorgehen.

Weiter sind die auch von Herrn *Wißmann* erwähnten, im Harz IV-Urteil zu entdeckenden Prinzipien[12] der Bedarfsdeckung, der Individualisierung usw. grundsätzliche Prinzipien, die ursprünglich im Sozialhilferecht entwickelt wurden[13], und

[9] Das Urteil hat das Problem des Gleichheitssatzes in dem sehr weiten Gestaltungsspielraum des Gesetzgebers, also in Art. 25 JV aufgelöst. Daher geht die Gleichheitsprüfung im Sozialrecht ins Leere. Dieser Fall sollte in Deutschland mit dem Gleichheitssatz behandelt werden (z. B. BVerfGE 79, 87).

[10] *Michael Kloepfer*, Umweltrecht, 3. Aufl. 2004 S. 168 ff. Vgl. *Oliver Lepsius*, Besitz und Sachherrschaft im öffentlichen Recht, 2002, S. 458 ff.

[11] *Rainer Wahl*, Herausforderungen und Antworten, 2006, S. 67.

[12] BVerfGE 125, 175.

[13] *Raimund Waltermann*, Sozialrecht, 13. Aufl. 2018, Rn. 512, 538.

die logische Folge des Rechts auf ein Existenzminimum. Vor allem auf dem Gebiet der Entwicklung des Staatsziels sieht es so aus, als ob die Trennung von Kernbereich und Randbereich[14] im Laufe der Zeit relativiert wurde.

IV. Tatsächliche Bedingungen für die Konstitutionalisierung des Sozialrechts

Wenn wir nun den Faden wieder aufnehmen, stellt sich die Frage, warum in Deutschland – wo es kaum schriftliche Regelungen gibt – das Verbundsystem konkret entwickelt wurde und normative Kraft entfalten kann, während in Japan – wo es viele schriftliche Bestimmungen gibt – diese ihre normative Kraft nicht entfalten. Sprechen wir hier über Japan. Nach meiner Hypothese liegen die hauptsächlichen Ursachen für Japans Problem 1. in der schwachen Systematisierungsintention, 2. in dem Ressourcenmangel an Rechtswissenschaftlern, die die Verfassung mit dem Sozialrecht verbinden, und 3. in dem rechtlich-politischen Prozess – vor allem der mangelnden Aufgabenteilung der Akteure im Gesetzgebungsprozess und im Rechtsanwendungsprozess – begründet. Diese Probleme sind alle miteinander gekoppelt. Hier möchte ich besonders auf die Punkte 1 und 3 eingehen.

Zu Punkt 1, der Systematisierungsintention: Deutschland war seit jeher aktiv in der Kodifizierung. Ich verstehe auch das Vorhaben des Umweltgesetzbuches, das im Jahre 2009 letztlich gescheitert war, als große Sache[15]. Kodifizierung hat den Vorteil, Klarheit zu schaffen, aber auch den Nachteil, dass die Gesetzbewegung erstarrt[16], allerdings denke ich, dass es wenigstens eine Diskussion gibt, weil der Vorteil als groß angesehen wird. Kodifizierung ist ein typisches Phänomen der Systematisierung des Rechts und dahinter steckt im Grunde genommen der Wille, das Gesetz systematisch zu entwickeln. Dies ist bei der Wirkung der Wechselseitigkeit zwischen Verfassung und Gesetz ein extrem wichtiger – wenn nicht gar der wichtigste – Faktor und der Zwischenbereich, der zwischen Verfassung und Gesetz normiert wurde, sollte sich im allgemeinen Teil eines „Gesetzbuchs (im materiellen Sinn)“ entdecken lassen. Was hier von Bedeutung ist, ist nicht, dass eine Kodifizierung tatsächlich stattgefunden hat, sondern ob es im Rechtsbereich eine Systematik gibt. Man sollte den Aspekt, dass Kodifizierung die Systematisierung stark beschleunigt, zwar nicht außer Acht lassen, aber bereits auf der Stufe, wo Ko-

---

[14] Zum Unterschied zwischen dem Zielkern und Zielhof *Sommermann* (Fn. 2), S. 398 ff., 402 f.

[15] *Raphael Weyland*, Das Umweltgesetzbuch: Neugeburt oder Scheitern eines Jahrhundertprojekts?, 2015, S. 5 ff.

[16] Vgl. *Wolfgang Karl*, Das Verwaltungsverfahrensgesetz zwischen Kodifikationsidee und Sonderrechtsentwicklungen, in: Hoffmann-Riem/Schmidt-Aßmann (Hrsg.), Verwaltungsverfahren und Verwaltungsverfahrensgesetz, 2002, S. 89 ff.; *Ryuji Yamamoto*, Gyôseihô no Hôtenka [Kodifizierung des Verwaltungsrechts], Jurist 1304 (2006), S. 84 ff. (auf Japanisch).

difizierung gewollt wird, ist der betroffene Bereich regelmäßig zu einem gewissen Grad systematisiert.

Weiter ist für die Systematisierung des Rechtsbereichs der Beitrag von Rechtswissenschaftlern zum legislativen Prozess unerlässlich. In diesem Punkt befinden sich in Japan Sozialhilfe-Expertengruppen im Kabinettsbüro [Naikaku-fu] unter allgemeinen Wirtschafts- und Finanzreformförderungsausschüssen und wirken im Ministerium für Gesundheit, Arbeit und Soziales [Kôseirôdô-shô] als Teil der allgemeinen Sozialsicherheits- und Steuerreformen. Allerdings bestehen die Ausschüsse aus jeweils 15 bis 30 Mitgliedern, worunter sich nur ein einziger Sozialrechtswissenschaftler befindet und selbst wenn man Rechtswissenschaftler allgemein nimmt, sind es lediglich zwei.

Der Beratungsausschuss [Shingikai], der an einem Ministerium aufgestellt wird, dient dazu, (1) verschiedene Meinungen des Volkes zu integrieren, (2) damit den Verwaltungsprozess fair zu machen, (3) Fachkenntnisse zu bekommen und (4) verschiedene Interessen auszugleichen[17]. Von 1949 bis 2001 gab es den Beratungsausschuss für das Sozialsicherheitssystem [Shakaihoshôseido Shingikai] im alten Kabinettsbüro [Sôri-fu], der selbst die Themen der Sozialversicherung erforschen und dem Premierminister usw. Rat geben konnte[18]. Außerdem mussten der Premierminister und andere Minister bei jedem sozialrechtlichen Vorhaben die Meinung dieses Ausschusses einholen[19].

Bei der Ministeriumsreform im Jahre 2001 wurde dieser Ausschuss abgeschafft und der neue für Sozialsicherheit [Shakaihoshô Shingikai] im Ministerium für Gesundheit, Arbeit und Soziales eingerichtet[20]. Er kann wichtige Angelegenheiten der Sozialsicherheit „nach der Beratung des Ministers" erforschen und Meinungen äußern[21]. Er hat zwar eine offizielle organisatorische Grundlage, aber keine materielle Kompetenz, kann nicht frei entscheiden, und seine Meinung ist nicht rechtsverbindlich. Die Selbstbindung des Sozialgesetzgebers wurde in Japan geschwächt.

Als die Kürzung der Sozialhilfe im Jahre 2003 diskutiert wurde, gab es Beratungen durch eine Sachverständigenkommission unter diesem Beratungsausschuss, aber die mehrheitliche Meinung ist, dass sie in Wahrheit nur zur politischen Rechtfertigung vorgeschützt wurden[22]. Dies steht im Kontrast zur Gesetzesreform des

---

[17] *Masashi Kaneko*, Shingikai Gyôseiron [Verwaltungslehre des Beratungsausschusses], in: Ogawa Ichirou u.a. (Hrsg.), Gendai Gyôseihô Taikei [Handbuch des modernen Verwaltungsrechts], Bd. 7, 1985, S. 118 (auf Japanisch).

[18] § 2 Abs. 1 Gesetz zur Errichtung des Beratungsausschusses für das Sozialsicherheitssystem 1948 a. F.

[19] § 2 Abs. 2 Gesetz zur Errichtung des Beratungsausschusses für das Sozialsicherheitssystem 1948 a. F.

[20] § 6 Abs. 1 Gesetz zur Errichtung des Ministeriums für Gesundheit, Arbeit und Soziales 2019.

[21] § 7 Gesetz zur Errichtung des Ministeriums für Gesundheit, Arbeit und Soziales 2019.

[22] Vgl. OGH, 2. Kleiner Senat, Urteil vom 2.4.2012 (Minshû 66, 2367). Das Urteil, in dem die Abschaffung der Addition der Sozialhilfe für das Alter für verfassungsmäßig gehalten wurde, hielt aber der Zwischenbericht der Sachverständigenkommission nicht für rechtsverbindlich und er-

Verwaltungsprozessrechts des Ministeriums für Inneres und Telekommunikation [Sômu-sho] (2004) und zur Zivilrechtsrevision des Justizministeriums [Hômu-sho] (2017), bei denen eine große Zahl an Rechtswissenschaftlern beteiligt war.

Als Beispiel dafür, dass die Systematisierung in Japan unausgereift ist, kann man auch anführen, dass die Prinzipien des Sozialrechts nicht ernsthaft durchdacht sind. Natürlich sind auch im japanischen Sozialhilferecht mehrere Prinzipien festgelegt, aber es ist nicht unbedingt klar, welche Bedeutung sie haben, was die Beziehungen zwischen ihnen, die Entscheidung des Schutzniveaus oder den Einfluss auf die Art der Leistung angeht. Darüber hinaus gibt es auch keine Diskussion darüber, dass einige davon verfassungsrechtlichen Status besitzen. Ich bin in Anlehnung an die Faktoren, die das BVerfG im Harz IV-Urteil aufgezeigt hat, dafür, dass die Prinzipien des japanischen Sozialhilferechts erweitert und geordnet sowie ein Teil davon als Inhalt von Artikel 25, Absatz 1 der Verfassung zum Verfassungsprinzip hochgestuft wird[23].

Zu Punkt 2, dem Ressourcenmangel an Rechtswissenschaftlern. Um nur kurz darauf einzugehen, kann man anführen, dass es, wie so häufig in Japan, nur wenige Forscher gibt, die sowohl als Verfassungsrechtler als auch als Sozialrechtler gute Kenntnisse besitzen; darüber hinaus ist unter Zugrundelegung der rechtsvergleichenden Vorgehensweise in der japanischen Rechtswissenschaft darauf hinzuweisen, dass die in Bezug genommenen Länder unterschiedlich und damit die Vergleichsgegenstände gegebenenfalls inkompatibel sein können. Aus der Tradition der Rechtswissenschaft seit der Meiji-Zeit heraus berufen sich die Rechtswissenschaftler unseres Landes immer auf die Gesetze im Ausland und was man über das Sozialrecht sagen kann, ist, dass die Germanisten dazu neigen, systematisch auf Basis des positiven Rechts zu argumentieren, während die Amerikanisten die Tendenz haben, sich beständig mit Argumenten zur Auslegung einzelner Gesetze zu beschäftigen oder auf Grundlage der Diskussion bestimmter Strukturmodelle ihre eigene Rekonstruktion hinzuzufügen.

Zu Punkt 3, der mangelnden Aufgabenteilung der Akteure im rechtlich-politischen Prozess. Im Bericht von Herrn *Wißmann* gab es den Hinweis, dass eine selbstbewusste Aufgabenteilung der Akteure wichtig ist. Dieser Punkt unterscheidet sich zwar vom Verwirklichungsniveau des Sozialrechts, aber auch hier gilt genau das Gleiche. Was ich hier sagen möchte, bezieht sich vielmehr auf die Wirkung der Akteure, die zur Voraussetzung des Kontrollniveaus des Sozialrechts werden.

---

klärte, dass es keine Gründe dafür gibt, das Urteil so verstehen zu sollen, dass der Prozess und das Verfahren der Beurteilung des Ministers Fehler haben.

[23] *Sotaro Ishizuka*, Wakugumitekikenri tositeno Seizonken [Recht auf Existenzminimum als Rahmenrecht], in: Kenpôriron Kenkyûkai [Die Forschungsgesellschaft für Verfassungstheorie] (Hrsg.), Kenpô no Kanôsei [Möglichkeit der Verfassung], 2019, S. 213 ff. (auf Japanisch). Vgl. *Karl-Peter Sommermann*, Soziale Rechte in Stufen: Überwindung einer alten Debatte?, in: Calliess/Kahl/Schmalenbach (Hrsg.), Rechtsstaatlichkeit, Freiheit und soziale Rechte in der Europäischen Union (2014), S. 107 ff.

Um auf dem Gebiet des Sozialrechts normative Kontrolle wirken zu lassen, ist es nötig, das Rechtsgebiet materiell zu strukturieren. Dadurch wird die systematische und folgerichtige Kontrolle, welche auf dem Gleichheitsprinzip basiert, möglich. Aber als Voraussetzung dafür ist es nötig, dass der Gesetzgeber (je nachdem auch die Verwaltung) sich im wörtlichen Sinn der „Selbstbindung“ selbst unterwirft. Das heißt, dass der Gesetzgeber auch auf dem Gebiet des Sozialrechts Rechtswissenschaftler am Gesetzgebungsprozess teilnehmen lässt, die Prinzipien, die man aus der gesammelten Rechtsprechung herauslesen kann, aufnimmt und bei der nächsten Gesetzgebung berücksichtigen muss. Und schließlich muss das Risiko getragen werden, dass, wenn sie nicht ausreichend berücksichtigt werden, dies gegen das Verbundsystem oder gegen das Gleichheitsprinzip verstößt. Wenn diese Voraussetzungen gegeben sind, versteht man, dass dieses „precomittment“ des Gesetzgebers mindestens auf der Metaebene wortwörtlich eine Selbstbindung ist. Dies liegt daran, dass der Gesetzgeber die Entscheidung ausführt, die Bindung an andere Akteure wie Rechtswissenschaftler oder Gerichte zu akzeptieren.

Man kann wohl sagen, dass es ein solches Phänomen in Japan nicht gibt. Dass die Beteiligung von Rechtswissenschaftlern am Gesetzgebungsprozess auf dem Gebiet des Sozialrechts gering ist, habe ich bereits erwähnt. Der Akteur, welcher in Japan als engster Kandidat in Frage kommt, ist das Legislativbüro des Kabinetts [Naikaku Hôsei-Kyoku]. Das ist eine Abteilung des Kabinetts und seine Hauptaufgabe ist die Vorprüfung von Gesetzesvorlagen, die als Kabinettsgesetz eingereicht werden. Gesetzesvorlagen, die von verschiedenen Ministerien und Behörden erstellt wurden, werden letztlich nach bestandener Prüfung durch das Legislativbüro des Kabinetts bei der Kabinettssitzung vorgelegt. Es ist wohlbekannt, dass diese Abteilung eine extrem strenge Prüfung durchführt, aber was dabei als problematisch angesehen wird, sind hauptsächlich Widersprüche und Konflikte zwischen Gesetzen und Verordnungen, während eine aktive, schöpferische Strukturierung des Rechtsgebiets nicht stattfindet. Von dem Legislativbüro des Kabinetts kann man also wohl nicht erwarten, dass es die Rolle eines Hüters des Sozialrechts einnimmt. Gleichwohl scheint aber ein Mindestmaß an Folgerichtigkeit sichergestellt zu werden.

Worauf ich im Kontrast zu Japan noch hinweisen möchte, ist die Existenz der Sozialgerichtsbarkeit in Deutschland. Die Gerichtsressourcen, die sich fachlich mit dem Gebiet des Sozialrechts befassen, tragen sicherlich auch wesentlich zur Strukturierung des deutschen Sozialrechts und darüber hinaus zur (teilweisen) Konstitutionalisierung bei[24]. Es hat den Anschein, dass häufig eine Menge von Urteilen der Sozialgerichte in die Gesetzgebung einfließt[25] und auch vom BVerfG berücksichtigt

---

[24] Vgl. zurückhaltend *Heinrich Reiter*, Das Sozialstaatsgebot in der Rechtsprechung des Bundessozialgerichts, in: FS Zacher, 1998, S. 777 ff. Die japanische sozialrechtliche Rechtsprechung ist indes so zurückhaltend auf der Verfassungsebene, dass sie nicht mit der deutschen verglichen werden kann.

[25] Z. B. standen die Sozialgerichte nach dem Nikolaus-Beschluss (BVerfGE 115, 25) vor der Aufgabe, diesen Leistungsanspruch in vielen Einzelfällen zu konkretisieren und der Gesetzgeber

wird. Weiter denke ich, dass über die Sozialgerichte auch der Weg für die Aufnahme wissenschaftlicher Forschungen eröffnet wird. In Japan gibt es übrigens nicht nur keine Sozialgerichtsbarkeit, sondern noch nicht einmal das Verwaltungsgerichtssystem ist unabhängig und gewöhnliche Zivilrichter behandeln auch Auslegungsfragen, die das Sozialrecht betreffen.

V. Schlussbemerkung

Bis jetzt habe ich über die rechtlichen und tatsächlichen Bedingungen der Konstitutionalisierung des Sozialrechts gesprochen, aber was die tatsächlichen Bedingungen angeht, so bleiben diese hypothetisch. Auch habe ich nicht alles umfassend dargestellt und es gibt noch weitere abweichende Argumente. Außerdem konnte ich nicht auf die Beziehung zwischen Internationalem Recht und EU-Recht eingehen.

Trotzdem haben wir im Ansatz gesehen, dass sich in Deutschland ein „Verbund verfassungsrechtlicher Vorgaben für das Sozialrecht" entwickelt und dass die Situation, dass dieser – wenigstens im Vergleich – eine hohe normative Kraft entfaltet, von vielen Voraussetzungen gestützt wird und auch, dass solch eine Situation an sich ziemlich anspruchsvoll ist. Diese Voraussetzungen bestehen darin, dass die Normen zu einem gewissen Grad schriftlich geordnet sind, dass ein Verbundsystem, das auch Urteile umfasst, gebildet wurde, als Voraussetzung dafür, dass es Akteure gibt, die das Sozialrecht systematisieren (Verfassungs- und Sozialrechtswissenschaftler, Sozialgerichte, ein Verfassungsgericht etc.), und dass der Sozialgesetzgeber beschließt, die Akteure an der Systematisierung am Gesetzgebungsprozess teilnehmen zu lassen.

Umgekehrt gesagt, denke ich, dass für die Förderung der Konstitutionalisierung des Sozialrechts in Japan nicht einfach die Verfassungsinterpretation entwickelt werden muss, sondern dass in irgendeiner Form die Institutionalisierung des „Willens zur Systematisierung", der eine Schlüsselrolle einnimmt, nötig ist. Natürlich ist auf der anderen Seite eine so ausgedehnte Konstitutionalisierung („entrenchment"), dass die Dynamik des Gebiets des Sozialrechts verloren geht, nicht wünschenswert[26]. Aber auch, wenn man vom Sonderbeispiel der Verfassung der Vereinigten Staaten von Amerika absieht, in der es keine schriftlichen Bestimmungen über den Sozialstaat gibt, oder festhält, dass in Deutschland ein besonderer Zustand herrscht, scheint es der gegenwärtigen Situation in Japan an Balance zu fehlen. Vielleicht muss man in Japan zunächst auf den „Willen zur Systematisierung" im Sozialrecht warten.

---

kodifizierte den „Nikolaus-Anspruch" im Sozialgesetzbuch im weiten Sinne (§ 2 Abs. 1a SGB V). Vgl. *Stefan Huster*, Ein Gericht rudert zurück: „Nikolaus" ohne Haus, VerfBlog, 2017/5/14, https://verfassungsblog.de/ein-gericht-rudert-zurueck-nikolaus-ohne-haus/.

[26] *Karl-Peter Sommermann*, in: Mangoldt/Klein/Starck, GGK, Bd. 2, 7. Aufl. 2018, Art. 20 Rn. 115–117.

Anhang[27]

Japanische Verfassung vom 3. November 1946

Artikel 25
(1) Jeder Bürger hat das Recht auf ein Mindestmaß an gesundem und kultiviertem Leben.
(2) Auf allen Lebensgebieten hat sich der Staat um die Förderung und Mehrung des sozialen Wohls, der sozialen Sicherheit und der öffentlichen Gesundheit zu bemühen.

Artikel 26
(1) Alle Bürger haben das Recht auf eine ihren Fähigkeiten entsprechende gleiche Erziehung nach näherer Bestimmung der Gesetze.
(2) Jeder Bürger ist verpflichtet, nach Maßgabe der Gesetze den seiner Obhut unterstehenden männlichen und weiblichen Kindern die gewöhnliche Erziehung angedeihen zu lassen. Die Pflichtausbildung ist kostenfrei.

Artikel 27
(1) Jeder Bürger hat das Recht und die Pflicht, zu arbeiten.
(2) Maßstäbe für das Arbeitsentgelt, die Arbeitszeit, die Arbeitsruhe und andere Arbeitsbedingungen werden durch Gesetz bestimmt.
(3) Jugendliche dürfen nicht im Übermaß durch Arbeit beansprucht werden.

Artikel 28
Das Recht der Arbeitnehmer, Vereinigungen zu bilden, Kollektivverhandlungen zu führen und sonstige kollektive Aktivitäten durchzuführen, wird gewährleistet.

[27] Vgl. *Wilhelm Röhl*, Die japanische Verfassung, 1963, S. 108–111; Eisenhardt u.a. (Fn. 5), S. 539.

Teil IV

Kollisionslösung durch Gesetz

Kollisionslösung durch Gesetz

Verfassung, Gesetze, Dogmatik

Mitsuhiro Matsubara

Symbiose zwischen Wissenschaft und Praxis als Beitrag zur Verfassungspflege?

1. Seit Jahren stellt man selbstkritische Reflexionen über die Wissenschaft vom Öffentlichen Recht an. Im Zentrum steht die gleichsam symbiotische Bezogenheit von Staatsrechtslehre auf der einen und Rechtsprechung des Bundesverfassungsgerichts auf der anderen Seite: In der Literatur ist z. B. von „Reflexionsdefizite[n]"[1], „wichtige[n] rechtswissenschaftliche[n] Desiderate[n]"[2], „Staatsrechtslehre als Mikrokosmos im Wandel"[3], „Desiderate[n] an die deutsche Staatsrechtslehre"[4], dem „europäischen Internationalisierungsdruck"[5] oder einer Phase „latenten Unbehagens und vielfältiger Formen der Selbstvergewisserung"[6] die Rede. Nach dem

[1] *Martin Morlok*, Reflexionsdefizite in der deutschen Staatsrechtslehre, in: Helmuth Schulze-Fielitz (Hrsg.), Staatsrechtslehre als Wissenschaft, in: Die Verwaltung, Bh. 7, 2007, S. 49 ff.

[2] *Oliver Lepsius*, Kritik der Dogmatik, in: Gregor Kirchhof/Stefan Magen/Karsten Schneider (Hrsg.), Was weiß Dogmatik?, 2012, S. 53.

[3] *Helmuth Schulze-Fielitz*, Staatsrechtslehre als Mikrokosmos. Eine einleitende Vorbemerkung, in: *ders.*, Staatsrechtslehre als Mikrokosmos, 2013, S. 43. Vgl. hierzu als Pionierarbeit in diesem Bereich *ders.*, Staatsrechtslehre als Wissenschaft: Dimensionen einer nur scheinbar akademischen Fragestellung, in: ders. (Hrsg.), Staatsrechtslehre als Wissenschaft, in: Die Verwaltung, Bh. 7, 2007, S. 11–47.

[4] *Josef Franz Lindner*, Desiderate an die deutsche Staatsrechtslehre, in: JZ 2015, S. 589.

[5] *Armin von Bogdandy*, Internationalisierung der deutschen Rechtswissenschaft, in: Eric Hilgendorf/Helmuth Schulze-Fielitz (Hrsg.), Selbstreflexion der Rechtswissenschaft, 2015, S. 136.

[6] *Christoph Schönberger*, bei dem es rechtsvergleichend mit Frankreich um die Eigenheiten des deutschen rechtswissenschaftlichen Habitus geht, Der „German Approach". Die deutsche Staatsrechtslehre im Wissenschaftsvergleich, in: *ders.*, Der „German Approach", 2015, S. 3. Als Verfechter für die dogmatische Arbeitstradition vgl. *Friedrich Schoch*, Die Rolle der Rechtsdogmatik bei der Privatisierung staatlicher Aufgaben, in: Rolf Stürner (Hrsg.), Die Bedeutung der Rechtsdogmatik

ehemaligen Präsidenten des Bundesverfassungsgerichts *Andreas Voßkuhle* obliegt dem Bundesverfassungsgericht eine doppelte Aufgabe als „Verfassungspflege"[7], nämlich sowohl das Bestehende zu aktualisieren als auch mit dem Grundgesetz im Sinne von Wandel und Wirklichkeitsoffenheit umzugehen[8]. Die Verfassungsrichter und -richterinnen sind sogar „in der Lage, es [das Grundgesetz; M.M.] fortzuentwickeln"[9]. Ohne die symbiotische – zumindest im Vergleich mit den Verfassungskulturen der europäischen Nachbarstaaten: einzigartige – Beziehung zwischen Praxis und Wissenschaft hätte das Bundesverfassungsgericht jedoch ein „Kompetenzproblem"[10] nur schwer lösen können: Verfassungsdogmatik[11] hilft „der Rechtsprechung der Obergerichte, kompetenzielle Grenzen [zu] überwinden"[12]. „Mit Hilfe der Kompetenzhoheit der Wissenschaft"[13] lassen sich abstrakt-generelle dogmatische Figuren mit hohem Entwicklungspotential wie etwa „Ausstrahlungswirkung", „Schutzpflichten" oder „Verhältnismäßigkeitsgrundsatz" erfinden und

---

für die Rechtsentwicklung. Ein japanisch-deutsches Symposium, 2010, S. 99: Das dogmatische Arbeiten am und mit dem jeweiligen Rechtsstoff ist „zu einem Markenzeichen und Gütesiegel der deutschen Rechtswissenschaft geworden".

[7] *Andreas Voßkuhle*, Stabilität, Zukunftsoffenheit und Vielfaltsicherung – Die Pflege des verfassungsrechtlichen „Quellcodes" durch das BVerfG, in: JZ 2009, S. 918.

[8] Hierzu *Andreas Voßkuhle*, Verfassungsinterpretation und Verfassungswandel. Die Rolle des Bundesverfassungsgerichts (Ms.) in: Konrad-Adenauer-Stiftung – Rechtspolitischer Kongress 29. November 2018 in Berlin, S. 1–33.

[9] Seine Aussage im Rahmen des TV-Programms „Im Namen des Volkes": ARD-Sondersendung am 22.05.2019. Vgl. https://www.daserste.de/information/nachrichten-wetter/ard-sondersendung/videos/im-namen-des-volkes-video-102.html.

[10] *Lepsius*, Kritik der Dogmatik (Anm. 2), S. 43. Zur Rechtswissenschaft als „Outsiderin" in Frankreich vgl. *Schönberger*, Der „German Approach" (Anm. 6), S. 17 f.: „In Frankreich haben also die politischen und bürokratischen Institutionen früh und konsequent jene Aufgabe rechtsgestaltender Zukunftsentwürfe übernommen, die in Deutschland die akademische Rechtswissenschaft wahrnahm".

[11] Es lassen sich fünf Bedingungen für eine Rechtsdogmatik anführen: 1. eine Klasse von Sätzen, 2. auf die gesetzten Normen und die Rechtsprechung bezogen, aber nicht mit ihrer Beschreibung identisch, 3. untereinander in einem Zusammenhang stehend, 4. im Rahmen einer institutionell betriebenen Rechtswissenschaft aufgestellt und diskutiert, 5. normative Gehalte. Vgl. *Robert Alexy*, Theorie der juristischen Argumentation, 1. Aufl., 1978, S. 314. Im Rahmen dieses Beitrages soll die Bezeichnung Rechtsdogmatik je nach Kontext als (1) *dogmatische Argumente* als Rechtfertigungsgrund, (2) *Rechtsdogmatik als Disziplin*, d. h. Rechtswissenschaft im engeren, eigentlichen Sinne, die – neben Gerichten – an der Entwicklung der dogmatischen Argumente teilhat, oder (3) *Rechtsgewinnungsprozess*, bei dem dogmatische Argumente als wichtige Argumentationsform zum Einsatz kommen, verstanden werden. Zum unterschiedlichen Verständnis von Rechtsdogmatik vgl. *Andreas Voßkuhle*, Was leistet Rechtsdogmatik? in: Gregor Kirchhof/Stefan Magen/Karsten Schneider (Hrsg.), Was weiß Dogmatik?, 2012, S. 111; *Christoph Möllers*, Methoden, in: Wolfgang Hoffmann-Riem/Eberhard Schmidt-Aßmann/Andreas Voßkuhle (Hrsg.), Grundlagen des Verwaltungsrechts, Bd. I, 2. Aufl., 2012, Rn. 35 ff.; *Christian Bumke*, Rechtsdogmatik, in: JZ 2014, S. 641–650. Als neue kritische Untersuchung vgl. *Jannis Lennartz*, Dogmatik als Methode, 2017, S. 1–182.

[12] *Lepsius*, Kritik der Dogmatik (Anm. 2), S. 44. „Dogmatik muss sich über Kompetenzgrenzen hinwegsetzen – das ist gerade eine konstitutive Bedingung ihrer Wirksamkeit" (*ders.*, a. a. O., S. 55).

[13] *Lepsius*, Kritik der Dogmatik (Anm. 2), S. 44.

theoretisch verfeinern[14]. Von der Verfassungsdogmatik als „Schnittmenge von praktischer Rechtsanwendung und Rechtswissenschaft"[15] kann die Verbindung der beiden unterschiedlichen Bereiche zwar funktionell zusammenfassend gesichert werden; dies hat jedoch derzeit zu einem großen Bedeutungszuwachs der Verfassungsdogmatik um den Preis des Verlustes von Wissenschaftlichkeit[16] geführt. Hier sind die „Pfadabhängigkeit"[17] (path dependence) der Rechtswissenschaft in einer Dogmatik, „Praxisbezug als Theoriedefizit"[18] oder das Zusammentreffen von Praxis und Wissenschaft „im hybriden Kommunikationsraum"[19] zu hinterfragen. Neuerdings ist von *Bernhard Schlink* darauf hingewiesen worden, dass die Selbstbindung des Bundesverfassungsgerichts im dogmatischen System erodiert. Die arbeitsteilige Tradition dogmatischer Rechtsprechung, die mit der Tradition dogmatischer Verfassungsrechtswissenschaft entstände, sei nicht mehr wie bisher zu halten. Das Bundesverfassungsgericht verabschiede sich von der dogmatischen Tradition und wechsele zur „Tradition kasuistischer Rechtsprechung"[20]. Mit Hilfe

---

[14] *Voßkuhle*, Stabilität, Zukunftsoffenheit und Vielfaltsicherung (Anm. 7), S. 917 f.

[15] *Möllers*, Methoden (Anm. 11), Rn. 35.

[16] Zu Konjunkturen der Dogmatik im Augenblick vgl. *Lepsius*, Kritik der Dogmatik (Anm. 2), S. 48 ff. Als ein renommiertes Beispiel dafür gezeigt von *Matthias Jestaedt*, Vom Beruf der Rechtswissenschaft – zwischen Rechtspraxis und Rechtstheorie, in: Horst Dreier (Hrsg.), Rechtswissenschaft als Beruf, 2018, S. 255: An deutschen Universitäten sind „nahezu" – Ausnahme in Frankfurt am Main (*Michael Stolleis*) und Göttingen (*Dietmar von der Pfordten*) – keine Inhaber von Professuren an rechtswissenschaftlichen Fakultäten und Fachbereichen anzutreffen, die „neben ihrer Grundlagenspezialisierung nicht auch ein Standbein in einem der dogmatischen (Haupt-)Fächer" haben.

[17] Vgl. zu dieser scharfsinnigen Bezeichnung *Oliver Lepsius*, Hans Kelsen und die Pfadabhängigkeit in der deutschen Staatsrechtslehre, in: Matthias Jestaedt (Hrsg.), Hans Kelsen und die deutsche Staatsrechtslehre, 2013, S. 266.

[18] *Matthias Jestaedt*, Die Verfassung hinter der Verfassung, 2009, S. 32 ff. Zum Denkhabitus der Verfassungsrechtswissenschaft vgl. *Oliver Lepsius*, Problemzugänge und Denktraditionen im Öffentlichen Recht, in: Eric Hilgendorf/Helmut Schulze-Fielitz (Hrsg.), Selbstreflexion der Rechtswissenschaft, 2015, S. 56 f. Die Praxis brauche keine empirischen Erträge, die über die Dogmatik hinausgehen. Als Indiz dafür wurde von *Lepsius* hingewiesen auf den Bedeutungszuwachs des Publikationsformats ‚Kommentar' und die Zitierpraxis ohne Jahreszahl/Angabe zum Sachverhalt beim Bundesverfassungsgericht (*ders.*, a. a. O., S. 57).

[19] *Jestaedt*, Beruf der Rechtswissenschaft (Anm. 16), S. 238. Zur Rechtsdogmatik als ein spezifisch deutsches Format vgl. *Christian Bumke*, Rechtsdogmatik, 2017, S. 44 ff., 113 ff.

[20] *Bernhard Schlink*, Abschied von der Dogmatik. Verfassungsrechtsprechung und Verfassungsrechtswissenschaft im Wandel, in: JZ 2007, S. 161. Als Beispiel dafür nannte *Schlink* die Entscheidung zum Luftsicherheitsgesetz (S. 160; BVerfGE 115, 118). Neben dem sehr berühmten Befund über den „Bundesverfassungsgerichtspositivismus" hatte *Schlink* vor 20 Jahren jedoch schon darauf hingewiesen, dass es immer schwieriger wird, die Fülle der Entscheidungen des Bundesverfassungsgerichts in ein kohärentes dogmatisches Korpus zu verarbeiten. Vgl. hierzu *ders.*, Entthronung der Staatsrechtswissenschaft durch die Verfassungsgerichtsbarkeit, in: Der Staat 28 (1989), S. 170. Zur verfassungsgerichtspositivistischen Grundorientierung der Wissenschaft vgl. *Matthias Jestaedt*, Verfassungsgerichtspositivismus. Die Ohnmacht des Verfassungsgesetzgebers im verfassungsgerichtlichen Jurisdiktionsstaat, in: Otto Depenheuer/Markus Heintzen/Matthias Jestaedt/Peter Axer (Hrsg.), FS für Josef Isensee, 2002, S. 188 ff.

von zwei Beispielen als Rettungsversuchen[21] wurde auch von *Oliver Lepsius* gezeigt, dass es immer schwerer fällt, die vom Bundesverfassungsgericht entwickelten „Maßstäbe“[22] aufrechtzuerhalten und gleichzeitig eine flexible und maßstabkompatible Fall-Lösung zu erreichen[23]. Pointiert: Hier geht es um den Erosionsprozess der Verfassungsdogmatik als Gebrauchsdisziplin, die einst als so allmächtig traktiert und als „Exportschlager“[24] der Bonner und Berliner Republik bezeichnet wurde. Die maßlos dogmatisierte Wissenschaft gerät nunmehr in Gefahr, an Orientierungsfähigkeit zu verlieren[25].

2. Eine knappe Vorbemerkung sei den Überlegungen zum Thema vorausgeschickt: Ohne kritische Analyse der Beziehung der Verfassung zu den Gesetzen, der durch dieses Referat nachzuspüren ist, lässt sich die Entwicklungsstruktur der Verfassung in der Demokratie nicht sinnvollerweise beschreiben. Hier besteht Anlass, darauf hinzuweisen, dass es „eine gesteigerte Fragwürdigkeit/eine gestiegene Fraglichkeit der Leistungen des Rechtssystems – in seiner öffentlich-rechtlichen Ausprägung – für die Gesellschaft insgesamt“[26] gibt. In Anbetracht der gravierenden Veränderungen der Gesellschaft wird die fundamentale Funktionsfähigkeit der Verfassung, vor allen Dingen *der Verfassungsdogmatik* in Frage gestellt: Europäisierung (vor allem der Aufstieg des europäischen Rechtsschutzsystems), Globalisierung, Digitalisierung, neues Persönlichkeitsverständnis, um nur vier Schlaglichter zu benennen. Man kann sagen, „dass es schlecht ist für eine Verfassung, wenn sie sich nicht als anpassungsfähig an neue Herausforderungen erweist“[27]. Man tut sich damit immer schwerer, das von fast allen als richtig erkannte Ergebnis mit der vorherrschenden Auslegung des Bundesverfassungsgerichts in Einklang zu bringen. Ein besonders beredtes Beispiel markiert dabei die Debatte

---

[21] Als Beispiele wurden zwei Entscheidungen des Bundesverfassungsgerichts wie BVerfGE 122, 210 (Pendlerpauschale) und BVerfGE 124, 300 (Wunsiedel-Beschluss) herausgegriffen. Vgl. *Oliver Lepsius*, Die maßstabsetzende Gewalt, in: Matthias Jestaedt/Oliver Lepsius/Christoph Möllers/Christoph Schönberger, Das entgrenzte Gericht, 2011, S. 247 ff.

[22] Zum sehr scharfsichtigen Begriff der Maßstäbe, der zur Analyse der *materiell-rechtlichen* Verfassungsentwicklung der Rechtsprechung des Bundesverfassungsgerichts ins Spiel gebracht wird, vgl. *Lepsius*, Maßstabsetzende Gewalt (Anm. 21), S. 167 ff., 174 ff. Zum Verständnis der Verfassung als Maßstab vgl. *Peter Lerche*, Stil und Methode der verfassungsrechtlichen Entscheidungspraxis, in: Peter Badura/Horst Dreier (Hrsg.), FS 50 Jahre Bundesverfassungsgericht, 2001, S. 337 ff.

[23] *Lepsius*, Maßstabsetzende Gewalt (Anm. 21), S. 247 ff. Die Flexibilität steht jedoch im engen Zusammenhang mit der Popularität. Vgl. *Schlink* , Abschied von der Dogmatik (Anm. 20), S. 161: „So oder so wird das BVerfG seine Stellung im politischen Prozess behaupten und auf der Beliebtheitsskala seinen zweiten Platz hinter der Polizei behalten“.

[24] Statt vieler: *Christian Wulff*: Festakt „60 Jahre Bundesverfassungsgericht“, Karlsruhe, 28. September 2011. Vgl. http://www.bundespraesident.de/SharedDocs/Reden/DE/Christian-Wulff/Reden/2011/09/110928-60-Jahre-Bundesverfassungsgericht.html.

[25] *Schlink*, Abschied von der Dogmatik (Anm. 20), S. 161 f.

[26] *Morlok*, Reflexionsdefizite (Anm. 1), S. 77.

[27] Aussage von *Getrude Lübbe-Wolff* im Rahmen des wissenschaftlichen Symposiums „100 Jahre Weimarer Reichsverfassung“, das vom BMI/BMJ organisiert wurde und am 23.02.2019 in Berlin stattfand. Vgl. https://www.youtube.com/watch?v=05emMMriAxE&t=4061s.

um die „Ehe für alle“[28]. Im Rahmen dieses Beitrages ist die Bedeutung dieser methodenorientierten Debatte für die japanische Staatsrechtslehre, d.h. Verfassungsrechtswissenschaft, herauszuarbeiten. Dabei wird zu berücksichtigen sein, dass die Rechtsprechung des Obersten Gerichtshofs in Japan trotz der Führungsrolle der „Verfassungsdogmatik“ als (Teil-)Disziplin sich grundsätzlich *nicht* – das ist sehr schleierhaft und mysteriös – in gleicher Symbiose wie in Deutschland zeigt[29].

Nachdem die zwei unterschiedlichen Konzepte unter grundlegenden Auspizien unter die Lupe genommen werden (unter I: Recht, Rechtswissenschaft, Dogmatik), soll in einem weiteren Schritt der Frage nachgegangen werden, auf welche Weise die *orientierungsfähige* Verfassungsdogmatik als *ausgewogene Disziplin* konstruiert und die Verfassung – neben dem formellen Änderungsverfahren – mit Hilfe von Wechselwirkungen zwischen Verfassung und Gesetzen weiter entwickelt werden kann (nachfolgend unter II: Dogmatik und Argumentation). Es soll schließlich um einen frischen Blick auf die Entwicklungsstruktur der Verfassung in Japan gehen (unter III: Präsenz und Entwicklung ohne Symbiose).

I. Recht, Rechtswissenschaft, Dogmatik

1. Wer an dem kategorialen Unterschied zwischen Verfassungsrecht als *Erzeugung* und Verfassungsrechtswissenschaft als *Erkenntnis* von Recht wie bei *Hans Kelsen* festhält[30], ist geneigt, die Verfassungsdogmatik als Darstellung positivrechtlicher Normphänomene zu verstehen. In der Verfassungsdogmatik müssten sich Auslegungsergebnisse[31] durch „Maßgabe historisch-realer Willensbekundungen

---

[28] Zur Debatte darüber vgl. etwa *Matthias Jesaedt*, Gastbeitrag: Ehe für alle? in: FAZ v. 05.07. 2017. Vgl. https://www.faz.net/aktuell/politik/staat-und-recht/ehe-fuer-alle-gastbeitrag-ehe-fuer-alle-15092764.html; *Uwe Volkmann*: Warum die Ehe für alle vor dem BVerfG nicht scheitern wird (II), VerfBlog, 2017/7/06. Vgl. https://verfassungsblog.de/warum-die-ehe-fuer-alle-vor-dem-bverfg-nicht-scheitern-wird-ii/; *Carsten Bäcker*, Begrenzter Wandel, in: AöR 143 (2018), S. 339–392.

[29] Zum Verhältnis der Verfassungsrechtswissenschaft zur (Gerichts)praxis in Japan vgl. *Tomonobu Hayashi*, Das Konzept „Verfassungsentwicklung – aus japanischer Sicht“, in: Matthias Jestaedt/Hidemi Suzuki (Hrsg.), Verfassungsentwicklung I, 2017, S. 82: „Kurz gesagt, gab es und gibt es heute noch [...] eine große Diskrepanz zwischen der Wissenschaft und der Praxis in Japan, und sie prägt teilweise die rechtliche Landschaft Japans“.

[30] *Jestaedt*, Verfassung hinter der Verfassung (Anm. 18), S. 86.; *ders.*, Beruf der Rechtswissenschaft (Anm. 16), S. 239; *ders.*, Perspektiven der Rechtswissenschaftstheorie, in: ders./Oliver Lepsius (Hrsg.), Rechtswissenschaftstheorie, 2008, S. 200 f. Zur Beherzigung des Unterschiedes zwischen Recht und Rechtswissenschaft vgl. *Hans Kelsen*, Reine Rechtslehre, 2. Aufl., 1960, S. 72–78 (in der Studienausgabe, hrsg. v. Matthias Jestaedt, 2017, S. 139–148.); *Matthias Jestaedt*, Hans Kelsens Reine Rechtslehre. Eine Einführung, in: Hans Kelsen, Reine Rechtslehre, 1. Aufl., 1934, Studienausgabe, hrsg. v. Matthias Jestaedt, 2008, S. XXV.

[31] Zu seinen eingehenden Überlegungen zur Rechtsgewinnungstheorie vgl. *Matthias Jestaedt*, Grundrechtsentfaltung im Gesetz, 1999, S. 328–358. Zum Unterschied zwischen Erkenntnis und Erzeugung vgl. *ders.*, Perspektiven der Rechtswissenschaftstheorie (Anm. 30), S. 201: „(D)as Be-

von am Normsetzungsprozess in entscheidender Weise Beteiligten" nachweisen lassen[32]. Die Verfassungsdogmatik, die sich damit als „positivistische Gebrauchsjurisprudenz"[33] gegenüber der Verfassungstheorie als ein metadogmatisches Komplement der Dogmatik abschotte[34], könne sich durch diese intradisziplinäre Ausdifferenzierung relativieren und vermöge sich nicht mehr als dominanter Faktor innerhalb der Disziplin zu behaupten[35].

Das Gefahrenpotential dafür, dass jedwede verfassungsrechtliche Arbeitsweise zur Verfassungsdogmatik erhoben wird, wird damit zwar geringer sein. Einer übertriebenen Zunahme der dogmatischen Wissenschaft scheint der Boden entzogen zu sein. Die „dogmatischen" Konstrukte, die wegen der Unnachweisbarkeit der Positivierung nicht mehr als „Dogmatik" einzustufen wären, blieben nun jedoch als „Theorie" beim Rechtsanwendungsprozess[36], soweit es einen juristischen Bedarf danach gäbe. Wenn das Verfassungsverständnis sich ausschließlich an den voluntaristischen, subjektiv-historischen Argumenten[37] orientierte, bestünde die Entwicklungsstruktur der Verfassung unabhängig von der gesetzlich abgebildeten Faktizität: Das Verfassungsrecht „allein bestimmt aus seiner Perspektive die Richtung und den Weg eigener Entwicklung"[38]. Die Verfassung entwickele sich durch Rekonstruktion des Kontextes des normerzeugenden Willensaktes[39]. Die Verfassungsbegriffe wären von Gesetzen, durch die der gesellschaftliche Wandlungsprozess abzubilden wäre, abgekoppelt[40].

---

schreiben und Betreiben von Steuerung durch Recht" sind „zwei kategorial unterschiedliche, von zu unterscheidenden juristischen (Sub-)Disziplinen mit je spezifischen Methoden zu thematisierende Phänomene".

[32] Zur Abhängigkeit der Dogmatik von der Interpretation als Grund für den „Positivierungsnachweis" vgl. *Jestaedt*, Verfassung hinter der Verfassung (Anm. 18), S. 31, 77 ff.

[33] *Jestaedt*, Verfassung hinter der Verfassung (Anm. 18), S. 32; *ders.*, Verfassungstheorie als Disziplin, in: Otto Depenheuer/Christian Grabenwarter (Hrsg.), Verfassungstheorie, 2010, Rn. 13, 20.

[34] *Jestaedt*, Verfassung hinter der Verfassung (Anm. 18), S. 41, 82 f. Als Beispiele für Verfassungstheorie sind von *Jestaedt* die Idee der verfassungsgebenden Gewalt und die Theorie von Verfassungsvoraussetzungen und Verfassungserwartungen bei *Josef Isensee* genannt worden. Vgl. hierzu *Josef Isensee*, Grundrechtsvoraussetzungen und Verfassungserwartungen an die Grundrechtsausübung, in: Josef Isensee/Paul Kirchhof (Hrsg.), HStR, Bd. V, 1. Aufl., 1992, S. 356–371, 436–483. Zum teleologisch geprägten Theorieverständnis als Lehre von den Bewegungsgesetzen der Verfassung und dem Ganzen „‚hinter' den Teilen" vgl. *Jestaedt*, a. a. O., S. 53 ff., 56.

[35] *Jestaedt*, Verfassung hinter der Verfassung (Anm. 18), S. 29. Zur Rolle der Verfassungstheorie im Prozess der juristischen Entscheidungen vgl. *Jestaedt*, a. a. O., S. 89 ff.

[36] Als Beispiele dafür sind verfassungsrechtliche Konstrukte wie der Verhältnismäßigkeitsgrundsatz, der Unterschied zwischen Regeln und Prinzipien usw. zu nennen.

[37] Vgl. eingehend zur voluntaristischen Auslegungslehre *Jestaedt*, Grundrechtsentfaltung im Gesetz (Anm. 31), S. 332 ff.

[38] *Jestaedt*, Grundrechtsentfaltung im Gesetz (Anm. 31), S. 336.

[39] *Jestaedt*, Grundrechtsentfaltung im Gesetz (Anm. 31), S. 339.

[40] Zur Auffassung über den verschiedengeschlechtlichen Eheschutz als *originär* aus Art. 6 Abs. 1 GG und gleichgeschlechtlichen Eheschutz als *derivativ* aus Art. 3 Abs. 1 GG (Dualität der Ehe beim GG und BGB) vgl. *Jestaedt*, Gastbeitrag: Ehe für alle? (Anm. 28); *ders.* „Gedöns" im Grundgesetz. Ehe und Eltern, Kinder und Schule, in: Hans Michael Heinig/Frank Schorkopf (Hrsg.),

2. Die wachsende Beliebtheit, deren sich die Rechtstheorie von *Hans Kelsen* in der deutschsprachigen Diskussion in der Gegenwart erfreut, könnte als Indiz für eine Reformbedürftigkeit der deutschen Rechtswissenschaft, vor allem der Verfassungsrechtswissenschaft, gewertet werden. *Kelsen*, der als ein scharfsichtiger Kritiker des traditionellen Denkstils[41] der deutschsprachigen Staatsrechtslehre gilt, zwingt dazu, ihre Pfadabhängigkeit „in der Tradition eines materiellen Systembegriffs [...] einer Dogmatik, die auf Kompetenzen und Kontext keine Rücksicht nimmt, einer Vereinseitigung auf das materielle Recht und die Rechtsquelle des Gesetzes zu hinterfragen"[42]. Von *Oliver Lepsius* wird vertreten, dass das Bundesverfassungsgericht zwei „Blöcke" – CI / CII – als Duktus im Rahmen seiner Begründung entwickelt und der von ihm als „Maßstäbeteil" bezeichnete erste Teil diejenigen Teile des Verfassungsrechts, die der Um- und Neubildung unterliegen, betreffe und dadurch die institutionelle und materielle Deutungshoheit des Bundesverfassungsgerichts sichere, weil keine andere Gewalt Zugriff auf seine Maßstäbe nehmen könne[43]. Der Maßstäbeteil, der sich hauptsächlich aus Hinweisen auf frühere Entscheidungen – im Prinzip wiederum auf die Passagen aus deren Maßstäbeteilen – zusammensetze und von deren Sachverhalten und Kontexten abgekoppelt sein müsse, werde zur Widerspruchsfreiheit und zur Systematisierung der Verfassungsrechtswissenschaft dogmatisch weiterverarbeitet und wiederum zur Entscheidung des Bundesverfassungsgerichts ins Spiel gebracht. Der Begriff der Maßstäbe als „Zwischennorm", der als zirkelhaft kreisender Kern der Verfassungsdogmatik sehr scharfsinnig von ihm herauskristallisiert wurde, sei repräsentativ für den herrschenden Denkstil des Bundesverfassungsgerichts. Zusammen mit „seine[r] institutionelle[n] Beförderung vom Teil der rechtsprechenden Gewalt"[44] werde er zum konstitutiven Bestandteil für das Bundesverfassungsgericht als „Verfassungsorgan"[45].

---

70 Jahre Grundgesetz, 2019, S. 91 f. Kritisch dagegen *Volkmann*, Warum die Ehe für alle vor dem BVerfG nicht scheitern wird (II) (Anm. 28). Zum Verfassungsgerichtspositivismus bei aufeinander folgenden Ehe-Entscheidungen des Bundesverfassungsgerichts als „wissenschaftliche Tugend" vgl. *Jestaedt*, Beruf der Rechtswissenschaft (Anm. 16), S. 247.

[41] *Lepsius*, Problemzugänge und Denktraditionen (Anm. 18), S. 61.

[42] *Lepsius*, Hans Kelsen und die Pfadabhängigkeit (Anm. 17), S. 266.

[43] *Lepsius*, Maßstabsetzende Gewalt (Anm. 21), S. 201. Zum Begriff der „Zwischennorm" vgl. *Lepsius*, a. a. O., S. 174 ff. Zur Frage nach der Kompetenz zur *generell-abstrakten* Auslegung der Verfassung vgl. *Peter Lerche*, Stil und Methode (Anm. 22), S. 336; *Oliver Lepsius*, Zur Bindungswirkung von Bundesverfassungsgerichtsentscheidungen, in: Rupert Scholz/Dieter Lorenz/Christian Pestalozza/Michael Kloepfer/Hans D. Jarass/Christoph Degenhart/Oliver Lepsius (Hrsg.), Realitätsprägung durch Verfassungsrecht. Kolloquium aus Anlass des 80. Geburtstages von Peter Lerche, 2008, S. 104, 111 ff.

[44] *Lepsius*, Maßstabsetzende Gewalt (Anm. 21), S. 180.

[45] Zum sehr komplexen Beförderungsprozess von der rechtsprechenden Gewalt zum Verfassungsorgan, wie er z. B. von der Status-Denkschrift über „Die Stellung des Bundesverfassungsgerichts" vom 27. Juni 1952 dargestellt wird, vgl. *Matthias Jestaedt*, Phänomen Bundesverfassungsgericht. Was das Gericht zu dem macht, was es ist, in: Matthias Jestaedt/Oliver Lepsius/Christoph Möllers/Christoph Schönberger, Das entgrenzte Gericht, 2011, S. 88 ff.

Nach *Lepsius* stößt die Kritik an der Pfadabhängigkeit aber immer wieder an Grenzen, da es „nur teilweise gelungen ist, sich von Denktraditionen zu befreien"[46]. Die Pfadabhängigkeit und die Beharrungskräfte des Denkstils[47] blieben erhalten. In Anbetracht der speziellen Herausforderungen[48] schlägt er vor, den Denkstil komplett zu verändern[49] und eine neue Perspektive zu begründen: *Relation* als Grundbedingung der Normen und Aufteilung der Normen (1) im festen, (2) im flüssigen und (3) im gasförmigen Aggregatszustand[50]. In der Überwindung des alten Denkstils und in der Begründung des neuen Blicks sieht er im Augenblick die Kernaufgabe der Wissenschaft.

Ob es gelingt, eine echte Alternative, die orientierungsfähig und auf die disziplinäre Gewaltenteilung bedacht ist, zu etablieren, mag der Leser für sich beurteilen. Hier muss zuerst darüber nachgedacht werden, ob „politische Kulturen und wissenschaftliche Traditionen"[51] wählbar sind[52] oder die Methodik und Dogmatik von der Verfassung und den einfachen Gesetzen vorausgesetzt werden[53].

---

[46] *Lepsius*, Problemzugänge und Denktraditionen (Anm. 18), S. 54.

[47] Als Elemente *eines kollektiven Denkstils* werden von *Lepsius* typologisiert: (1) Dominanz des materiellen Rechts (keine zureichende Beachtung von Verfahrensrecht, Organisation und Kompetenz), (2) Perspektive der Kontrolle, (3) Bedeutung der Rechtmäßigkeit (es gehe nicht um Tatsachen, Kontexte), (4) Verfassungsrecht und Verwaltungsrecht als zwei hierarchische Rechtsgebiete (nicht als getrennte Disziplinen), (5) Systemanspruch wie Wertordnung (keine Pluralität, keine relationierende Perspektive, wissenschaftliches Recht), (6) Typologie und Begriffskonstruktionen wie Staat/Gesellschaft oder Eingriffs-/Leistungsverwaltung, (7) kein Diskurs über Interdisziplinarität als Arbeitsteilung, (8) Dogmatik als Selbstgenügsamkeit, (9) Wahrnehmung der europarechtlichen Errungenschaften als Übergriff auf den überkommenen Stil, (10) relativ geringer Anteil der Wissenschaft am Richterrecht, (11) auf die Grundlagenfächer abgewälzte Beobachterperspektive, (12) Dogmatik als Verschleierungstaktik, vgl. *Lepsius*, Problemzugänge und Denktraditionen (Anm. 18), S. 61–81.

[48] *Lepsius*, Problemzugänge und Denktraditionen (Anm. 18), S. 82–89.

[49] Es gehe darum, den beharrlichen durch *einen neuen Denkstil* zu ersetzen: (1) das Verfahrensrecht (gleichberechtigt mit dem materiellen Recht), (2) die institutionellen und faktischen Kontexte, (3) die Thematisierung der Interessen der Akteure und Zweckmäßigkeit und Gerechtigkeit der Lösung, (4) Interdisziplinaritätsverständnis als Arbeitsteilung, (5) Distanz zum geltenden Recht, vgl. *Lepsius*, Problemzugänge und Denktraditionen (Anm. 18), S. 92.

[50] Zum wissenschaftlichen Entwurf, der zuerst im Rahmen des Gesprächskreises „Grundlagen des Öffentlichen Rechts" in der Tagung der Vereinigung der Deutschen Staatsrechtslehrer (Speyer) 2015 vorgelegt wurde, vgl. *Oliver Lepsius*, Relationen: Plädoyer für eine bessere Rechtswissenschaft, 2016, S. 30–67. Vgl. auch seine Antritsvorlesung in Münster: *Oliver Lepsius*, Kontextualisierung als Aufgabe der Rechtswissenschaft, in: JZ 2019, S. 793–802; *Johann Braun*, Entscheidungsverarbeitung als Aufgabe der juristischen Methodenlehre, in: JZ 2020, S. 353–356.

[51] *Schlink*, Entthronung der Staatsrechtswissenschaft (Anm. 20), S. 172. *Schlink* bezweifelt, dass eine Selbstbindung durch Präjudizien an die Stelle der Selbstbindung durch Dogmatik tritt. Hierzu vgl. *ders.*, Abschied von der Dogmatik (Anm. 20), S. 161.

[52] Vgl. hierzu *Schulze-Fielitz*, der vertritt, es sei „weder wahrscheinlich, dass die Verfassungs- und Verwaltungsgerichte sich von bewährten dogmatischen Rechtsprechungstraditionen abkehren, noch auch unter dem Gesichtspunkt der Rechtssicherheit wünschenswert, sofern es sich nicht um eklatante Fehlentscheidungen handelt", in: ders., Staatsrechtslehre als Mikrokosmos (Anm. 3), S. 18.

[53] *Christian Waldhoff*, Kritik und Lob der Dogmatik, in: Gregor Kirchhoff/Stefan Magen/

II. Dogmatik und Argumentation

Hinter der Debatte über das Komplementärverhältnis der Verfassungsrechtswissenschaft zur Verfassungsgerichtsbarkeit stecken zwei umstrittene Grundfragen: (1) Recht und Rechtswissenschaft (Rechtsquelle und Rechtserkenntnisquelle oder Erzeugung und Erkenntnis des Rechts[54]), (2) Dogmatik als Methode und Rechtsquelle. Angesichts des Entwicklungspotentials der Verfassung, die von gesetzgeberischen Entscheidungen in der Demokratie nicht abzulösen ist, und der praktischen Untrennbarkeit der dogmatischen Mehrfachbedeutung[55] scheint es angemessen zu sein, dass das Bundesverfassungsgericht sich nicht von der bewährten dogmatischen Rechtssprechungskultur abkehrt. Die Verfassungsdogmatik wird „Modernisierungszwängen"[56] ausgesetzt. Anzustreben ist „richtige" oder „gute" Dogmatik[57]. Hier stellt sich die Frage: Wonach ist ein Konstruktionsversuch als „richtig oder gut" zu beurteilen?

1. Was als Rechtsdogmatik oder *Rechtswissenschaft im engeren Sinne*[58] betrieben wird, bezieht sich auf drei Dimensionen: (1) eine deskriptiv-empirische, im Hinblick auf die Erkenntnis des positiv geltenden Rechts, (2) eine logisch-analytische, auf die begrifflich-systematische Durchdringung des geltenden Rechts, (3) eine

---

Karsten Schneider (Hrsg.), Was weiß Dogmatik?, 2012, S. 20. *Waldhoff* zufolge gehört die Methodik als solche, für die es zur Vermeidung des infinitiven Regresses normalerweise keine expliziten Regelungen im Verfassungsrecht gäbe, zum Recht als Mittel sozialer Steuerung. Die Methodenwahl sei *ein Teil der Rechtsordnung*. Das Anwendungsmodell wird „von der Verfassung und damit von der Rechtsordnung vorausgesetzt" (S. 20).

[54] Vgl. zu dieser Einteilung *Bumke*, Rechtsdogmatik (Anm. 19), S. 40 f.

[55] *Lepsius*, Kritik der Dogmatik (Anm. 2), S. 42.

[56] *Schulze-Fielitz*, Staatsrechtslehre als Mikrokosmos (Anm. 3), S. 34, 18. Hierzu vgl. *Christoph Möllers*, Das Grundgesetz, 2. Aufl. 2019, S. 99: „Diese Eigenheiten – Dogmatik – wird man nicht aufgeben wollen, doch bemerken, dass es der Staatsrechtswissenschaft immer noch schwerfällt, sich zu modernisieren". Als Gründe für die Anti-Modernisierung und Innovationsschwäche wurden die Nähe zur gesellschaftlichen Macht („in die Prozesse involviert") und die enge Beziehung zur Praxis („So dominiert im Prüfungswesen eine kleinteilige Amtsrichterperspektive auf die Disziplin.") genannt (S. 99). Es gehe um „institutionelle[...] Faktoren" wie Prozessnähe und Justizprüfung (S. 99). Beim mehrdeutigen Begriff der „Modernisierung" bedarf es weiterer Klärung.

[57] *Schulze-Fielitz*, Staatsrechtslehre als Mikrokosmos (Anm. 3), S. 34. Vgl. *Waldhoff*, Kritik und Lob der Dogmatik (Anm. 53), S. 31, 34, 37. *Lepsius* wendet dagegen ein, dass man „ein allseits offenes Dogmatikverständnis" nicht propagieren sollte, „so dass mit dem Begriff von Dogmatik keinerlei Exklusionswirkung mehr verbunden ist", und behauptet, dass die deutsche Staatsrechtslehre „ihre ‚disziplinenbegründende rechtsdogmatische Mitte' aufgeben" muss, „wenn sie als Wissenschaft in Europa, als Wissenschaft gegenüber der Praxis und als interdisziplinär wahrgenommenes Fach an den Universitäten überleben will", vgl. *ders.*, Problemzugänge und Denktraditionen (Anm. 18), S. 90 f.

[58] Nach *Ralf Dreier* handelt es sich bei der Jurisprudenz um „das Kernstück der Rechtswissenschaft, die juristische Dogmatik", vgl. *ders.*, Zum Selbstverständnis der Jurisprudenz als Wissenschaft (1971), in: ders., Recht, Moral, Ideologie, 1981, S. 51. Von *Robert Alexy* wird die Rechtsdogmatik oder Jurisprudenz als „die Rechtswissenschaft im engeren oder eigentlichen Sinne" genannt, vgl. *ders.*, Theorie der Grundrechte, 1. Aufl. 1985, S. 23.

normativ-praktische Dimension, d.h. auf die Frage, was unter Zugrundelegung des positiv geltenden Rechts die richtige Entscheidung in einem konkreten Fall ist[59]. Durch den Charakter der Rechtsdogmatik als *einer praktischen Disziplin* werden die drei Dimensionen zu einer Einheit[60].

Bei der Interpretation oder Auslegung als *Argumentation* bedürfe es der Argumentationsformen und Regeln, um die Prämisse zu begründen. Die Rechtsdogmatik oder dogmatische Argumente[61] lassen sich als Gruppen von Regeln und Formen der Rechtfertigung[62] einteilen. Eine Rechtsdogmatik als Argumentationsform ist zwar eine Klasse von Sätzen, die im Rahmen einer institutionell betriebenen Rechtswissenschaft aufgestellt und diskutiert werden[63]. „Die Gerichte können aber dogmatische Sätze übernehmen und selbst an der Entwicklung der Dogmatik teilnehmen“[64]. Die Einzigartigkeit der Kopplung zwischen Wissenschaft und (Gerichts-)Praxis, die von *Christian Waldhoff* als Stärke der Rechtswissenschaft gesehen wird[65], ist damit ein konstituierender Bestandteil der Rechtsdogmatik. Die Gesetzgebung im demokratischen Staat ist häufig okkasionell und ein Produkt von Kompromissen. Ohne dogmatische Verarbeitung – als Ausführung der logisch-analytischen Funktion der Rechtsdogmatik – ist sie oftmals nicht reif für die Entscheidung anderer Staatsorgane[66]. Jeder dogmatische Satz muss unter Verwendung mindestens eines allgemein-praktischen Arguments begründet werden. Die allgemeine praktische Argumentation bildet „den letzten Prüfstein und damit die Grundlage der dogmatischen Argumentation“[67].

Damit zu der Frage, worin die „richtige oder gute“ Verfassungsdogmatik besteht: Die Rechtsdogmatik oder dogmatische Argumente als eine der Gruppen

---

[59] *Alexy*, Theorie der juristischen Argumentation (Anm. 11), S. 308. Zur Dreidimensionalitätsthese ohne *logisch-analytische* Dimension bei *Ralf Dreier* (eine empirische, normativ-praktische, *rechtspolitische* Dimension) vgl. *ders.*, Zum Selbstverständnis der Jurisprudenz als Wissenschaft (Anm. 58), S. 51–56. Zur Rechtsdogmatik im *materiellen* und *formellen* Sinne vgl. *Stephan Kirste*, Einführung in die Rechtsphilosophie, 2010, S. 36ff. Um eine Wendung von *von der Pfordten* aufzugreifen, handele es sich bei der Rechtsdogmatik um „die anwendungsorientierte, d.h. fall- bzw. normbezogene, Rechtswissenschaft“, die das geltende Recht einer bestimmten Rechtsordnung aus einer internen Anwendungsperspektive, also aus der realen oder zumindest fiktiven Perspektive von Richtern, Beamten, Rechtsanwälten usw. interpretiere. Die Rechtsdogmatik besitze den Charakter als Erfahrungswissenschaft, Hermeneutik und Normwissenschaft, vgl. *ders.*, Rechtsphilosophie, 2013, S. 12f.

[60] *Alexy*, Theorie der Grundrechte (Anm. 58), S. 27. Zur Jurisprudenz als *praktische* Wissenschaft einerseits und als *Geisteswissenschaft* anderseits vgl. *Matthias Jestaedt*, Das mag in der Theorie richtig sein ..., 2006, S. 16ff.

[61] Zur Mehrdeutigkeit des Begriffs von Rechtsdogmatik vgl. Anm. 11.

[62] *Alexy*, Theorie der juristischen Argumentation (Anm. 11), S. 285, 307–334.

[63] Hier zeigt sich die Abhängigkeit von den Institutionen.

[64] *Alexy*, Theorie der juristischen Argumentation (Anm. 11), S. 314, 313.

[65] *Waldhoff*, Kritik und Lob der Dogmatik (Anm. 53), S. 31: Die Stärke von Rechtswissenschaft sollte „von beiden der beteiligten Seiten nicht leichtfertig aufs Spiel gesetzt werden“.

[66] *Waldhoff*, Kritik und Lob der Dogmatik (Anm. 53), S. 34.

[67] *Alexy*, Theorie der juristischen Argumentation (Anm. 11), S. 324.

von Regeln und Formen der Rechtfertigung müssen von der *Wissenschaft* und *Praxis* aufgestellt, begründet und überprüft werden, damit normative Fragen auch unter fulminanten Veränderungen der Gesellschaft möglich sein können (*Orientierungsfähigkeit unter neuen Herausforderungen*)[68]. In Anbetracht der gegenseitigen wissenschaftlichen Interessen ist es aber sinnlos, „dogmatische und nicht dogmatische Rechtswissenschaft gegeneinander ausspielen zu wollen“[69]. Zur Anschlussfähigkeit im interdisziplinären und internationalen Kontext dürfte es unerlässlich sein, die Verfassungstheorie als theoretisches Komplement der Verfassungsdogmatik *institutionell* zu entfalten (*disziplinäre Gewaltenteilung*)[70].

2. Diese Probleme lassen sich beispielsweise an der Debatte über die „Ehe für alle“ veranschaulichen. Die Ehe ist „kein ausschließlich soziales Phänomen, sondern zunächst und vor allem einmal ein Konstrukt des Rechts“[71]. Privatrechtliche Rechtsinstitute als Normenkomplex müssen zuerst vom besonderen Schutz der Ehe (Art. 6 Abs. 1 GG) gewährleistet werden, um die Kompetenz zur autonomen Gestaltung von Rechtsbeziehungen im Gleichordnungsverhältnis zu gewähren[72]. Ohne Kompetenznormen des Eherechts wäre die grundrechtliche Gewährleistung der Ehe sinnlos[73]. Die Ehe bedarf der Gesetze und kann nur als *rechtliche Freiheit* konstruiert werden. Es geht beim besonderen Schutz der Ehe (Art. 6 Abs. 1 GG) um „normgeprägte Grundrechte“[74]. Zur Entwicklung der normgeprägten Grundrechte bedarf es jedoch des ideellen Sinngehaltes oder der Hintergrundvorstellungen, die – hier *Leitbilder* oder *Leitidee* genannt – der Ort sind, an dem die Verschränkung der verfassungsrechtlichen Gerechtigkeitskonzeption mit den moralisch-ethischen und empirisch-soziologischen Momenten der Gesellschaft besonders augenfällig wird[75].

---

[68] Zu Funktionen und Nutzen der Rechtsdogmatik vgl. *Schoch* (Anm. 6), S. 100 ff.

[69] *Waldhoff*, Kritik und Lob der Dogmatik (Anm. 53), S. 32. Zur Zentrum-Peripherie-Deutung und Rechtsdogmatik als juridische Super-Disziplin vgl. *Jestaedt*, „Gedöns“ im Grundgesetz (Anm. 40), S. 240.

[70] Zur Komplementaritätsthese vgl. *Jestaedt,* Verfassung hinter der Verfassung (Anm. 18), S. 19. Zur Kritik von *Möllers* an institutionellen Faktoren vgl. *ders.*, Grundgesetz (Anm. 56), S. 99.

[71] *Volkmann*: Warum die Ehe für alle vor dem BVerfG nicht scheitern wird (II) (Anm. 28): „Es gibt [...] keine Ehe vor- und außerhalb des Rechts (hier in Gestalt des einfachen Gesetzesrechts), sondern nur im Recht und als ein vom Recht formal wie inhaltlich ausgeformtes Institut“.

[72] *Alexy*, Theorie der Grundrechte (Anm. 58), S. 443.

[73] In Bezug auf Eigentumsrechte vgl. *Alexy*, Theorie der Grundrechte (Anm. 58), S. 303.

[74] Der tiefe Widerspruch, der sich in diesen Fällen auftut, besteht darin, dass Grundrechte bestimmte Güter gegen den Staat schützen und den Staat, vor allem *den Gesetzgeber*, rechtlich binden sollen, es zugleich aber die grundrechtlichen Güter ohne *Gesetze* überhaupt nicht gäbe, weil sie durch *Gesetze* erst geschaffen worden sind. In diesem Beitrag soll dieses Bindungsdilemma bei normgeprägten Grundrechten – Eingriff und/oder Ausgestaltung – aber nicht weiter diskutiert werden.

[75] Zu Leitbildern oder Leitideen vgl. *Uwe Volkmann*, Grundzüge einer Verfassungstheorie der Bundesrepublik Deutschland, 2013, S. 88 ff.; *ders.*, Verfassungsrecht zwischen normativem Anspruch und politischer Wirklichkeit, in: VVDStRL 67 (2008), S. 68 f., 71, 82 ff.; *ders.*, Leitbildorientierte Verfassungsauslegung, in: AöR 134 (2009), S. 158–196; *Mitsuhiro Matsubara*, Lebenspartnerschaft: Schutz durch die Verfassung, in: Matthias Jestaedt/Hidemi Suzuki

Die Ehe als auszugestaltendes Rechtsinstitut orientiert sich „an ein[em] bestimmte[n] Bild der Ehe“[76]. Bei der Ehe, um bei diesem Beispiel zu bleiben, wäre dies die aus dem Ehegattensplittingurteil des Bundesverfassungsgerichts gewonnene Einsicht, dass die Ehe als *funktionsfähige Verantwortungsgemeinschaft*[77], in der die in den letzten Jahrzehnten gesellschaftlich gewandelte Ehe-Vorstellung in bildlicher Weise kondensiert ist, den Durchgriff in die Gleichheitsprüfung „hinter die Form auf die einzelnen Funktion von Ehe“[78] erlaubt. Die Einführung der „Ehe für alle“, die – etwas überraschend – durch einfaches Gesetz im Jahre 2017 im Bundestag erfolgte, kann – vermittelt durch zahllose Diskussionen über den politischen Beschluss – einen unvermeidlichen Einfluss darauf nehmen, worin der normative Bezugspunkt des besonderen Schutzes der Ehe (Art. 6 Abs. 1 GG) liegt[79]. Die Verfassung öffnet sich für den Beschluss des seinerzeitigen Gesetzgebers. Die Gesetze nehmen dann wiederum die ideelle Substanz der Verfassung auf.

Es ist zwar die *Wandelbarkeit* oder *Beweglichkeit*, welche die an den Leitbildern oder Leitideen orientierte Verfassungsauslegung oder Steuerungswissenschaft[80] anfällig für Kritik macht: Ob es gelingen kann, „Stützpfeiler der Verfassung stabil zu halten“[81]? Der moralisch vermittelte und damit zu entschärfende Stufenbau der Rechtsordnung mag zur Diskussion stehen[82]. Durch die Argumentationsstruk-

---

(Hrsg.), Verfassungsentwicklung I, 2017, S. 245. Vgl. auch *Johanna Braun*, die ausgehend von der interdisziplinären Untersuchung der Besonderheit von *Bildern* versucht, einzelne Leitbilder in unterschiedlichen Wirkungsbereichen zu analysieren und Regeln zum Umgang mit Leitbildern im Recht zu formulieren: *Braun*, Leitbilder im Recht, 2016, S. 1–214.

[76] *Volkmann*, Warum die Ehe für alle vor dem BVerfG nicht scheitern wird (II) (Anm. 28).

[77] Beide Lebensformen – Ehe und Lebenspartnerschaft – sind als in vergleichbarer Weise rechtlich verbindlich verfasste Lebensgemeinschaft dargestellt. Vgl. hierzu BVerfGE 133, 377. Zur Entwicklung der Ehe-Dogmatik des Bundesverfassungsgerichts vgl. *Matsubara*, Lebenspartnerschaft: Schutz durch die Verfassung (Anm. 75), S. 241–243.

[78] *Michael Germann*, Dynamische Grundrechtsdogmatik von Ehe und Familie, in: VVDStRL 73 (2014), S. 281.

[79] *Volkmann*, Warum die Ehe für alle vor dem BVerfG nicht scheitern wird (II) (Anm. 28): „Mittlerweise ist es […] fast so, als ob es niemanden mehr gäbe, der einem Verfahren vor dem BVerfG noch hinreichende Erfolgsaussicht bescheinigen mag“. Vgl. hierzu *Christoph Möllers*, Was heißt Ehe für alle? Die juristische Debatte geht jetzt erst los, in: Zeit Online v. 05.07.2017. Vgl. https://www.zeit.de/2017/28/gleichgeschlechtliche-ehe-grundgesetz-verfassung.

[80] Vgl. *Andreas Voßkuhle*, Neue Verwaltungsrechtswissenschaft, in: Wolfgang Hoffmann-Riem/ Eberhard Schmidt-Aßmann/Andreas Voßkuhle (Hrsg.), Grundlagen des Verwaltungsrechts, Bd. I, 2. Aufl., 2012, Rn. 40 ff.; *Martin Eifert*, Das Verwaltungsrecht zwischen klassischem dogmatischen Verständnis und steuerungswissenschaftlichem Anspruch, in: VVDStRL 67 (2008), S. 286–329. Zur Kritik daran vgl. *Jestaedt*, Verfassung hinter der Verfassung (Anm. 18), S. 29.

[81] *Wolfgang Hoffmann-Riem*, Kommentar, in: Martin Morlok, Soziologie der Verfassung, 2014, S. 124.

[82] Zur scharfen Kritik an Materialisierung, Entformalisierung und Kompetenzarmut, die das gesellschaftlich eröffnete Verfassungsverständnis mit sich bringen soll, vgl. *Oliver Lepsius*, Besprechung, in: JZ 2014, S. 193. Das Verhältnis der gesellschaftlichen Beeinflussung zur verfassungsrechtlichen Selbstbindung stellt eins der wichtigsten Themen bei der dynamischen Verfassungs-

tur,[83] in welche die Leitbilder oder Leitideen von Ehe als *Rechtsdogmatik* oder *dogmatische Argumente* eingebettet werden, ist eine gewisse Stabilitäts- und Kontinuitätsstruktur aber gesichert, da diese Struktur in den durch Argumente zu rechtfertigenden Änderungen besteht.[84]

Der interaktive Prozess, der in der ständigen Wechselwirkung zwischen Verfassung und Gesetzen besteht und sich zu ideellen Sinngehalten von Ehe verdichten kann, darf natürlich nicht zu harmonisch gezeichnet werden und muss mit gesellschaftlichen Konflikten in der Demokratie rechnen[85]. Der Diskussionsvorgang innerhalb von Organisationen wie Parlamenten, Parteien, Kirchen, Unternehmen und auch zwischen Bürgern, in dem vielfältige und gegeneinander konkurrierende Ansprüche über die Lebensform der gleichgeschlechtlichen Partnerschaft beobachtbar werden, muss empirisch analysiert und im Rahmen des allgemeinen praktischen Diskurses als Prüfstein für dogmatische Argumente kontrolliert werden. Hier besteht eine weitere Aufgabe der *Verfassungstheorie* als Disziplin[86], gegen die sich die Verfassungsdogmatik nicht abschotten darf[87].

Zusammenfassend: Bei der gegenseitigen Interaktion zwischen Verfassung und Gesetzen kann sich die Verfassung in dem Maß als ein offenes und dynamisches Konzept entwickeln, in dem die Verfassungsrechtswissenschaft und die Rechtsprechung des Bundesverfassungsgerichts an *der Schnittstelle der Rechtsdogmatik* verkoppelt und die Praxis-Wissenschaft-Verbindungen erhalten bleiben. Dabei sind z. B. die Leitbilder oder Leitideen als *dogmatische Argumente* im juristischen Diskurs aufzufassen, über die die Gerechtigkeitskonzeption der Gesellschaft in Gestalt institutioneller Argumente in die Verfassungsauslegung einfließen kann.

---

theorie dar. Hierzu vgl. *Uwe Volkmann*, Verfassungsänderung und Verfassungswandel, in: JZ 2018, S. 265–271.

[83] Zur Auslegung als Argumentation vgl. *Robert Alexy*, Juristische Interpretation, in: *ders.*, Recht, Vernunft, Diskurs, 1995, S. 77 f.

[84] Es gibt einen *prima facie*-Vorrang der linguistischen vor den genetischen und systematischen Argumenten und der institutionellen vor den allgemeinen praktischen oder substantiellen Argumenten. Die definitive Entscheidung hängt damit von der Überzeugungskraft der jeweiligen Argumente ab. Vgl. hierzu *Alexy*, Juristische Interpretation (Anm. 83), S. 83, 90. Zur Argumentationslast vgl. *Volkmann*, Leitbildorientierte Verfassungsauslegung (Anm. 75), S. 190. Der Kommunikationsprozess als demokratische Legitimation, der zwischen *Anspruch* des Gerichts und *Akzeptanz* durch die Bürger via Rationalität abläuft und zu einem bestimmten Maß an *Rechtsstabilität* beitragen kann, soll hier nicht behandelt werden. Vgl. hierzu *Robert Alexy*, Grundrechte, Demokratie und Repräsentation, in: Der Staat 54 (2015), S. 201–212; *Mitsuhiro Matsubara*, Repräsentation der idealen Dimension, in: Martin Borowski/Stanley L. Paulson/Jan-Reinard Sieckmann (Hrsg.), Rechtsphilosophie und Grundrechtstheorie, 2017, S. 547–561.

[85] Zum Hinweis darauf vgl. *Lepsius*, Besprechung (Anm. 82), S. 193.

[86] Zum Grundkonzept der Verfassungstheorie als theoretisches Komplement der Verfassungsdogmatik vgl. *Jestaedt*, Verfassung hinter der Verfassung (Anm. 18), S. 19. Hier sollen keine weiteren Überlegungen diesbezüglich angestellt werden.

[87] Zu Such- und Begründungsregeln für Hintergrundvorstellungen vgl. etwa *Volkmann*, Leitbildorientierte Verfassungsauslegung (Anm. 75), S. 187 ff. Als neuer Versuch vgl. *Martin Morlok*, Soziologie der Verfassung, 2014, S. 1–85.

Gegenüber der *Orientierungsfähigkeit* in der juristischen Argumentation verliert die Verfassungsdogmatik freilich ein bestimmtes Maß der hierarchischen Statik der Rechtsordnung. Die Stabilität lässt sich aber einigermaßen durch den spezifischen Charakter der Rechtsdogmatik im juristischen Diskurs kompensieren. Zur keinesfalls aussondernden Wirkung der Verfassungsdogmatik ist auf die Bedeutung *der Verfassungstheorie* als „Rezeptions- und Transformationsdisziplin für nachbardisziplinäre“[88] Erkenntnisse hinzuweisen.

III. Präsenz und Entwicklung ohne Symbiose

In Japan herrscht „die verdrängende Präsenz der Rechtsdogmatik“[89] wie in Deutschland. Das Denken von der Dogmatik her prägt die japanischen Rechtswissenschaften in der Nachkriegszeit. Die Dreiteilung der Rechtswissenschaft in den Bereich des Öffentlichen, des Privat- und des Strafrechts, die als Fachbezeichnung des juristischen Doktorkurses (Graduate School of Law) an der japanischen Universität allgemeingültig ist, verdankt sich der dogmatischen Konstruktion über das geltende Recht[90]. Auch verfassungsdogmatisches Räsonnement will wissenschaftliche Zukunftsentwürfe. In der Verfassungsdogmatik haben sich die Wissenschaft und die Rechtspraxis des Obersten Gerichtshofs in Japan trotzdem *nicht* auf symbiotische Weise wie in Deutschland verbunden. Die Führungsrolle der Verfassungsdogmatik ist kein „Produkt wie Katalysator“[91] eines Theorie-Praxis-Formates, das für die deutsche Staatsrechtslehre – für den „German Approach“[92] – eigentümlich ist. Die Japanische Verfassung, die im Jahre 1947 in Kraft trat und seitdem bekanntermaßen nicht ein einziges Mal formell (Art. 96 Abs. 1 JV) – Zweidrittelmehrheit bei beiden Häusern und Volksabstimmung als Voraussetzungen – geändert wurde, entwickelte sich – hätte sich so entwickeln müssen – zwar durch die Auslegungspraxis der Staatsorgane, die das *unanfechtbare* Recht anordnen, d. h. hauptsächlich des zur Verfassungsgerichtsbarkeit befähigten Obersten Gerichtshofs (Art. 81 JV)[93],

[88] *Jestaedt*, Verfassung hinter der Verfassung (Anm. 18), S. 68.

[89] *Winfried Brohm*, Kurzlebigkeit und Langzeitwirkung der Rechtsdogmatik, in: Max-Emanuel Geis/Dieter Lorenz (Hrsg.), FS für Hartmut Maurer, 2001, S. 1079.

[90] Vgl. hierzu *Matthias Jestaedt*, Die deutsche Staatsrechtslehre im europäisierten Rechtswissenschaftsdiskurs, in: JZ 2012, S. 2.

[91] *Jestaedt*, Die deutsche Staatsrechtslehre im europäisierten Rechtswissenschaftsdiskurs (Anm. 90), S. 2.

[92] *Schönberger*, Der „German Approach“ (Anm. 6), S. 2: Die deutsche Rechtswissenschaft beruht auf zwei Grundvorstellungen: „Recht als Wissenschaft und Rechtswissenschaft als Zukunftsentwurf“.

[93] Der sehr berühmte Text von *Rudolf Smend*, der beim Festvortrag zur Feier des zehnjährigen Bestehens des Bundesverfassungsgerichts verfasst wurde, gilt grundsätzlich auch hierzulande: „Das Grundgesetz gilt nunmehr praktisch so, wie das Bundesverfassungsgericht es auslegt, und die Literatur kommentiert es in diesem Sinne.“ Vgl. *ders.*, Das Bundesverfassungsgericht (1962), in: ders., Staatsrechtliche Abhandlungen, 3. Aufl., 1994, S. 582. Hierzu vgl. *Lepsius*, Maßstabsetzende

aber ohne die symbiotische Bezogenheit zwischen Verfassungsrechtswissenschaft und Gerichtspraxis, wie wir es gerade erörtert haben. Es mag sehr schleierhaft, sogar ein Rätsel sein, dass die Verfassungsrechtswissenschaft(en) in den Ländern, in denen ein Theorie-Praxis-Format *nicht* vorhanden ist, so „dogmatisch" ausgestaltet ist (sind) und die sprachliche Übersetzbarkeit in Ländersprache als ein pragmatischer Test[94] (etwa „Kyogi Gaku", „Hoteki Kosei" oder „Dogmatik") auch gesichert ist. Hier könnten sich einige Kontrollfragen, die noch gründlich zu beantworten wären, stellen: (1) Gründe für die *Ent*koppelung der Verfassungsrechtswissenschaft von der Gerichtspraxis, (2) Gründe für die „dogmatische" Präsenz *ohne* Praxisbezug, (3) Gründe für die Verfassungsentwicklung mit Hilfe von *symbiotischer* Kommunikation. Dies muss nicht unbedingt bedeuten, etwa die symbiotische Bezogenheit in der Bundesrepublik zum Vorbild zu erklären. Vielmehr geht es zuerst um die Folgerichtigkeit.

1. Vielleicht könnte man hier eine hypothetische Frage stellen: Wenn die herrschende Meinung über den Meinungsfreiheitsschutz, die ausgehend vom „bevorzugten Status (preferred status of free speech as fundamental value)" auf einer gegenüber Wirtschaftsfreiheitsregelungen *verschärften* Gerichtskontrolle besteht[95], als Methode zur Kompetenzerweiterung durch den Obersten Gerichtshof ins Spiel gebracht worden wäre, oder wenn der Oberste Gerichtshof in seiner Gründungszeit der von einem berühmten Staatsrechtslehrer in Kyoto vertretenen Auffassung, die *nur* dem Obersten Gerichtshof die Kompetenz zur *abstrakten* Normenkontrolle einzuräumen versuchte[96], gefolgt wäre[97] und die Wahrnehmung der unmittelbaren Deutungshoheit über die eigene Kompetenz – nach einer heftigen Debatte wie in Deutschland – von anderen Staatsorganen und Bürgern als rational akzeptiert worden wäre, würde das deutsch-japanische Verfassungsgespräch heute wohl ziemlich anders verlaufen. Das ist natürlich Spekulation, von der man sich nur unter heutigen Auspizien ein Bild machen kann, aber: Was hat seinerzeit die Ent-

---

Gewalt (Anm. 21), S. 163: „Trotz der Differenz von Norm und Gericht: praktisch, also in seiner juristisch-sozialen Wahrnehmung, gilt die Verfassung in der Interpretationsvariante des Gerichts. Dann aber droht eine gedankliche Konfusion des Vorrangs der Verfassung mit der Zuständigkeit des Verfassungsgerichts". Zur „Deutungsautorität" des Bundesverfassungsgerichts vgl. *Jestaedt*, Phänomen Bundesverfassungsgericht (Anm. 45), S. 88.

[94] *Waldhoff*, Kritik und Lob der Dogmatik (Anm. 53), S. 37: „Was in einer gängigen Fremdsprache kaum noch erklärt werden kann, ist im ‚Wettbewerb der Rechtsordnungen' von vornherein benachteiligt". Vgl. hierzu *Möllers*, Methoden (Anm. 11), Rn. 37.

[95] Statt vieler vgl. *Nobuyoshi Ashibe* (überarbeitet von Kazuyuki Takahashi), Kenpou [Verfassung], 7. Aufl., 2019, S. 202 ff.

[96] *Soichi Sasaki*, Kokkakoi no Junsui Gokensei ni taisuru Saiko Saibansho no Ketteiken [Befugnis des Obersten Gerichtshofs über die reine Verfassungsmäßigkeit der Staatsakte], in: *ders.*, Ausgewählte Schriften (1), 1956, S. 141–181; *ders.*, Kaitei Nihonkoku Kenporon [Japanische Verfassungslehre, neu überarb.], 1952, S. 357 f. Zur Auslegung des Obersten Gerichtshofs über Art. 81 JV vgl. *Tatsuro Kudo*, Iken no Kenpo Kaishaku? [Verfassungswidrige Verfassungsauslegung?], in: CHUO-Law Journal 14 (2017), S. 157–163.

[97] Vgl. OGH, Urteil vom 08. Oktober 1952, Minshu, Bd. 6, S. 783 ff. – Keisatsu Yobitai-Fall.

faltung zu der die Weichen stellenden Selbstermächtigung des Obersten Gerichtshofs mit Hilfe von Verfassungsdogmatik als Kompetenz verhindert? Worin liegt der Grund für die *Ent*koppelung der Verfassungsrechtsprechung von der Verfassungsdogmatik? Warum ist es nicht zur symbiotischen Verbundenheit von Wissenschaft und (Gerichts-)Praxis wie in Deutschland, sondern zur *Dichotomie*, die mittlerweile eine verfestigte Struktur darstellt[98], gekommen? Es mag viele Gründe dafür geben: (1) Das Wahlsystem der Richter[99], (2) die Unterscheidung zwischen isolierter und integrierter Verfassungsgerichtsbarkeit[100], (3) die Bezogenheit von akademischen Vereinigungen und Gerichten in Deutschland[101] und in Japan[102],

[98] Zur detaillierten Analyse der wichtigen Verfassungsrechtsprechung des Obersten Gerichtshofs vgl. *Katsumi Chiba*, der als erfahrener „Verfassungsrichter" des Obersten Gerichtshofs eine nicht zu unterschätzende Rolle bei der Entscheidungsfindung gespielt haben soll, *ders.*, Iken Shinsa (Verfassungskontrolle), 2017, S. 3–161.

[99] Während die Richter des Bundesverfassungsgerichts je zur Hälfte vom Bundestag und Bundesrat mit einer Zweidrittelmehrheit gewählt werden (Art. 94 Abs. 1 S. 2 GG, § 6 Abs. 1 BVerfGG), werden die Richter des Obersten Gerichtshofs vom Kabinett gewählt (Art. 6 Abs. 2, Art. 79 Abs. 1 JV). Das Kabinett kann sich unabhängig von der Oppositionspartei oder Minderheitsmeinung im Parlament mit eigener Initiative durchsetzen und ist – anscheinend meistens beachtet, aber – verfassungsrechtlich zu informellen Personalvorschlägen des Obersten Gerichtshofs verpflichtet. Das Risiko dafür *nicht* in eine politische/ideologische Streitigkeit im Parlament verwickelt zu sein, ist damit natürlich viel größer. Es gibt keine ungeschriebene wirksame Einigung im Parlament wie die innerhalb der CDU/CSU- und SPD-Fraktion. Zum Wahlsystem in Deutschland vgl. statt vieler *Martin Morlok/Lothar Michael*, Staatsorganisationsrecht, 3. Aufl., 2017, Rn. 1032.

[100] Zu dieser Kategorie für die Verfassungsgerichtsbarkeit vgl. *Jestaedt*, Phänomen Bundesverfassungsgericht (Anm. 45), S. 105 f.

[101] Derzeit (Stand: August 2019) sind 8 der 16 Richter(innen) des Bundesverfassungsgerichts Ordinarius bzw. Ordinaria für Öffentliches Recht, die in einer einzigen wissenschaftlichen Gesellschaft, der Vereinigung der Deutschen Staatsrechtslehrer, organisiert sind. Die dort grundsätzliche Mitgliedschaftsvoraussetzung einer Habilitation für Staatsrecht und mindestens ein weiteres öffentlich-rechtliches Fach prägt ein bestimmtes Maß an Arbeitskultur des Bundesverfassungsgerichts mit, da der als „Professoren-Richter" Berufene „wegen seiner Sachkunde als in der Academia tätiger Rechtswissenschaftler, d. h. als Nicht-Rechtspraktiker in einen der Karlsruher Senate berufen" wird (*Jestaedt*, Beruf der Rechtswissenschaft (Anm. 16), S. 230 f., Fn. 9). Der Universitätsprofessor für Öffentliches Recht tritt sehr häufig des Weiteren als Prozessbevollmächtigter oder Gutachter eines Ministeriums auf und seine akademischen Beiträge können ein praktisches Interesse beim Prozess wecken (*ders.*, Beruf der Rechtswissenschaft (Anm. 16), S. 230). Zur Mitgliedschaftsvoraussetzung der Vereinigung der Deutschen Staatsrechtslehrer vgl. *Schulze-Fielitz*, Staatsrechtslehre als Mikrokosmos (Anm. 3) , S. 7 f.

[102] Derzeit (Stand: August 2019) ist *Katsuya Uga* als einziges Mitglied der Japan Public Law Association im Obersten Gerichtshof (14 Richter(innen)) zu finden, der em. Ordinarius für *Verwaltungsrecht* an der Tokyo-Universität ist. Seit dem Inkrafttreten der Japanischen Verfassung (1947) gibt es keine (!) Richter(innen) im Obersten Gerichtshof, die vor der Ernennung als Universitätsprofessor(innen) für *Verfassungsrecht* tätig waren. Die Japan Public Law Association, in die man durch Vorschlag von zwei Mitgliedern eintreten kann, ist mit der deutschen Fachgemeinschaft kaum vergleichbar, deren hohe Selbsteinschätzung durch Doppelqualifikationen – Promotion und Habilitation, fast alle Mitglieder besitzen auch die Befähigung zum Richteramt – als grundsätzliche Mitgliedschaftsvoraussetzung gesichert war und bleibt. Zum geringen Interesse des wissenschaftlichen Dienstes („Chosa Kan") des Obersten Gerichtshofs an der verfassungsrechtswissenschaftlichen Literatur vgl. *Katsumi Chiba/Kensuke Ueda/Naoto Katagiri/Masahiko*

(4) der Ausbildungsprozess mit dem Ziel des „Volljuristen", d.h. der Befähigung zum Richteramt, im Wechselspiel mit der Rechtswissenschaft[103], (5) das System „dogmatischer" Gerichtskontrolle in Japan, das nach h. L. dahingehend stattfand, dass es anhand der strategischen „Dekontextualisierung und Dehistorisierung"[104] der U.S. Supreme-Court-Entscheidungen die aufgelisteten abstrakten Handlungsregeln vorgibt, die zum erhöhten Schutz der Meinungsfreiheit vom Obersten Gerichtshof verfassungsrechtlich beachtet werden sollen[105], (6) unterschiedliche Politikverständnisse der Verfassungsrechtswissenschaft und der akademischen Vereinigungen in Deutschland[106] und in Japan[107], (7) die als positive oder negative In-

Kinoshita/Goro Horiguchi, Gespräch mit dem ehemaligen Richter des Obersten Gerichtshofs, Katsumi Chiba, Houritsu Jiho 91 (2019), S. 96.

[103] *Jestaedt*, Die deutsche Staatsrechtslehre im europäisierten Rechtswissenschaftsdiskurs (Anm. 90), S. 3: Es wird „nach dem in zwei juristischen (Staats-)Examina zu erreichenden Ausbildungsziel *rechtswissenschaftlicher* Bildung gefragt". Vgl. hierzu Deutsches Richtergesetz § 5 Befähigung zum Richteramt: „(1) Die Befähigung zum Richteramt erwirbt, wer ein *rechtswissenschaftliches* Studium an einer Universität mit der ersten Prüfung und einen anschließenden Vorbereitungsdienst mit der zweiten Staatsprüfung abschließt; die erste Prüfung besteht aus einer *universitären* Schwerpunktbereichsprüfung und einer staatlichen Pflichtfachprüfung".

[104] Zur Kritik daran beim Bundesverfassungsgericht vgl. *Lepsius*, Maßstabsetzende Gewalt (Anm. 21), S. 245.

[105] In Anbetracht der Rechtsprechungsentwicklung des Obersten Gerichtshofs erscheint diese „dogmatische" Strategie doch fast gescheitert zu sein, sofern es um den Kernpunkt der Diskussion – mehr Schutzbedürftigkeit der Meinungsfreiheit und Demokratie – geht. Zur Übersicht von „Dual or Double Standard Theory" statt vieler *Ashibe*, Kenpou [Verfassung] (Anm. 95), S. 202 ff. Zur Bedeutung des geschichtlich und politisch *kontextualisierten* Verständnisses der Verfassungsgerichtsbarkeit und Rechtsprechung im Ausland vgl. *Katsumi Chiba*, Iken Shinsa (Verfassungskontrolle) (Anm. 98), S. 166.

[106] Die Wissenschaft für Öffentliches Recht, vor allem die Verfassungsrechtswissenschaft lässt sich im Allgemeinen nicht völlig vom politisch motivierten Verfassungsverständnis, das zur interessengeleiteten Verfassungsauslegung führt, abkoppeln. Von der NS-Vergangenheitsbewältigung in den 1950er Jahren über die Polarisierung entlang verschiedener Scheidelinien (*Carl Schmitt* oder *Rudolf Smend*) und der 1968er „Kulturrevolution" bis zum dominierenden Einfluss der Entscheidungen des Bundesverfassungsgerichts vgl. *Schulze-Fielitz*, Staatsrechtslehre als Mikrokosmos (Anm. 3), S. 24–27. Heutzutage sei auf die Funktion sog. Gesprächskreise (etwa „Bitburger Gespräche" oder „Schönburger Gespräche") als weltanschaulich homogene personelle Zusammenkunft hingewiesen, vgl. *Andreas Voßkuhle*, Die politische Dimensionen der Staatsrechtslehre, in: Schulze-Fielitz (Hrsg.), Staatsrechtslehre als Wissenschaft, Die Verwaltung, Bd. 40, Bh. 7, 2007, S. 151; *Schulze-Fielitz*, Staatsrechtslehre als Mikrokosmos (Anm. 3), S. 27 f. Als besonders markantes Beispiel lässt sich die beträchtliche Anzahl der Staatsrechtslehrer nennen, die als politische Berater für gesellschaftlich/politisch heikle Themen (z.B. Immigration) oder sogar als aktive Politiker auf Landes- oder Bundesebene (z.B. Kultur-, Innen- oder Justizminister) wirken. Zu Einzelheiten vgl. *Voßkuhle*, a.a.O., S. 144 f. Zur historischen Beleuchtung des Politikverständnisses der Vereinigung der Deutschen Staatsrechtslehrer vgl. *Michael Stolleis*, Die Vereinigung der Deutschen Staatsrechtslehrer. Bemerkung zu ihrer Geschichte, in: KritV 80 (1997), S. 339–358.

[107] Die Beziehung zur Politik steht ständig in Frage. Bekanntermaßen entwickelt der Umgang mit bestimmten Themen, z.B. der pazifistischen Klausel (Art. 9 JV) oder der Trennung von Staat und Religion (Art. 20 JV) sich schnell zum ideologischen Scheidepunkt, an dem die Diskussion über die neueste Reform der sogenannten Sicherheitsgesetze zum Auslandseinsatz der Self Defence Forces/Selbstverteidigungskräfte 2015 auch schnell angekommen ist. Die von repräsentativen

dizien für die Symbiose geltenden Publikationszahlen der Kommentierungsarbeit, die als das „der Dogmatik kongeniale" Literaturformat[108] angesehen wird.

2. Nach dem Inkrafttreten der Japanischen Verfassung im Jahre 1947 gab es wohl eine Chance für die Verfassungsrechtswissenschaft, sich von der Rechtsdogmatik, die in der *Verwaltungsrechtswissenschaft* als Methode vorherrschend war, abzukehren und sich völlig neu – wie von *Lepsius* im deutschen Kontext propagiert wird[109] – an einer kontextuellen Verbindlichkeit der Präjudizien des Obersten Gerichtshofs zu orientieren, um die bessere Anschlussfähigkeit der Wissenschaft an die integrierte Verfassungsgerichtsbarkeit (Art. 81 JV) zu sichern: „Kontextuelle" und „kompetenzielle" Differenzierung[110] als neue Kernaufgabe der Verfassungsrechtswissenschaft in der Nachkriegszeit. Die Sache entwickelte sich aber anders. Es ist auf zwei Punkte hinzuweisen, die im Zusammenhang mit der „dogmatischen" Präsenz *ohne* Praxisbezug besprochen werden könnten: (1) Dogmatik als *gemeinschaftlicher Denkstil* der Verfassungsrechtswissenschaftler[111], (2) Verfassungsdogmatik als Disziplin der Staatsexamina[112]. Uninstitutionelle und institutionelle Seiten verbinden sich miteinander.

Rechtswissenschaftlern auszuführende Beratungsfunktion für die Regierung, die bei sonstigem geltenden Recht wie Verwaltungsrecht, Zivilrecht oder Strafrecht zu erwarten ist, gehört beim Verfassungsrecht zur Seltenheit.

[108] *Jestaedt*, Die deutsche Staatsrechtslehre im europäisierten Rechtswissenschaftsdiskurs (Anm. 90), S. 2. Während es *Jestaedt* zufolge derzeit 25 Grundgesetz-Kommentare (*ders.*, a. a. O., Fn. 9) gibt, sind nur ein paar Verfassungskommentare hierzulande am Markt erhältlich.

[109] *Lepsius*, Maßstabsetzende Gewalt (Anm. 21), S. 255 f., 257 f.; *ders.*, Kritik der Dogmatik (Anm. 2), S. 61 f.; *ders.*, Problemzugänge und Denktraditionen (Anm. 18), S. 90 ff.

[110] *Lepsius*, Maßstabsetzende Gewalt (Anm. 21), S. 259 ff., 262 ff.

[111] Als Indiz für die Schwierigkeit, den Denkstil komplett zu ändern (zum Begriff des „Denkkollektivs" vgl. *Lepsius*, Problemzugänge und Denktraditionen (Anm. 18), S. 55) lässt sich wohl die Passage, die von einem der renommierten Verfassungsrechtswissenschaftler im Rahmen des Vorworts zum seinem Lehrbuch (1959) verfasst wurde, nennen: „Nach meiner vorsichtigen Wahrnehmung ist es möglich und angemessen, dass amerikanische Institute und Theorien als Case Law-Entwicklung in deutschartige Theorien oder Systematiken eingebettet werden". Vgl. *Kiminobu Hashimoto*, Kenpo-Genron [Verfassungslehre], 1. Aufl., 1959. Sofern es um die erste Generation in der Nachkriegszeit geht, war diese programmatische Entscheidung sehr häufig beobachtbar, so dass sie kaum individuellen Denkformen zuzuordnen ist. Man hatte *den Hauptdenkstil* in der Nachkriegszeit zur Diskussion herangezogen.

[112] Öffentliches Recht als Disziplin für die Justizprüfung besteht aus Verfassungsrecht und Verwaltungsrecht in zwei Staatsexamina. Bei der Beamtenstaatsprüfung (Abteilung: Verwaltung) ist das Verfassungsrecht eine der sogenannten „Schlüsseldisziplinen" im juristischen Fach neben dem Verwaltungs- und Zivilrecht. Bei jeder Prüfung geht es hauptsächlich um die *Rechtsdogmatik*, auf die die Studienpläne und Professuren der juristischen Fakultät in der Regel auszurichten sind. Dogmatische Lehrbücher wenden sich – nicht unbedingt von Anfang an so eingeplant, jedoch zumindest im Ergebnis – hauptsächlich an Studenten, die sich auf die Staatsprüfung vorbereiten. Das Vertrauen auf Geeignetheit zur Staatsprüfung, das nicht immer mit der *wissenschaftlichen* Aktualität identisch ist, gilt als eine der wichtigsten Verkaufsstrategien der Lehrbücher bei juristischen Verlagen.

3. Als ergänzende Meinung beim Urteil[113] über die Verfassungsmäßigkeit des § 750 des japanischen Bürgerlichen Gesetzbuches[114] hat der Ex-Präsident des Obersten Gerichtshofs (*Itsuro Terada*) den Gedanken formuliert, dass man sich im Rahmen der Verfassungskontrolle damit schwer tut, gesetzgeberisches Unterlassen nachzuprüfen. Die Verfassungsrechtswissenschaft muss sich zuerst über die tatsächlichen Gründe für die Beliebtheit der Rechtsdogmatik Gedanken machen und den Pfadabhängigkeiten des eigenen Denkstils Rechnung tragen, wenn man dem Obersten Gerichtshof helfen will, Kompetenzprobleme zu lösen und die Wechselwirkung zwischen Verfassung und Ehe zur Verfassungsentwicklung voranzutreiben. Der Funktion[115] der Rechtdogmatik ist die Rechtsphilosophie in Japan nachgegangen und deren Begründungsfähigkeit wurde ebenfalls beleuchtet[116]. Nicht Kriterien für die gute oder richtige Dogmatik, sondern die Dogmatik als Schnittstelle zwischen Wissenschaft und Praxis *als solche* wäre das Ziel der weiteren verfassungsrechtlichen Untersuchung[117]. Dazu bedarf es weitreichender Reflexionsarbeit hinsichtlich der Punkte (1) bis (7), die im Vorangehenden exemplarisch erwähnt wurden. Hier besteht Anlass dafür, dass sich auch die japanische Verfassungsrechtswissenschaft selbst analysieren und Reflexionsdefizite eingestehen muss[118] – in dem Sinne: „So kann es nicht weiter gehen"[119].

---

[113] Vgl. OGH, Urteil vom 16. Dezember 2015, Minshu Bd. 69, S. 2686 ff. – Fuhu Dosei Sosho-Fall.

[114] Gesetzlich ist es nach wie vor ausgeschlossen, nach der Ehe voneinander unterschiedliche Nachnamen zu behalten. Hierzu § 750 BGB: „A husband and wife shall adopt the surname of the husband or wife in accordance with that which is decided at the time of marriage". Vgl. http://www.japaneselawtranslation.go.jp/law/detail/?re=2&x=0&y=0&co=01&ia=03&kn[]=%E3 %81 % BF&ky=civil+law&page=14.

[115] *Alexy*, Theorie der juristischen Argumentation (Anm. 11), S. 326: „(1) die stabilisierende, (2) die Fortschritts-, (3) die Entlastungs-, (4) die technische, (5) die Kotroll-, und (6) die heuristische Funktion".

[116] *Shigeaki Tanaka*, Hoteki Shiko to ha Nanika? [Grundfrage nach dem Rechtsdenken], 1989, S. 151–184. Der Beitrag der dogmatischen Argumente zur Rationalität der juristischen Entscheidung wurde von *Tanaka* – anders als sein Vorreiter in diesem Gebiet, *Takeyoshi Kawashima*, Kagaku to shite no Horitsugaku [Jurisprudenz als Wissenschaft], 1964, S. 3–80; *ders.*, Aru Hogakusha no Kiseki [Memorien], 1978, S. 311 ff. – zu Recht offengelegt.

[117] Zur Ausrichtung der Verfassungsrechtswissenschaft im Augenblick und in Zukunft vgl. *Atsushi Takada*, Die Eigenschaften der deutschen Staatsrechtslehre und ihre künftigen Herausforderungen, in: Christoph Schönberger (Hrsg.), Der „German Approach", 2015, S. 55–73; *Yuhiko Miyake*, Besprechung, in: The Social Science Review (SAITAMA-Univ.), No. 151, 2017, S. 21–29. Zur Methodenentwicklung im Zivilrecht vgl. *Keizo Yamamoto*, Nihon ni okeru Minpo Kaishaku Hohoron no Hensen to Tokushitsu [Wandel und Eigenheit der Methodenlehre im Zivilrecht in Japan], Minshoho Zasshi, 154 (2018), S. 1–35.

[118] Zur Kopplung zwischen Praxis und Grundlagen wie Rechtsphilosophie oder Rechtsgeschichte kommt die Verfassungstheorie als „Schnittstellenmanagement für die Verfassungsdogmatik" in Frage. Vgl. hierzu *Jestaedt*, Verfassung hinter der Verfassung (Anm. 18), S. 69.

[119] Als an der deutschen Staatsrechtslehre orientiert, vgl. *Lepsius*, Relationen: Plädoyer für eine bessere Rechtswissenschaft (Anm. 50), S. 4.

Die Aufgabe, die die Dogmatik stellt

Es sei abschließend kurz wiederholt: „Verfassungsdogmatik" setzte sich in Japan durch, nicht weil sie als Kommunikationsplattform für Wissenschaft und Praxis zum Einsatz gekommen ist. Die Dogmatik verlor an originärer Doppelbedeutung. Ohne dogmatische Verbindung dividierten Wissenschaft und Praxis auseinander. Es ist weniger von Symbiose, denn von Dichotomie die Rede. Die Verfassungsentwicklung, die aus der Wechselwirkung zwischen Verfassung und Gesetzen besteht, ist aber von einem *rechtsprechungs*orientierten Diskurs im Rahmen der Wissenschaft und einer *wissenschafts*orientierten Judikatur abhängig. Dazu ist über die eigene Denktradition zu reflektieren. Wer Verfassungsdogmatik als „Dogmatik" begreift, hat Veranlassung, sein *Selbstverständnis* und seine *Selbsterkenntnis* als „Dogmatik" zu reflektieren[120]. In der Bundesrepublik ist dagegen nach dem Räsonnement über den *Modernisierungszwang* der Denktradition, bei dem die Orientierungsfähigkeit und disziplinäre Gewaltenteilung im Fokus der Überlegungen stehen, gefragt, sofern man nicht erste Schneisen zum Wechsel zur Selbstbindung durch Präjudizien[121] schlägt.

[120] Im deutschen Kontext zum Vergleich mit Frankreich vgl. *Schönberger*, Der „German Approach" (Anm. 6), S. 8.

[121] *Schlink*, Abschied von der Dogmatik (Anm. 20), S. 161.

Kollisionslösung durch Gesetz

Kommentar zu dem Referat von Mitsuhiro Matsubara*

Christian Waldhoff

Mitsuhiro Matsubara hat das ihm gestellte Thema durchaus eigenwillig, wie es vor allem aus einer Beobachterperspektive möglich ist, aufgefasst und entfaltet. Er verbindet nämlich die Frage nach der Fähigkeit zur Konfliktlösung (Kollisionslösung) durch einfaches Gesetz vor der Verfassung mit dem Problem des grundsätzlichen Verhältnisses von Recht und Rechtsdogmatik – speziell wiederum auf die Ebene der Verfassung bezogen.

In meinem Kommentar drehe ich das um und versuche zunächst eine Art Tableau für Kollisionslösungen durch Gesetz – unter der Generalüberschrift „Verfassungsentwicklung im Gesetz" kann damit nur gemeint sein, welche Verfassungs-, insbesondere Grundrechtskonflikte durch das einfache Gesetz „gelöst" werden – zu entwickeln[1]. Erst anschließend möchte ich auf die Gedanken von *Matsubara* zur Rolle von Rechtsdogmatik und Rechtstheorie, v. a. von Verfassungsrechtsdogmatik und Verfassungstheorie eingehen.

1. Die Frage nach Kollisionslösungen durch Gesetz kann, wie meist, historisch und systematisch angegangen werden.

a) Seit dem Aufkommen moderner Verfassungen im deutschen Bereich, d. h. seit dem 19. Jahrhundert, hat sich das Verhältnis von Verfassung und Gesetz grundlegend gewandelt. Aufgrund des herrschaftsmodifizierenden Verfassungsmodells des Konstitutionalismus wurden die Grundrechte nicht vorstaatlich verstanden, konnten mithin als vom Monarchen gewährte Rechte auch nicht den Gesetzgeber binden[2]. Die Grundrechte umrissen den Bereich, der als „Eingriffe in Freiheit und Eigentum" über die Figur der Lehre vom Vorbehalt des Gesetzes *den Bereich* des Gesetzes, nicht jedoch dessen *Inhalte* bezeichnete[3]. Das Gesetz, das nach *Kant*

---

* Die Vortragsform wurde beibehalten.

[1] Hierzu können aus dem deutschen Schrifttum zwei Habilitationsschriften hervorgehoben werden: *Matthias Jestaedt*, Grundrechtsentfaltung im Gesetz, 1999, der das normhierarchische Zusammengreifen von Grundrechten und Gesetz als methodisches Problem zwischen Rechtserkenntnis, Rechtsetzung und Rechtskonkretisierung analysiert; *Matthias Cornils*, Die Ausgestaltung der Grundrechte, 2005, der sich vor allem der Normprägung von Schutzbereichen zuwendet.

[2] *Dieter Grimm*, Deutsche Verfassungsgeschichte 1776–1866, 1988, S. 110 ff., 132 ff.

[3] *Grimm* (Fn. 2), S. 116 ff.

die Freiheitssphäre des Einen mit der Freiheitssphäre des Anderen koordiniert, hatte insofern „freie Bahn“. Inhaltliche Maßstäbe empfing es aus der Verfassung nicht. Das liberale Verfassungsverständnis des Konstitutionalismus ging davon aus, dass allein die Mitwirkung der Volksvertretung an der Gesetzgebung die Freiheitssphäre und damit das, was durch die Grundrechte gesichert werden sollte, schützt[4]. Das dort repräsentierte liberale Bürgertum werde keine Gesetze zulassen, die es willkürlich oder übermäßig belasten. Freiheits- und Gleichheitssicherung ist vollständig formalisiert. Ob man insoweit überhaupt von einer Konkretisierung der Verfassung durch Gesetz sprechen möchte, ist fraglich. *Bismarck* hatte das Fehlen von Grundrechten in der Reichsverfassung von 1871 noch damit gerechtfertigt, diese würden maßgeblich durch das einfache Gesetz, schlicht durch die Rechtsordnung gewährleistet, müssten also nicht im Verfassungstext aufscheinen[5]. Dieses Modell musste sich ändern, sobald der Gesetzgeber an die Grundrechte gebunden war[6]. In Weimar blieb dies in einer Schwebelage[7], unter dem Grundgesetz ist es in Art. 1 Abs. 3 GG ausdrücklich angeordnet. Der Gesetzgeber, der die Freiheitssphären der Beteiligten voneinander abgrenzen bzw. einander zuordnen soll, muss sich bei seiner Aufgabe nun verfassungsrechtlich rückversichern. Die Kollisionsauflösung ist materiell angereichert – materiell angereichert durch die verfassungsrechtlichen Vorgaben, die der Gesetzgeber zu beachten hat. Damit ist, v. a. wenn eine kompetenziell gut ausgestattete und in Handeln wie Selbstverständnis selbstbewusste Verfassungsgerichtsbarkeit existiert, eine entscheidende Kontrollebene für die Gesetzgebung eingezogen, die auch (ohne das es zu einem verfassungsgerichtlichen Verfahren kommt) Vorwirkungen im politischen Prozess hat[8]. Treffend ist insofern vom Gesetzgeber als „Erstinterpreten“ (*Paul Kirchhof*) der Verfassung gesprochen worden. Besonders intrikat wird dies, wenn es sich nicht um ein bipolares Verhältnis, sondern um eine Dreiecksbeziehung handelt. Seit dem epochemachenden *Lüth*-Urteil von 1958 ist die Ausstrahlungswirkung der Grundrechte in die gesamte Rechtsordnung, vor allem auch in Privatrechtsbeziehungen

---

[4] *Thomas Würtenberger*, Von der Aufklärung bis zum Vormärz, in: Merten/Papier (Hrsg.), Handbuch der Grundrechte, Bd. 1, 2004, § 2 Rdnr. 77 ff.

[5] Zu der Diskussion insgesamt *Jörg-Detlef Kühne*, Von der bürgerlichen Revolution bis zum Ersten Weltkrieg, in: Merten/Papier (Hrsg.), Handbuch der Grundrechte, Bd. 1, 2004, § 3 Rdnr. 77 ff.

[6] Zu diesem Vorrang der Verfassung *Rainer Wahl*, Der Vorrang der Verfassung, Der Staat 20 (1981), S. 485 ff.; *Thorsten Kingreen*, Vorrang und Vorbehalt der Verfassung, in: Isensee/Kirchhhof (Hrsg.), Handbuch des Staatsrechts der Bundesrepublik Deutschland, Bd. 12, 3. Aufl. 2014, § 263 Rdnr. 6 ff.

[7] *Klaus Kröger*, Grundrechtsentwicklung in Deutschland, 1998, S. 46 ff.; zur Grundrechtsentwicklung unter der WRV insgesamt *Horst Dreier*, Grundrechtsrepublik Weimar, in: Dreier/Waldhoff (Hrsg.), Das Wagnis der Demokratie, 2. Aufl. 2018, S. 175 ff.

[8] Zu dem Verhältnis von Verfassungsgerichtsbarkeit und Gesetzgebung *Christoph Gusy*, Parlamentarischer Gesetzgeber und Bundesverfassungsgericht, 1985; *Klaus Schlaich/Stefan Korioth*, Das Bundesverfassungsgericht, 11. Aufl. 2018, Rdnr. 530 ff.

anerkannt[9]. Konflikte etwa zwischen der Meinungsäußerungsfreiheit einerseits, dem Persönlichkeitsrecht andererseits werden zwar einfachrechtlich verhandelt, sie sind durch die Einstrahlung von Grundrechten und damit von Verfassungsrecht in die einfachgesetzliche Rechtsordnung jedoch von vornherein verfassungsrechtlich überlagert[10]. Kollisionen können damit im Ergebnis nur durch ein nicht nur verfahrensmäßig korrektes und verbandskompetenziell ermächtigtes, sondern auch durch ein verhältnismäßiges Gesetz aufgelöst werden. Nach richtiger Ansicht ist ein solches Gesetz auch bei vorbehaltlos gewährleisteten Grundrechten erforderlich, weil die Eingriffsanforderungen andernfalls geringer wären als bei unter Gesetzesvorbehalt stehenden Garantien[11].

b) Die Kollisionslösung von Verfassungs- / Grundrechtskonflikten durch das Gesetz kann und muss auch systematisch aufbereitet werden.

aa) Jenseits des Grundrechtsteils gehört es zur Regelungstechnik des Grundgesetzes, mittels sog. organisationsrechtlicher Gesetzesvorbehalte die Verfassungskonkretisierung dem einfachen (Bundes-)Gesetzgeber zu überantworten[12]. Bekannteste Beispiele sind Art. 21 Abs. 4 und Art. 38 Abs. 3 GG. Im Parteienrecht führt dies dazu, dass etwa die Bestimmung dessen, was als politische Partei anzusehen ist, im Wege quasi-authentischer Verfassungsinterpretation dem Gesetzgeber überantwortet wird[13]. Das von *Walter Leisner* auf den Punkt gebrachte Problem wird damit offenbar: „Von der Verfassungsmäßigkeit der Gesetze zur Gesetzmäßigkeit der Verfassung"[14].

Heikel ist die Tatsache, dass das Grundgesetz kein Wahlsystem, sondern nur Wahlrechtsgrundsätze vorschreibt[15]. Man könnte daher an einen weiten Gestaltungsraum des Wahlgesetzgebers denken; das Bundesverfassungsgericht freilich wendet m. E. nicht stets überzeugend die als Kontrollmaßstab fungierenden Grundsätze ausgesprochen streng an[16].

---

[9] BVerfGE 7, 198; zum zeitgeschichtlichen Hintergrund der Entscheidung *Thomas Henne/Arne Riedlinger* (Hrsg.), Das Lüth-Urteil aus (rechts-)historischer Sicht, 2005; zur Ausstrahlungswirkung der Grundrechte in das Privatrecht insgesamt *Matthias Ruffert*, Vorrang der Verfassung und Eigenständigkeit des Privatrechts, 2001.

[10] Vgl. etwa nur die „Caroline-Rechtsprechung" BVerfGE 101, 361, einerseits, EGMR, NJW 2004, 2647, andererseits.

[11] BVerfGE 107, 104 (120); *Thorsten Kingreen/Ralf Poscher*, Grundrechte. Staatsrecht II, 36. Aufl. 2020, Rdnr. 386.

[12] Zu den organisationsrechtlichen Gesetzesvorbehalten allgemein *Hartmut Maurer/Christian Waldhoff*, Allgemeines Verwaltungsrecht, 20. Aufl. 2020, § 6 Rdnr. 30.

[13] *Christian Waldhoff*, Parteien-, Wahl- und Parlamentsrecht, in: Herdegen/Masing/Poscher/Gärditz (Hrsg.), Handbuch des Verfassungsrechts, Teil 2, Rdnr. 17 (im Erscheinen).

[14] *Walter Leisner*, Von der Verfassungsmäßigkeit der Gesetze zur Gesetzmäßigkeit der Verfassung, 1964.

[15] *Waldhoff*, Parteien-, Wahl- und Parlamentsrecht (Anm. 13), Teil 3, Rdnr. 8 ff.

[16] Vgl. etwa BVerfGE 121, 266; 123, 39; 129, 300; 131, 316; 132, 39; 135, 259; 146, 327; NJW 2019, 1201.

Die hier angedeuteten „Kollisionslösungen“ durch Gesetze verharren im staatsorganschaftlichen Bereich und bringen antagonistische Zielvorstellungen der Verfassung konkretisierend zu einem Ausgleich. Wenden wir uns dem Staat-Bürger-Verhältnis und damit den Grundrechten zu.

bb) Bei den Grundrechten können zwei Kollisionssituationen unterschieden werden: Der Ausgleich zwischen staatlichen, allgemeinen Interessen und den Freiheitsinteressen des Einzelnen, d.h. bipolare Grundrechtskonflikte; dann die komplexeren Ausgleiche zwischen den grundrechtlich unterfangenen Interessen unterschiedlicher Privater[17]. Der Kürze der zur Verfügung stehenden Zeit geschuldet konzentriere ich mich auf Letzteres. Wie kategorial diese Unterscheidung wirklich ist, müsste ohnehin noch genauer untersucht werden. Die meisten Sachbereiche berühren beide Konstellationen: Ging es etwa im Datenschutz – ich denke an das Volkszählungsurteil von 1983 als Ausgangspunkt[18] – zunächst um die Abwehr wirklicher oder vermeintlicher staatlicher Übergriffe in die Privatsphäre der Bürger, sind die heute aktuellen Fälle eher durch den Schutz vor mächtigen privaten Akteuren geprägt[19]. Nur durch „neue“ Grundrechtsdimensionen kann dies grundrechtlich eingefangen werden (Schutzpflichten / Ausstrahlungwirkung)[20]. Auch in vermeintlich „klassischen“ polizeirechtlichen Rechtsgebieten wie dem Straßenverkehrsrecht wird dies deutlich. Das Gesetz ist hier zunächst freiheitsermöglichend, indem es trotz seines Eingriffscharakters Freiheit gewährleistet. Das Beispiel aus der Vorlesung ist das Rechtsfahrgebot im Straßenverkehr[21]: Inhaltlich gibt es keinen Grund, warum im Straßenverkehr wie in Deutschland rechts oder wie in Japan links gefahren wird; für einen fließenden und sicheren Straßenverkehr ist nur notwendig, dass das *einheitlich* verbindlich festgelegt ist. Auch durch Verkehrszeichen kundgetane Geschwindigkeitsbegrenzungen, Überholverbote, Vorfahrtsregeln usw. setzen letztlich weniger staatliche Interessen durch, als dass sie die Freiheitssphären der Straßenverkehrsteilnehmer koordinieren, insofern sie Kollisionen von Freiheitsansprüchen regulieren. Während das Straßenverkehrsgesetz und die darauf beruhende Straßenverkehrsordnung die tatbestandlichen Voraussetzungen für solche Regelungen des Straßenverkehrs normieren, ist der (einzige) substantielle Kontrollmaßstab auf der verfassungsrechtlichen Ebene der Verhältnismäßigkeitsgrundsatz.

---

[17] *Horst Dreier*, in: ders. (Hrsg.), Grundgesetz. Kommentar, Bd. 1, 3. Aufl. 2013, Vorbemerkungen vor Artikel 1 GG, Rdnr. 96 ff.

[18] BVerfGE 65, 1.

[19] Vgl. nur *Marion Albers*, Datenschutzrecht, in: Ehlers/Fehling/Pünder (Hrsg.), Besonderes Verwaltungsrecht, Bd. 2, 4. Aufl. 2020, § 62 Rdnr. 6 f. m. w. N.

[20] Zu den Grundrechtsdimensionen insgesamt *Horst Dreier*, in: ders. (Hrsg.), Grundgesetz. Kommentar, Bd. 1, 3. Aufl. 2013, Vorbemerkungen vor Artikel 1 GG, Rdnr. 82 ff.; *Hans D. Jarass*, Funktionen und Dimensionen der Grundrechte, in: Merten/Papier (Hrsg.), Handbuch der Grundrechte, Bd. 2, 2006, § 38.

[21] Vgl. § 2 Abs. 2 StVO.

Einen Sonderfall bilden die sog. normgeprägten Grundrechte, in denen der geschützte Freiheitsbereich selbst schon durch Gesetz wenn nicht definiert, so doch ausgeformt erscheint[22]. Hier werden Freiheitskollisionen – grundrechtsdogmatisch gesprochen – schon auf der Tatbestands-/Schutzbereichsebene zumindest „vorgeklärt" bzw. „vorjustiert". Die Eigentumsgarantie des Art. 14 GG[23] und der von *Matsubara* als Beispiel herangezogene Schutz der Ehe in Art. 6 Abs. 1 GG[24] sind die wichtigsten Beispiele. Die Normprägung bedeutet in der Sache, dass die (Erst-)Definitionsmacht dem politischen Prozess überantwortet wird. Die Öffnung des Ehebegriffs in Deutschland durch den Deutschen Bundestag 2017 ist ein anschauliches Beispiel. Das Problem liegt dann freilich auf der (verfassungsgerichtlichen) Kontrollebene. Bei der Eigentumsgarantie kommt es zu in der Grundstruktur zirkulären Abwägungen, ob schon die gesetzliche Ausgestaltung an sich verhältnismäßig ist (bevor überhaupt ein externer Eingriff o.ä. stattfinden kann)[25]; beim Ehebegriff geht es darum, als wie offen sich die historischen Begriffe des Schutzbereichs im Lauf der Zeit erweisen[26].

Um es noch einmal zu verdeutlichen: Mir geht es an dieser Stelle nicht um die konkrete „Lösung" von Kollisionsfragen, ich möchte nur eine Art Systematik der Kollisionslösung durch Gesetz andeuten.

2. Die Besonderheit des Referats von *Mitsuhiro Matsubara* besteht darin, dass er die methodische Ebene durch die Einbeziehung von Verfassungsrechtsdogmatik und Verfassungstheorie zu einem Schwerpunkt seiner Überlegungen gemacht hat. Auch darauf möchte ich noch kurz eingehen. Sehr schön und m.E. völlig überzeugend beschreibt er die „Wechselwirkung zwischen Verfassung und Gesetzen" als „interaktiven Prozess". Die auf Dauer angelegte und dabei notwendig bis zu einem gewissen Grad statische Verfassung wird mit der sich stets wandelnden Gegenwart durch die gesetzliche Konkretisierung gleichsam kompatibel. Mir ist in diesem Zusammenhang noch der (die Ebene des einfachen Rechts betreffende) Vergleich mit den zivilrechtlichen Generalklauseln gekommen, die (auch ganz unabhängig von „Lüth") Ventile oder Scharniere sind, um gesellschaftlichen Wandel usw. für das (Zivil-)Recht einzufangen[27]. *Matsubara* geht es um das Verhältnis der unterschiedlichen Zugänge zum (Verfassungs-)Recht, um die Vor- und Nachteile unterschiedlicher Herangehensweisen. Er erweist sich als intimer Kenner der aktuellen deutschen Diskussionen. Verfassungstheorie dient ihm dabei dazu, „Material" für die Verfassungsrechtsdogmatik zur Verfügung zu stellen, die Dogmatik sei dann

---

[22] Zu diesen insgesamt und umfassend *Cornils*, Ausgestaltung der Grundrechte (Anm. 1).

[23] *Kingreen/Poscher* (Anm. 11), Rdnr. 1031.

[24] Ebd., Rdnr. 748.

[25] *Kingreen/Poscher* (Anm. 11), Rdnr. 1032ff.

[26] *Michael Germann*, Dynamische Grundrechtsdogmatik von Ehe und Familie? VVDStRL 73 (2014), S. 257ff.

[27] Dazu grundsätzlich *Marietta Auer*, Materialisierung, Flexibilisierung, Richterfreiheit, 2005.

nicht „abgeschlossen". Das kann man so sehen. Ein richtiges Dogmatikverständnis würde freilich von vornherein nicht von einer „Abschließung" derselben ausgehen[28]. Ich würde die Zuordnung der beiden Subdisziplinen einer Wissenschaft von der Verfassung[29] eher in ihrer methodischen Unterscheidung sehen: Die Dogmatik nach deutschem Veständnis bewegt sich „im" Rechtssystem, die Theorie bespiegelt die Verfassung „von außen".

Eine vergleichende Analyse muss dabei zentral den unterschiedlichen Praxisbezug der deutschen und der japanischen Staatsrechtslehre einbeziehen. Die überragende Stellung und Bedeutung des Bundesverfassungsgerichts in Deutschland dürfte der Hauptgrund für die Dominanz dogmatischen Arbeitens in der Gegenwart sein. Das erhellt nicht zuletzt aus einem Vergleich zur Situation in der Weimarer Republik. Für die Weimarer Staatsrechtslehre war die Auseinandersetzung mit der staatsrechtlichen Rechtsprechung wenn nicht irrelevant, so doch randständig[30]. Das lag nicht zuletzt daran, dass es insoweit kaum Judikatur gab und geben konnte. Die Interessenfelder verfassungsrechtlichen Räsonnements und die Struktur der Fachliteratur spiegeln dies deutlich. Womöglich – aber das ist nur eine Vermutung meinerseits, die ich hier nicht beweisen kann – ist in gewisser Weise die heutige japanische Situation vergleichbar, sofern es um die Stellung der Rechtsprechung in der staatsrechtlichen Diskussion geht. *Matsubara* spricht von der vertanen Chance der japanischen Verfassungsrechtswissenschaft, sich von der durch das Verwaltungsrecht inspirierten Methode unter der geltenden Verfassung von 1946 abzukoppeln. Die dogmatische Herangehensweise bezeichnet er dabei als „institutionelle" Seite unserer Wissenschaft, die nichtdogmatische dementsprechend als „uninstitutionelle". Meine eigene Meinung geht dahin, dass es in der Sache nur um die Zuordnung, um die Austarierung, um den „Mix" der unterschiedlichen methodischen Herangehensweisen gehen kann. Die Aufgabe der dogmatischen Methode, die – soweit ersichtlich – auch niemand fordert, würde der deutschen Staatsrechtslehre ein Teil ihres Propriums, eine einzigartige Stärke, nämlich die Verbindung mit der Praxis, nehmen und sie von einer anwendungsorientierten zu einer reinen Reflexionswissenschaft machen. Das muss man wollen, ich will es nicht. Auf der anderen Seite gab es Zeiten dogmatischer Dominanz, die zu einer Verarmung der Beschäftigung mit der Verfassung bei gleichzeitig gewollter oder ungewollter Abschottung gegenüber anderen Disziplinen führten[31], die aber, wenn der Schein nicht trügt, überwunden oder in der Überwindung befindlich sind. Ich

---

[28] Zur Diskussion über Dogmatik in Deutschland vgl. etwa den Sammelband *Gregor Kirchhof/ Stefan Magen/Karsten Schneider* (Hrsg.), Was weiß Dogmatik?, 2012.

[29] Zur Positionierung von Verfassungstheorie *Matthias Jestaedt*, Verfassungstheorie als Disziplin, in: Depenheuer/Grabenwarter (Hrsg.), Verfassungstheorie, 2010, § 1.

[30] Zur Weimarer Staatsrechtslehre insgesamt etwa *Manfred Friedrich*, Geschichte der deutschen Staatsrechtswissenschaft, 1997, §§ 21–23.

[31] Dahingehende Kritik etwa bei *Oliver Lepsius*, Kritik der Dogmatik, in: Kirchhof/Magen/ Schneider (Hrsg.), Was weiß Dogmatik? 2012, S. 39 ff.

vermute freilich, dass das Verhältnis der unterschiedlichen methodischen Herangehensweisen in einer Rechtsordnung mit einem anderen Setting der Verzahnung von Wissenschaft und Rechtsprechung anders aussieht und anders aussehen müsste. Eine dogmatische Verengung in einem System, in dem die Rechtsprechung nur wenig oder letztlich (explizit) keine Notiz von der Wissenschaft nimmt, insofern also kein institutionalisierter „Dialog" stattfindet, könnte sich zur Verarmung oder Bedrohung auswachsen.

Teil V

Polizeiliche Tätigkeit und Datenschutz

Die Informationserhebung und -verarbeitung durch die Polizei und der Schutz personenbezogener Daten

Yuki Tamamushi

I. Einleitung

Der Ausgleich zwischen individueller Freiheit und öffentlicher Sicherheit ist auch in Japan zur zentralen Frage der Sicherheitspolitik und der sicherheitsrechtlichen Dogmatik geworden[1].

Die neue Informationstechnik ermöglicht den Polizeibehörden die weitreichende Erhebung und Verarbeitung sicherheitsrelevanter Informationen. Durch eine Vernetzung der den Polizeibehörden zugänglichen personenbezogenen Daten lassen sich ferner umfassende Persönlichkeitsprofile erstellen. Zu den neuen Techniken, die den Polizeibehörden zur Erhebung und Verarbeitung sicherheitsrelevanter Informationen zur Verfügung stehen, gehören offene und geheime Videoüberwachung, satellitengestützte Überwachung (GPS-Überwachung), verschiedene Techniken der Telekommunikationsüberwachung, die Identifizierung

[1] *Go Koyama*, Kanshikokka to Houchikokka (Überwachungsstaat und Rechtsstaat), Jurist 2008, Bd. 1356, S. 48 ff., *Shusuke Osawa/Makoto Arai/Satoshi Yokodaido* (Hrsg.), Henyousuru Terrorism to Hou (Verändernder Terrorismus und Recht), 2017, S. 373 ff., *Nobuhiko Kawamata*, Das Recht auf Sicherheit, in: Rainer Wahl (Hrsg.), Verfassungsänderung, Verfassungswandel, Verfassungsinterpretation, 2008, S. 369 ff.

von Personen durch genetischen Fingerabdruck, Vorratsdatenspeicherung, die Einrichtung zentraler Dateien (wie etwa einer DNA-Datei im Nationalpolizeiamt) und die Verknüpfung personenbezogener Daten aus den verschiedenen Bereichen (wie etwa die landesweite, ämterübergreifende Vernetzung personenbezogener Daten durch das System My Numbers). Zwischen Deutschland und Japan besteht in dieser Hinsicht kein großer Unterschied.

Zwar dienen diese Möglichkeiten dem Zweck der Gefahrenabwehr und damit der Gewährleistung der öffentlichen Sicherheit; der ungehemmte und unbegrenzte Einsatz dieser technischen Möglichkeiten sicherheitsrechtlicher Überwachung führt jedoch zum Verlust individueller Freiheit. Daher bestimmt sich das erreichbare Maß an Sicherheit aus einer Abwägung mit den gegenläufigen Belangen der individuellen Freiheit.

Die Verfassung verlangt insbesondere vom Gesetzgeber und (besonders in Japan) subsidiär von der Justiz, die Balance zwischen individueller Freiheit und öffentlicher Sicherheit zu wahren. Es ist die ureigene Aufgabe des demokratisch legitimierten Gesetzgebers, die individuellen Freiheitsrechte mit öffentlichen Belangen in Einklang zu bringen und eine entsprechende Regulierung im Gesetz zu verankern. Angesichts der in Japan auf die Prüfung konkreter Fälle begrenzten Verfassungsgerichtsbarkeit soll sich die Entscheidung des Gerichts auf die Lösung konkreter Konflikte richten[2] und ist in diesem Sinn nachrangig[3]. Nur wenn die gesetzliche Regelung verfassungsrechtlich ungenügend oder unsachgemäß ist, kann und muss das Gericht einschreiten und die Balance zwischen individueller Freiheit und gemeinschaftlicher Sicherheit wiederherstellen.

Beispiele sicherheitsrechtlicher Gesetzgebung gibt es in Japan nur wenige. Allerdings hat das japanische Parlament während der Vorbereitungen auf die Olympischen Sommerspiele in Tokio einige relevante Gesetzesänderungen verabschiedet, die auf Terrorismusbekämpfung zielen. Im Jahr 2016 wurde das Gesetz zur Überwachung von Kommunikation geändert, wodurch etwa die bisher auf Drogen- oder Schusswaffendelikte beschränkte Abhörmaßnahme nun auch bei Totschlag, Entführung oder Betrug möglich ist. Im Jahr 2017 änderte das Parlament außerdem das Gesetz zur Bestrafung von organisiertem Verbrechen. Speziell wurde die Bestimmung, die die Bestrafung von Planung oder Vorbereitung eines Terrorakts vorsieht, neu gefasst. Um Planung oder Vorbereitung von Terrorakten bestrafen zu können, müssen Polizeibehörden notwendigerweise die Kommunikation von Bürgern überwachen.

In diesen Gesetzen erkennt der Gesetzgeber die präventive Informationserhebung durch die Polizeibehörden weitgehend als zur Gefahren- und Risikoabwehr erforderlich an. Dem Schutz der bürgerlichen Freiheiten werden diese

---

[2] Vgl. Urteil des OGH vom 8.10.1952, Minshu, Bd. 6, Nr. 9, S. 783.

[3] Vgl. *Yoichi Higuchi/Hisao Kuriki*, Kenpou to Saiban (Verfassung und Rechtsprechung), 1988, S. 169 (*Kuriki*).

Gesetze allerdings nicht gerecht. Je weiter die polizeilichen Überwachungsmaßnahmen in das Vorfeld konkreter Gefahren ausgreifen, desto höher sind auch die Anforderungen an Bestimmtheit und Klarheit sowie an Verfahrenssicherungen, denen die gesetzlichen Ermächtigungen genügen müssen. Zumindest unter dem Gesichtspunkt der Bestimmtheit ist der Schutz der verfassungsrechtlich garantierten Freiheitsrechte in diesen Gesetzen unzureichend.

Im Vergleich zu Deutschland weist die Entwicklung im Bereich sicherheitsrechtlicher Überwachung in Japan einige Besonderheiten auf: Zum einen – auf der materiellen Seite – haben sich die gerichtlichen Kontrollen der polizeilichen Informationstätigkeiten bisher auf die Kontrolle der Erhebung und Weitergabe personenbezogener Daten beschränkt, zum anderen – auf der formellen Seite – fehlt es der polizeilichen Informationserhebung und -verarbeitung an ausdrücklichen gesetzlichen Ermächtigungen. Die Gründe für diese sicherheitsrechtlichen Besonderheiten Japans sind vielschichtig.

II. Gerichtliche Kontrolle der Erhebung und Weitergabe personenbezogener Daten

1. Erhebung personenbezogener Daten

Nach Ansicht des obersten Gerichtshofs (OGH) Japans liegt ein Eingriff in das Recht auf Privatsphäre vor, wenn die Polizeibehörden personenbezogene Daten erheben oder an Dritte weitergeben. Daher müssen die Erhebung und Weitergabe sowie die Veröffentlichung personenbezogener Daten durch Polizeibehörden durch das „Gemeinwohl" (Art. 13 Japanische Verfassung, im Folgenden JV) gerechtfertigt sein.

Als besonders wichtiges Beispiel für eine Einschränkung der Erhebung personenbezogener Daten durch die Polizeibehörden sei das Urteil des OGH vom 24.12.1969 (*Kyoto-fu Gakuren*)[4] genannt. In dem betreffenden Fall ging es um die Rechtmäßigkeit heimlicher Aufnahmen des Gesichts oder des Aussehens von Demonstranten durch Polizeibeamte. Der OGH verweist auf den verfassungsrechtlichen Schutz vor der visuellen Erfassung des Gesichts oder des Aussehens des Menschen: „Art. 13 der Verfassung sieht wie folgt vor: ‚Alle Bürger sollen als Individuum respektiert werden. Ihre Rechte auf Leben, Freiheit und Streben nach Glück bedürfen, sofern sie das Gemeinwohl nicht beeinträchtigen, der höchsten Achtung in Gesetzgebung und den Organen der Staatsverwaltungen.' Die Bestimmung ist so zu verstehen, dass das Privatleben der Bürger vor der Ausübung der Staatsgewalt einschließlich der Polizeigewalt geschützt werden soll. Als ein Teil der bürgerlichen Freiheit im Privatleben hat jeder das Recht, dass sein Gesicht oder

[4] Urteil des OGH vom 24.12.1969, Keishu, Bd. 23, Nr. 12, S. 1625.

sein Aussehen nicht ohne Zustimmung oder ausreichenden Grund aufgenommen werden darf. Abgesehen davon, ob ein solches Recht als das Recht am eigenen Bild bezeichnet werden kann, ist es ein Verstoß gegen Art. 13 der Verfassung und deswegen unzulässig, wenn ein Polizeibeamter ohne ausreichenden Grund Gesicht oder Aussehen von Bürgern aufnimmt."

Gleiches gilt auch für das Urteil des OGH vom 15.12.1995[5] über den erzwungenen Fingerabdruck. Die systematische Erfassung des Fingerabdrucks, wie sie das Gesetz über die Registrierung von Ausländern vorsieht, berührt, so der OGH, die bürgerliche Freiheit im Privatleben; gemäß Art. 13 JV habe jeder „das Recht, die Abnahme von Fingerabdrücken zu verweigern, es sei denn, es liegt ein ausreichender Grund vor". Daher stehe es im Gegensatz zum Sinn dieses Artikels, und für die Staatsorgane sei es mithin unzulässig, jemanden ohne ausreichenden Grund dazu zu zwingen, den Fingerabdruck abzugeben.

In beiden Fällen hat der OGH es für den Inhalt der verfassungsrechtlichen Gewährleistung des Rechts auf Privatsphäre gehalten, dass personenbezogene Daten nicht ohne ausreichenden Grund durch die Staatsorgane erhoben werden dürfen. Nach Ansicht des OGH verstößt die ungerechtfertigte Erhebung personenbezogener Daten gegen das durch Art. 13 JV geschützte Recht auf Privatsphäre.

2. Veröffentlichung personenbezogener Informationen

In Bezug auf die Veröffentlichung personenbezogener Daten hat das Urteil des Landesgerichts Tokio vom 28.09.1964 (*Utage no ato*)[6] Präzedenzcharakter gewonnen. Mit diesem Urteil wurde ein Fall entschieden, in dem das Privatleben eines Politikers in einem Roman öffentlich gemacht wurde. Auch hier sah das Gericht den Schutzumfang von Art. 13 JV verletzt. Dabei hat das Gericht aus Art. 13 JV das Recht, dass das Privatleben ohne ausreichenden Grund nicht veröffentlicht wird, abgeleitet.

Der OGH stellte in seinem Urteil zur Einwohnermelde-Datenbank (Urteil vom 06.03.2008, *Jyuki-Net*)[7] klar, dass durch Art. 13 JV jedermann vor der Weitergabe seiner personenbezogenen Daten an Dritte und ihrer Veröffentlichung ohne ausreichenden Grund geschützt ist.

Nach diesen Entscheidungen stellt eine Weitergabe oder Veröffentlichung personenbezogener Daten ebenso wie deren Erhebung einen Eingriff in das Recht auf Privatsphäre dar. Die Erhebung, Weitergabe und Veröffentlichung personenbezogener Daten durch die öffentliche Hand können aus diesem Grund gerichtlicher Kontrolle unterliegen. Das gilt selbstverständlich auch für die polizeilichen Informationstätigkeiten. Diese Auslegung des Rechts auf die Privatsphäre ist überzeugend.

---

[5] Urteil des OGH vom 15.12.1995, Keishu, Bd. 49, Nr. 10, S. 842.

[6] Urteil des Landesgerichts Tokio vom 28.09.1964, Kaminshu, Bd. 15, Nr. 9, S. 2317.

[7] Urteil des OGH vom 06.03.2008, Minshu, Bd. 62, Nr. 3, S. 665.

3. Speicherung und Verwendung personenbezogener Daten

Zwischen der Erhebung und der Weitergabe oder Veröffentlichung personenbezogener Daten gibt es noch eine andere Ebene im Umgang mit Informationen beziehungsweise eine andere Stufe des Eingriffs in das Recht auf Privatsphäre: Die erhobenen personenbezogenen Daten können gespeichert oder anderweitig verwendet werden. Je sicherheitsrelevanter die erhobenen Daten sind, desto größer ist das Interesse der Polizeibehörden, solche personenbezogenen Daten in Datenbanken zu speichern und zur Gefahrenabwehr zu verwerten. Mit modernen Datenverarbeitungstechniken lassen sich Daten massenhaft und dauerhaft ohne Qualitätsverlust ansammeln. Der Eingriff in das Recht auf Privatsphäre ist also nicht nur intensiv, sondern auch lang andauernd. Prozesshaft gesehen, bilden die Speicherung und die Verwendung personenbezogener Daten eine eigene Stufe der Datenverarbeitung und der Eingriff in das Recht auf Privatsphäre kann andere Formen annehmen als bei den übrigen Stufen[8].

Anders als das deutsche Grundrecht auf informationelle Selbstbestimmung, dessen Schutzkonzept das Bundesverfassungsgericht in seinem Volkszählungsurteil sehr weit gefasst hat, nämlich als umfassenden Schutz vor der Verarbeitung personenbezogener Daten, der von der Erhebung über die Speicherung oder Verwendung bis hin zur Weitergabe oder Veröffentlichung reicht[9], wurde der grundrechtliche Schutz der Privatsphäre in der Rechtsprechung Japans nur fragmentarisch spezifiziert. Dies liegt in der Natur der Sache, weil die Gerichte in Japan unter der Voraussetzung der inzidenten verfassungsrechtlichen Kontrolle über die Verfassungsmäßigkeit der Staatsakte nur entscheiden können, wenn dies für die Entscheidung des konkreten Falls unerlässlich ist. Die Interpretation und Reichweite des Schutzbereichs des Rechts auf Privatsphäre kann nur für die konkrete Fallgestaltung vorgenommen werden. Die Herausarbeitung der Konturen des Rechts auf Privatsphäre muss auf der Sammlung der konkreten Fälle und der darüber zu treffenden Entscheidungen aufbauen.

4. Verfassungsrechtliche Rechtfertigung der Speicherung und Verwendung personenbezogener Daten

In einigen Fällen haben japanische Gerichte den individuellen Schutz gegen Speicherung und Verwendung personenbezogener Daten nicht anerkannt. So hat das Oberlandesgericht Tokio in einem Fall, in dem es um Videoüberwachung von

[8] *Yuki Tamamushi*, Keisatsu-DNA-database no Gokensei (Zur Verfassungsmäßigkeit der polizeilichen DNA-Datei), Nihon Hougaku, Bd. 82, Nr. 2, 2016, S. 435 ff. Vgl. auch BVerfGE 130, 151 (184): „Vorschriften, die zum Umgang mit personenbezogenen Daten durch staatliche Behörden ermächtigen, begründen in der Regel verschiedene, aufeinander aufbauende Eingriffe. Insbesondere ist insoweit zwischen der Erhebung, Speicherung und Verwendung von Daten zu unterscheiden".

[9] BVerfGE 65, 1 (43).

Passanten und die Aufnahme eines Videofilms durch die Polizeibehörden ging, entschieden, dass präventive Videoüberwachung und Videofilmaufnahmen den Polizeibehörden dann erlaubt sind, wenn ein Verbrechen höchstwahrscheinlich bevorsteht, Beweissicherung erforderlich und dringend und die Videoüberwachung und -filmaufnahme angemessen sind[10]. Die Phase der Aufnahme ist allerdings dabei von der Phase der Überwachung nicht getrennt und die beiden Handlungen sind durch denselben Zweck, d.h. den Zweck der Verhinderung und Aufklärung von Straftaten, gerechtfertigt.

Dieser Auffassung folgte auch das Landesgericht Tokio in einem jüngeren Urteil über die Überwachung von Muslimen durch die Polizeibehörde[11]. Darin heißt es: „Die Kläger machen geltend, dass der Besitz personenbezogener Daten in Form einer Speicherung in der Datenbank der Polizeibehörden selbst in den durch Art. 13 JV garantierten Schutz vor einer Weitergabe und Veröffentlichung personenbezogener Daten ohne ausreichenden Grund eingreift. Da eine Informationserhebung durchgeführt wird, um die erhobenen Informationen zu speichern und zu analysieren, die betreffende Informationserhebung weder Art. 13 JV noch Art. 20 JV [Religionsfreiheit] verletzt und es selbstverständlich ist, dass die Polizeibehörden die Informationen, die rechtmäßig erhoben wurden, besitzen und verwenden können, um sie zu analysieren, verstößt jedoch der betreffende Informationsbesitz nicht gegen Art. 13 JV."

Im Berufungsurteil[12] bestätigte das Oberlandesgericht Tokio die Entscheidung der Ursprungsinstanz. Danach ziele die betreffende Informationstätigkeit nicht darauf, bruchstückhafte Informationen einzeln zu erheben, sondern darauf, die Informationen fortdauernd zu erheben, zu analysieren und zu verwenden. Bei der Beurteilung ihrer Verfassungsmäßigkeit müsse der Einfluss der Erhebung, Speicherung, Analyse und Verwendung der Informationen auf die bürgerliche Freiheit im Privatleben insgesamt in den Blick genommen werden.

Die Gerichte haben die Erhebung personenbezogener Daten und ihre Speicherung als eine laufende und zusammenhängende Handlung betrachtet. Infolgedessen könne die Speicherung personenbezogener Daten zugleich gerechtfertigt sein, wenn ihre Erhebung rechtmäßig erfolgt sei. Ein Teil der Literatur leitet aus dieser Entscheidung die Chance ab, dass die Erhebung personenbezogener Daten restriktiver kontrolliert wird, da das Gericht die nachfolgende Stufe der Informationsverarbeitung in die Betrachtung einbeziehen muss[13]. Eine Zunahme der Kontrolldichte kann jedoch weder im Ursprungsurteil noch im Berufungsurteil festgestellt werden. Nach Ansicht des Gerichts schließt die Erhebung personenbezogener Daten ihre Speicherung und Analyse ein, sodass keine unterschiedlichen Stufen

---

[10] Urteil des Oberlandesgerichts Tokio vom 01.04.1988, Hanrei-Jiho, Nr. 1278, S. 152.

[11] Urteil des Landesgerichts Tokio vom 15.01.2014, Hanrei-Jiho, Nr. 2215, S. 30.

[12] Urteil des Oberlandesgerichts Tokio vom 14.04.2015.

[13] *George Shishido*, Anzen, Anshin und Privacy (Sicherheit, Beruhigung und Privatsphäre), Ronkyu Jurist, Nr. 18, 2018, S. 60 f.

vorliegen. Den Polizeibehörden steht folglich die Speicherung personenbezogener Daten zu, sofern sie die Daten rechtmäßig erworben haben[14].

Die Zwecke der Informationsverarbeitung auf den einzelnen Stufen sind jedoch nicht identisch. Die Ermittlungsorgane erheben in der Regel personenbezogene Daten, um konkrete Tatumstände aufzuklären, die zu diesem Zeitpunkt infrage stehen. Der Zweck der Verbrechensaufklärung kann zwar den Polizeibehörden eine dafür unerlässliche Erhebung personenbezogener Daten erlauben, der Aufklärungszweck rechtfertigt es aber nicht, diese Daten weiterhin zu speichern oder mit anderen Daten zu verknüpfen, nachdem der ursprüngliche Zweck erreicht worden ist. Das Mittel der Datenspeicherung oder -vernetzung dient einem anderen Zweck als dem der Ermittlung in einem konkret geschehenen Verbrechen. Ob die Datenspeicherung oder -vernetzung durch einen anderen, präventiven Zweck gerechtfertigt ist, ist eine andere Frage als die Rechtmäßigkeit der Erhebung. Zwischen diesen Zwecken gibt es, abgesehen von der Identität derjenigen, die die Informationen erheben, objektiv keine Konnexität[15].

Um einen erneuten Eingriff in das Recht auf Privatsphäre – wie ihn die Speicherung oder die nachträgliche Verwendung personenbezogener Daten darstellt – zu rechtfertigen, muss man die Voraussetzungen für die materielle Rechtfertigung überdenken und die Datenspeicherung und -verwendung von der Datenerhebung trennen. Konkret: Das Gericht muss prüfen,

– ob der Zweck der Speicherung oder der nachträglichen Verwendung selbst legitim ist – dies gilt insbesondere für den Bereich des Strafverfahrens,

– ob personenbezogene Daten, die der Gegenstand der Speicherung oder der nachträglichen Verwendung sind, auf das erforderliche Maß reduziert werden,

– und ob der Zweck so wichtig ist, dass er die Speicherung oder die nachträgliche Verwendung auch rechtfertigen kann, wenn wichtige personenbezogene Daten (sensible Daten oder Indexdaten) im Gegenstand der Verarbeitung eingeschlossen sind[16].

Die Schmerzen, die der Einzelne durch eine Erhebung oder eine Veröffentlichung personenbezogener Daten empfindet, lassen sich leicht wahrnehmen, wie der heftige Schmerz einer äußeren Verletzung. Die Schmerzen durch die Speicherung oder die nachträgliche Verwendung personenbezogener Daten sind demgegenüber einem dumpfen Schmerz durch schleichende innere Krankheiten ähnlich und man kann sie deshalb nicht leicht wahrnehmen. Sie untergraben jedoch ohne Zweifel seine Freiheit. Unterschiedliche Krankheitsbilder bedürfen

[14] *Tamamushi* (Anm. 8), S. 438 f.

[15] *Tamamushi* (Anm. 8), S. 438 f.; *Wolfram Schwetzel*, Freiheit, Sicherheit, Terror, 2007, S. 114. Nach *Schwetzel* ist die Informationsbeschaffung zum Zwecke der Verhütung und Verfolgung von künftigen Straftaten grundsätzlich kein Selbstzweck, sondern soll die Voraussetzungen für spätere polizeiliche Maßnahmen, etwa die Gefahrenabwehr, bilden.

[16] *Yuki Tamamushi*, Sosakikan no Johokatsudo to Privacy (Polizeiliche Informationstätigkeiten und Privatsphäre), Hanzai to Keibatsu, Nr. 27, 2018, S. 147.

unterschiedlicher Gegenmaßnahmen. Der Rechtsprechung Japans fehlt es in dieser Hinsicht maßgebend an Erkenntnissen.

III. Mangelnde Bestimmtheit des Vorbehalts des Gesetzes

1. Besondere Probleme in Japan

Ein zweites Problem ist die mangelnde Bestimmtheit des Vorbehalts des Gesetzes in Japan. Die Verwaltungsrechtslehre in Japan, die von der deutschen Verwaltungsrechtslehre beeinflusst ist, betrachtet das Prinzip der gesetzmäßigen Verwaltung als das formelle Grundprinzip für Verwaltungshandeln[17]. Insbesondere legt sie großen Wert auf den Vorbehalt des Gesetzes: Soweit das Handeln der Verwaltung einen Eingriff in Freiheit und Eigentum bewirkt, bedarf es hierfür einer Ermächtigung durch Gesetz. In der Verfassungslehre ist die Lage jedoch etwas komplizierter.

Zum einen lehnte es die Verfassungslehre unter der Japanischen Verfassung von 1946 ab, vom Begriff „Vorbehalt des Gesetzes“ zu sprechen, weil der Begriff in der Zeit der Verfassung des Japanischen Reichs von 1889 verwendet worden war, um die Rechte der Untertanen durch Gesetz willkürlich zu beschränken und der Begriff folglich negativ konnotiert war[18]. Die Verfassungslehre der Nachkriegszeit, die vom Denken der „rule of law“ beeinflusst ist, betrachtete den deutschen Begriff „Vorbehalt des Gesetzes“ als zu formell und übte scharfe Kritik daran.

Zum anderen kennt die Japanische Verfassung keinen Vorbehalt des Gesetzes als allgemeines dogmatisches Institut. Die Verfassung verlangt die Regelung durch Gesetz im Zusammenhang mit den Grundrechten aus Art. 10 JV (Staatsangehörigkeit), Art. 17 JV (Staatshaftung), Art. 26 JV (Recht auf Ausbildung), Art. 27 JV (Recht auf Arbeit), Art. 29 JV (Eigentum), Art. 30 JV (Steuerpflicht), Art. 31 JV (Verbrechen und Strafe) und Art. 40 JV (Entschädigung in Strafvollzugssachen). Die meisten dieser Rechte erfordern zu ihrer Verwirklichung eigentlich eine Konkretisierung durch Gesetze (was mit dem Gesetzesvorbehalt beim Eingriff in bürgerliche Freiheiten nichts zu tun hat). Im Gegensatz dazu schreibt die Verfassung beim Eingriff in die Freiheitsrechte nicht immer eine Ermächtigung durch Gesetz fest. Für die polizeiliche Durchsuchung und Beschlagnahme etwa ist gemäß Art. 35 JV lediglich ein Richtervorbehalt vorgesehen.

2. Fehler im Kyoto-fu Gakuren-*Urteil*

Ein Teil der Literatur macht geltend, dass Art. 13 JV, der die Legaldefinition menschlicher Freiheit enthält, und Art. 41 JV, wonach das Parlament (*Kokkai*) das

---

[17] *Hiroshi Shiono*, Gyoseiho (Verwaltungsrecht), Bd. I, 6. Aufl., 2015, S. 77 ff.

[18] *Toshiyoshi Miyazawa/Nobuyoshi Ashibe*, Zentei Nihonkokukenpo (Kommentar zur Japanischen Verfassung), 1978, S. 185.

einzige Gesetzgebungsorgan des Staates ist, eine Ermächtigung durch das Gesetz verlangen, wenn das Handeln der Verwaltung in bürgerliche Freiheiten eingreift. Es bedürfe deshalb auch einer Ermächtigung durch Gesetz, wenn polizeiliche Maßnahmen einen Eingriff in das Recht auf Privatsphäre bewirken.

Die Rechtsprechung Japans hat diese Auffassung allerdings nicht akzeptiert. Im *Kyoto-fu Gakuren*-Urteil urteilte der OGH nach der grundsätzlichen Anerkennung des Rechts am eigenen Bild folgendermaßen[19]: „Es ist im Lichte der Bestimmung des Artikels [Art. 13 JV] offenkundig, dass die bürgerliche Freiheit nicht uneingeschränkt vor der Ausübung der Staatsgewalt geschützt wird, sondern gewissen Einschränkungen unterliegt, wenn diese um des Gemeinwohls willen erforderlich sind. Die Ermittlung von Straftaten ist eine Staatsfunktion, zu der die Polizei um des Gemeinwohls willen ermächtigt worden ist, und die Polizei hat die Pflicht, diese Funktion auszuüben (vgl. Art. 2 Abs. 1 Polizeigesetz). Es ist also in gewissen Fällen erlaubt, dass ein Polizeibeamter Aufnahmen macht, weil diese für die Ermittlung von Straftaten notwendig sind, auch wenn nicht nur der Straftäter, sondern auch ein unbeteiligter Dritter Gegenstand der Aufnahme ist. Innerhalb gewisser Grenzen ist es einem Polizeibeamten erlaubt, das Aussehen des Bürgers ohne richterliche Zustimmung oder Befehl filmisch oder fotografisch aufzunehmen. Dies gilt zusätzlich zum Fall des Art. 218 Abs. 2 Strafverfahrensgesetz, der die Aufnahme des Beschuldigten in der Untersuchungshaft erlaubt, wenn ein Verbrechen begangen wurde oder es nicht lange her zu sein scheint, seitdem ein Verbrechen begangen worden ist, wenn ein dringendes Bedürfnis für die Beweissicherung vorliegt und die Aufnahme mit einer geeigneten Methode innerhalb der allgemein zulässigen Grenzen gefertigt wird. Unter solchen Umständen verstößt die Aufnahme durch einen Polizeibeamten nicht gegen Art. 13 JV oder Art. 35 JV, auch wenn nicht nur der Straftäter im Gegenstand der Aufnahme enthalten ist, sondern auch ein Dritter, der nahe beim Straftäter oder beim Gegenstand der Aufnahme gestanden hat und deshalb nicht aus dem Bild herausgenommen werden kann."

Art. 2 Abs. 1 Polizeigesetz, mit dem der OGH hier den Eingriff in das Recht am eigenen Bild begründet hat, ist keine konkrete Ermächtigungsbestimmung für eine Freiheitsbeschränkung, sondern nur eine organisationsrechtliche Zielbestimmung. Es ist mit Blick auf das Gewaltenteilungsprinzip fragwürdig, eine konkrete Ermächtigung zur Freiheitsbeschränkung aus der organisationsrechtlichen Generalklausel abzuleiten, weil den Polizeibehörden damit alle Möglichkeiten offenstehen, ohne konkrete gesetzliche Ermächtigung Ermittlungen durchzuführen[20].

Im Strafverfahrensgesetz gibt es keine ausdrückliche Ermächtigung für die Anfertigung von Fotografien durch Polizeibeamte. Der OGH hat diesen Mangel an gesetzlichen Grundlagen übersehen und gewissermaßen unreflektiert korrigiert,

---

[19] Urteil des OGH (Anm. 4).

[20] *Tokiyasu Fujita*, Keisatsuho 2 jyou no Igi ni kansuru jyakkan no Kousatsu (Betrachtungen über die Bedeutung des Art. 2 Polizeigesetzes), in: ders., Gyoseiho no Kisoriron (jyo) (Grundtheorie des Verwaltungsrechts (I)), 2005, S. 387.

indem er selbst die Bedingungen für Foto-/Filmaufnahmen im Wege der Rechtsfortbildung formulierte, statt den Gesetzgeber zur Schaffung einer entsprechenden Ermächtigung aufzufordern. Solchen vom Gericht festgelegten Bedingungen fehlt es natürlich an einer gesetzlichen Grundlage, und das Defizit formeller Rechtfertigung durch die materielle Rechtfertigung zu ersetzen, kehrt die logische Ordnung der Dinge um.

In dieser Entscheidung des OGH sind deutlich die Einflüsse der US-amerikanischen Rechtsprechung zu erkennen[21]. Der Oberste Gerichtshof der USA hat – insbesondere im Zusammenhang mit Strafverfahren und unabhängig davon, ob es eine gesetzliche Grundlage gibt oder nicht – eigene Regeln festgeschrieben, die sich unmittelbar auf die Verfassung stützen. Die Polizei in den USA ist solchen gerichtlich festgesetzten Regeln tatsächlich unterworfen. Möglicherweise hat sich der japanische OGH vorgenommen, ebenso zu verfahren und die Polizeitätigkeit durch selbst festgesetzte Regeln zu kontrollieren, obwohl die Rahmenbedingungen dafür in Japan nicht gegeben sind.

3. *Einfluss des* Kyoto-fu Gakuren-*Urteils*

Diese Entscheidung des OGH hatte Einfluss auf die nachfolgende Rechtsprechung. In einem Beschluss über die Gesetzmäßigkeit polizeilicher Fahrzeugkontrolle[22] entschied der OGH, dass die Tätigkeit der Polizei, die zur Wahrung der Verkehrssicherheit und -ordnung notwendig ist, aufgrund des Art. 2 Abs. 1 Polizeigesetz allgemein zulässig ist, weil der Artikel „Verkehrskontrolle" als Aufgabe der Polizei vorsieht. Einige Entscheidungen untergeordneter Gerichte kommen dagegen zu dem Ergebnis, dass es der polizeilichen Fahrzeugkontrolle an einer gesetzlichen Grundlage fehlt[23].

Ähnliches gilt für die Videoüberwachung durch die Polizeibehörden. Das Landesgericht Osaka erkannte in seinem Urteil vom 27.04.1994[24] einerseits, dass Videoüberwachung in das Recht der überwachten Person auf Privatsphäre eingreifen kann, hat aber andererseits entschieden, dass es dafür keine „spezielle Ermächtigungsbestimmung" braucht. In seinem jüngsten Urteil[25] hat das Ober-

---

[21] Insbesondere sind die Einflüsse der liberalen Rechtsprechung des Obersten Gerichtshofs der USA im sogenannten „Warren Court" unverkennbar, in dem das Gericht z. B. den Grundsatz der Ausschließung der rechtswidrig erlangten Beweise festgestellt hat. Vgl. dazu *Nakabayashi Akio/Tatsuhiko Yamamoto*, Kenpo Hanrei no Kontext (Der Kontext der Verfassungsrechtsprechung), 2019, S. 131 f. (*Yamamoto*).

[22] Beschluss des OGH vom 22.09.1980, Keishu, Bd. 34, Nr. 5, S. 272.

[23] Z. B. Urteil des Landesgerichts Osaka vom 28.02.1962, Hanrei-Jiho, Nr. 296, S. 6: „[D]as Bedürfnis [nach einer] polizeiliche[n] Fahrzeugkontrolle in der Gegenwart ist nicht unbegreiflich, sie ist aber unter den geltenden Gesetzen unzulässig, weil es ihr an einer gesetzlichen Grundlage fehlt".

[24] Urteil des Landesgerichts Osaka vom 27.04.1994, Hanrei-Jiho, Nr. 1515, S. 116.

[25] Urteil des Oberlandesgerichts Sendai vom 02.02.2016, Hanrei-Jiho, Nr. 2293, S. 18.

landesgericht Sendai zudem die Ansicht vertreten, dass die Informationstätigkeit durch den Nachrichtendienst „nicht immer einzelner ausdrücklicher Bestimmungen des Gesetzes bedarf". Die Gerichte vernachlässigen mithin nach wie vor den Vorbehalt des Gesetzes.

Die Rechtsprechung hat der Polizei damit eine beliebige Auswahl der Ermittlungsmaßnahmen zur Verfügung gestellt. Konkrete Beispiele hierfür sind offene und geheime Videoüberwachung, Verwendung des genetischen Fingerabdrucks, automatisierte Erfassung von Kraftfahrzeugkennzeichen zwecks Fahndung sowie die Vorratsdatenspeicherung. In einem aktuellen Fall wurde das Handeln von Verdächtigen ohne ausdrückliche Ermächtigung mit einem GPS-Sender überwacht (dazu unten 5.). Eine seit 2005 eingesetzte polizeiliche DNA-Datei wird außerdem nur aufgrund einer verwaltungsinternen Verordnung verwaltet, ohne dass es eine ausdrückliche Ermächtigung durch Gesetz gibt[26].

4. Divergierende Auffassungen in Verfassungslehre und Strafprozessrechtslehre

Der Vorbehalt des Gesetzes wird auch deshalb unterschätzt, weil es zwischen Verfassungslehre und Strafprozessrechtslehre unterschiedliche Auffassungen gibt. Art. 197 Abs. 1 Strafverfahrensgesetz sieht vor, dass es für polizeiliche Zwangsmaßnahmen bei Untersuchungen einer „spezielle[n] Bestimmung des Gesetzes" bedarf. Die Polizei kann folglich ohne gesetzliche Ermächtigung ermitteln, soweit die anzuwendenden Maßnahmen nicht zwangsweise durchgesetzt werden. Mit anderen Worten: Ob es für die Untersuchung durch Polizeibehörden einer gesetzlichen Ermächtigung bedarf oder nicht, hängt davon ab, ob es sich dabei um eine Zwangsmaßnahme handelt oder nicht.

Nach der bisherigen Literatur in der Strafprozessrechtslehre war eine Zwangsmaßnahme eine Maßnahme unter Anwendung physischen Zwanges. Eine Zwangsmaßnahme greift in die physische Freiheit, die Freiheit des Handelns oder in das Recht auf Unverletzlichkeit der Wohnung und des Besitzes ein[27]. Da die von der Verfassung gewährleisteten Freiheiten und Rechte betroffen sind, ist es selbst-

---

[26] Vgl. *Tamamushi* (Anm. 8), S. 433. Die Entscheidung des japanischen Gerichts, in der es nur um die Speicherung oder Verwendung personenbezogener Daten, insbesondere durch die DNA-Datei im Nationalpolizeiamt, geht, ist augenblicklich darin nicht zu finden. Eine Klage, die die Speicherung personenbezogener Daten in der DNA-Datei angreift, ist aber im Jahr 2019 bei Gericht eingereicht worden. In diesem Fall macht die Klägerin geltend, dass nicht die Analyse von DNA sondern nur die Speicherung der DNA-Daten in der DNA-Datei rechtswidrig ist, weil sie der Analyse von DNA zugestimmt hat, aber der Speicherung der DNA-Daten in der DNA-Datei nicht. Für die Speicherung der DNA-Daten in der DNA-Datei gibt es keine gesetzliche Ermächtigung und das Ausmaß der Straftaten und der Personen, die zum Gegenstand der Speicherung gemacht werden, ist rechtlich nicht begrenzt. Gegenwärtig können die Polizeibehörden grenzenlos DNA-Daten in der DNA-Datei speichern.

[27] Vgl. *Shigemitsu Dando*, Jyokai Keijisosyohou (Kommentar des Strafverfahrensgesetzes), Bd. 1, 1950, S. 361, *Ryuichi Hirano*, Keijisosyoho (Strafverfahrensgesetz), 1958, S. 82.

verständlich, dass es dafür einer gesetzlichen Ermächtigung bedarf. Allerdings beinhalten polizeiliche Maßnahmen, wie die Beispiele Videoüberwachung, Vorratsdatenspeicherung oder Speicherung personenbezogener Daten zeigen, einen Eingriff in das Recht auf Privatsphäre, bringen aber nicht unbedingt physischen Zwang mit sich. Nach der bisherigen Meinung in der Strafprozessrechtslehre bedurfte es für solche Maßnahmen keiner Ermächtigung durch das Gesetz[28].

Wie oben angedeutet, ist ein Teil der verfassungswissenschaftlichen Literatur gegensätzlicher Auffassung. Demnach verlangt die Verfassung für einen Eingriff in die bürgerlichen Freiheiten in jedem Fall eine Ermächtigung durch das Gesetz – unabhängig davon, ob die Maßnahme mit physischem Zwang einhergeht oder nicht. Der Eingriff in das Recht auf Privatsphäre ist davon nicht ausgenommen. Eine mögliche Lösung wäre es, entweder Maßnahmen, die in die Freiheitsrechte eingreifen, in den Begriff der Zwangsmaßnahme einzubeziehen[29], oder sie als eine eigene Kategorie zu behandeln, welche jener der Zwangsmaßnahmen gleichgestellt ist[30].

Die Auffassung der früheren Verfassungslehre, die Betonung der Dichotomie von Zwangsmaßnahmen und anderen Maßnahmen in der Strafprozessrechtslehre sowie die seit dem *Kyoto-fu Gakuren*-Urteil ergangene Rechtsprechung haben die Bedeutung des Vorbehalts des Gesetzes entwertet, sodass sich der Polizei große Handlungsspielräume eröffneten. In letzter Zeit verändert sich jedoch diese Konstellation.

5. GPS-Urteil

In der Strafprozessrechtslehre gewinnt neuerdings eine Auffassung an Einfluss, die eine Zwangsmaßnahme auch in den Fällen sieht, in denen die Polizei verdeckt in die individuellen Freiheiten eingreift (sog. „neue Zwangsmaßnahme“-Theorie)[31]. Nach dieser Ansicht ist nicht nur die Untersuchung oder Beschlagnahmung materieller Gegenstände wie Wohnung oder Besitz, sondern auch der

---

[28] In seinem Beschluss von 1976 hat der OGH die Auslegung aufgegeben, dass eine Zwangsmaßnahme eine Maßnahme unter Anwendung physischen Zwanges ist: „[Im Art. 197 Abs. 1 geregelte] Zwangsmittel bedeuten kein Mittel mit physischen Zwang, sondern ein Mittel, das einen Zweck der Untersuchung zwangsmäßig verwirklicht, indem die Polizei den Willen einer Person unterwirft und ihre körperliche Freiheit, die Freiheit der Wohnung oder des Besitzes beschränkt“ (Beschluss des OGH vom 16.03.1976, Keishu, Bd. 30, Nr. 2, S. 187). Damit ist das Merkmal der Zwangsmaßnahme, ob die polizeiliche Maßnahme eine Anwendung physischen Zwanges mit sich bringt oder nicht, relativiert. In diesem Beschluss ist jedoch betont worden, dass auch eine Maßnahme mit physischem Zwang unter Umständen eine beliebige Maßnahme sein kann.

[29] Vgl. *Hiroshi Tamiya*, Keijisosyoho (Strafverfahrensgesetz), neue Aufl., 1996, S. 71.

[30] Vgl. *Nakabayashi/Yamamoto* (Anm. 21), S. 135 f. (*Yamamoto*).

[31] Vgl. *Tamiya* (Anm. 29), S. 71; *Tadashi Sakamaki*, Keijisosyoho (Strafverfahrensgesetz), 2015, S. 28 f.

Eingriff in ein immaterielles Rechtsgut wie das der Privatsphäre eine Zwangsmaßnahme, für die es einer Ermächtigung durch Gesetz bedarf[32].

Die Rechtsprechung hat auf diese Tendenz inzwischen reagiert. Der OGH entschied in seinem Beschluss vom 28.09.2009[33], dass die Röntgenuntersuchung von Paketen als Ermittlungsmaßnahme eine Zwangsmaßnahme in Form einer Inaugenscheinnahme darstellt, weil sie in die Privatsphäre der Versender und Empfänger in großem Maße eingreift. Die Inaugenscheinnahme ist in Art. 218 Strafverfahrensgesetz mit einem Richtervorbehalt versehen.

Eine noch bedeutendere Veränderung zeigte sich im Urteil des OGH über die Rechtmäßigkeit der GPS-Überwachung vom 15.03.2017[34]. Die Polizei hatte bis dahin heimliche GPS-Ermittlungen gegen Verdächtige ohne ausdrückliche Ermächtigung durchgeführt. Der OGH erkannte, dass eine GPS-Überwachung erheblich in das durch die Verfassung geschützte Rechtsgut der Privatsphäre eingreift und eine Zwangsmaßnahme darstellt, die der Polizei ohne spezielle Vorschrift im Strafverfahrensgesetz nicht zur Verfügung steht. Da die GPS-Überwachung aber keine Inaugenscheinnahme im Sinne des Art. 218 Strafverfahrensgesetz darstelle und der Richtervorbehalt, der für den Augenschein gilt, sich nur schwer auf diese Fallgruppe übertragen lasse, obliege es dem Gesetzgeber gemäß Art. 197 Abs. 1 Strafverfahrensgesetz, diese Probleme zu lösen und eine gesetzliche Regelung zu erlassen, die den Grundsätzen der Verfassung und des Strafverfahrensgesetzes entspricht, wenn die GPS-Überwachung künftig als wichtige Ermittlungsmaßnahme eingesetzt werden soll.

Es ist bemerkenswert, dass der OGH selbst anders als im *Kyoto-fu Gakuren*-Urteil keine Bedingungen zur Genehmigung der Ermittlungsmaßnahme formuliert, sondern deren Ausgestaltung dem Gesetzgeber überlassen hat. Art. 2 Abs. 1 Polizeigesetz begründet außerdem keine Befugnis zur GPS-Überwachung. Angesichts der funktionsrechtlichen Teilung zwischen Gesetzgebung, vollziehender Gewalt und Rechtsprechung wäre das der richtige Weg.

IV. Fazit

Seit dem *Kyoto-fu Gakuren*-Urteil sind mittlerweile 50 Jahre vergangen und die technischen Möglichkeiten im Bereich der Erhebung und Verarbeitung personenbezogener Daten haben sich grundlegend verändert. Vor diesem Hintergrund ist es nicht mehr angemessen, dass Gerichte aufgrund der organisationsrechtlichen Generalklausel des Art. 2 Abs. 1 Polizeigesetz mit richterrechtlich geschaffenen inhaltlichen Vorgaben die polizeiliche Informationserhebung und -verarbeitung

[32] Vgl. *Tamiya* (Anm. 29), S. 71 ff.

[33] Beschluss des OGH vom 28.09.2009, Keishu, Bd. 63, Nr. 7, S. 868.

[34] Urteil des OGH vom 15.03.2017, Keishu, Bd. 71, Nr. 3, S. 13.

kontrollieren. Die weitreichende Akzeptanz polizeilicher Eingriffe ohne gesetzliche Grundlage kann Bestimmtheitsgebot, Rechtsklarheit, Rechtssicherheit, Vorhersehbarkeit, effektiven Grundrechtsschutz, verfahrensrechtliche Anforderungen und damit die Rechtsstaatlichkeit beschädigen. Es ist allein Sache des Gesetzgebers, die Bedingungen für die modernen Überwachungsmöglichkeiten durch die Polizei zu konkretisieren.

Dabei muss der Gesetzgeber den unterschiedlichen Stufen der Informationsverarbeitung Rechnung tragen. Die Gefährdung der Privatsphäre beschränkt sich nicht auf Erhebung, Weitergabe oder Veröffentlichung personenbezogener Daten. Vielmehr entsteht eine Gefährdung des Rechts auf Privatsphäre insbesondere dann, „wenn personenbezogene Informationen in einer Art und Weise genutzt und verknüpft werden können, die der Betroffene weder überschauen noch verhindern kann"[35]. Die schleichende Gefährdung des Persönlichkeitsrechts ist für moderne Informationsverarbeitung durch die Polizei charakteristisch. Der verfassungsrechtliche Schutz der Privatsphäre beschränkt sich nicht auf die nachträgliche Abhilfe bei einer rechtswidrigen Informationsverarbeitung, sondern bezieht sich auch auf den Schutz vor einer Entität, weil der Bürger nicht überschauen kann, wann und unter welcher Voraussetzung die öffentliche Gewalt Kenntnisse über ihn erlangt.

Das Recht auf Privatsphäre trägt nun nicht nur Verletzungen, sondern vielmehr auch Gefährdungen der Persönlichkeit Rechnung, die sich für den einzelnen, insbesondere unter den Bedingungen moderner Datenverarbeitung, aus informationsbezogenen Maßnahmen ergeben. Eine derartige Gefährdungslage kann bereits im Vorfeld konkreter Bedrohungen von Rechtsgütern entstehen[36]. Das Recht auf Privatsphäre verlangt demnach vom Gesetzgeber, effektive Vorkehrungen gegen die polizeiliche Informationsverarbeitung in Gesetzen zu konkretisieren.

---

[35] BVerfGE 120, 274 (312).

[36] Vgl. BVerfGE 150, 244 (264).

Staatliche Informationseingriffe und die Herausforderung des Gesetzesvorbehalts

Kommentar zu dem Referat von Yuki Tamamushi

Ralf Poscher

Zunächst einmal möchte ich mich ganz herzlich bei Herrn *Tamamushi* für seine höchst informative und systematische Darstellung der japanischen Rechtslage in Bezug auf die Informationstätigkeiten der Polizei bedanken. Er hat diesbezüglich nicht nur die historische Entwicklung der Rechtsprechung und Literatur dargestellt, sondern auch den Gesetzesvorbehalt als zentrales Problem der japanischen Rechtslage herausgearbeitet. Sein Beitrag vermittelt ein profiliertes Bild der aktuellen japanischen Debatte einschließlich ihrer Genese und zeigt ein Diskussionsfeld auf, das sich gerade auch unter dem Einfluss des rasanten technischen Fortschritts im Fluss befindet. Dabei scheint sich die Entwicklung in die Richtung zu bewegen, die Herr *Tamamushi* aus guten Gründen für erstrebenswert erachtet. Mein Kommentar soll sich auf drei Punkte beziehen, wobei der erste eigentlich kein Punkt, sondern eher eine Frage ist.

I.

Vor einigen Jahren, 2013, hatte mich Herr *Koyama* zu einer regelmäßig an seiner Fakultät stattfindenden Tagung eingeladen, auf der Rechtswissenschaftler mit Polizeipraktikern, besonders auch der Tokioter Polizei, aktuelle sicherheitsrechtliche Fragen diskutieren. Ich hielt einen Vortrag, in dem ich die bereits damals sehr elaborierte Rechtsprechung des Bundesverfassungsgerichts zum Sicherheitsrecht in groben Zügen skizzierte. Ich zeigte auf, wie das Gericht gleichsam ein System der verfassungsrechtlichen Durchdringung der neueren sicherheitsrechtlichen Entwicklungen entworfen hatte, das zum einen auf prozeduralen Anforderungen an sicherheitsrechtliche Maßnahmen beruhte, zum anderen aber auch relative und absolute verfassungsrechtliche Schranken für das Vorgehen der Sicherheitsbehörden formuliert hatte.[1] In anderen Kontexten, in denen ich im Ausland – gerade auch in den USA – die sehr engagierte sicherheitsrechtliche Rechtsprechung des Bundes-

[1] Eingehender *Ralf Poscher*, Sicherheitsverfassungsrecht im Wandel, in: Thomas Vesting/Stefan Korioth (Hrsg.), Der Eigenwert des Verfassungsrechts: Was bleibt von der Verfassung nach der

verfassungsgerichts vorgestellt hatte, rief diese zwar einerseits Interesse und Respekt hervor, zog andererseits aber auch demokratietheoretische sowie operative Kritik auf sich. Ich war also darauf gefasst, auch vonseiten der Polizeipraktiker auf eine ganz ähnliche Reaktion zu stoßen.

Ich wurde jedoch überrascht: Gerade die Polizeipraktiker waren höchst interessiert an den Details der deutschen Rechtsprechung und konnten gar nicht genug über sie erfahren. Sie sahen in ihr kein potenzielles Hemmnis ihrer Arbeit, sondern im Gegenteil einen Weg, mit dem sie den Gesetzgeber in Japan endlich dazu bringen könnten, trotz der großen öffentlichen Empfindsamkeit im Hinblick auf den Schutz der Privatsphäre endlich Ermächtigungsgrundlagen zu erlassen, die es ihnen erlauben würden, nicht nur die neuen technischen Möglichkeiten besser zu nutzen, sondern überhaupt effektiver gegen Kriminalität im virtuellen Raum vorzugehen. Sie schilderten die Situation jedenfalls so, dass ihnen durch die fehlenden gesetzlichen Grundlagen praktisch die Hände gebunden seien.

Hinzu kam, dass die Polizeipraktiker gerade für ihr Vorgehen in einem Fall von Computerkriminalität in der Öffentlichkeit in der Kritik standen. Der Täter hatte die Computer von Unschuldigen infiltriert und über die infiltrierten Rechner Mord- und Terrordrohungen verbreitet. Die Polizei hatte zunächst die unschuldigen Computerbesitzer verhaftet. Die an den Verhaftungen im Nachhinein geübte öffentliche Kritik empfanden viele der Polizisten gerade auch deshalb als ungerecht, weil sie der Ansicht waren, dass sie nicht über ausreichende gesetzliche Grundlagen verfügten, um etwa durch eigene Online-Durchsuchungen gegen entsprechende Delikte effektiv vorgehen zu können. Meine Frage ist nun, wie sich diese Reaktion der Polizeipraktiker erklärt, wenn es doch nach der damals geltenden Rechtslage so war, dass die Polizei informationstechnische Ermittlungsmaßnahmen mangels Zwangscharakters einfach kraft eigener Machtvollkommenheit auch ohne gesetzliche Grundlage hätte ergreifen können. Eine Erklärung könnte darin liegen, dass für Eingriffe in Telekommunikationen besondere Anforderungen gelten, die etwa auch eine gesetzliche Grundlage oder gar eine gerichtliche Entscheidung verlangen.

II.

Meine zweite Bemerkung bezieht sich auf die verfassungsrechtliche Grundlage, auf der die Informationstätigkeit der Polizei in Japan diskutiert wird. Wie im US-amerikanischen Recht kommt hier anscheinend nur ein aus dem in Art. 13 JV gewährleisteten Persönlichkeitsrecht abgeleitetes Recht auf Privatheit in Betracht.[2]

Globalisierung?, 2011, S. 254 ff.; *ders.*, Tendencies in Public Civil Security Law, in: European Journal for Security Research 1 (2016), 59 (71 ff.).

[2] Art. 13 der japanischen Verfassung (JV) lautet: „Jeder Staatsbürger wird als Persönlichkeit respektiert. Sein Recht auf Leben, Freiheit und Streben nach Glück soll, soweit es das allgemeine

Wie das US-amerikanische Verfassungsrecht kennt das japanische also neben dem Recht auf Privatheit keine eigenständige Ausdifferenzierung eines Rechts auf informationelle Selbstbestimmung oder auf Datenschutz. Alle Fragen des Datenschutzes müssen in Japan, wie in den USA, verfassungsrechtlich mithin als Probleme der Privatheit diskutiert werden. Darin scheint mir ein struktureller Nachteil gegenüber Rechtsordnungen zu liegen, die zwischen der Garantie von Persönlichkeitsrechten und einem allgemeinen Recht auf Datenschutz oder informationelle Selbstbestimmung unterscheiden, wie dies nicht nur unter dem Grundgesetz, sondern auch etwa nach der Europäischen Grundrechtecharta[3] der Fall ist. Letztere unterscheidet in Art. 7 und Art. 8 sogar explizit zwischen dem Recht auf Privatheit und dem Recht auf Schutz personenbezogener Daten. Das Problem liegt meines Erachtens darin, dass das Datenschutzrecht ausschließlich mit dem Recht auf Privatheit in Verbindung gebracht wird und dies leicht zu Missverständnissen führt.

Wie gerade auch die japanische Rechtsentwicklung zeigt, hat das Datenschutzrecht zwar häufig auch einen Privatheitsbezug, aber keineswegs immer. Instruktiv ist hier bereits der Fall Kyoto-fu Gakuren[4], der nach Herrn *Tamamushis* Darstellung den Ausgangspunkt für die japanische Rechtsprechungslinie bildet. In ihm ging es um den Schutz von Demonstranten vor polizeilichen Foto- und Filmaufnahmen. Zu Recht wird etwa in der amerikanischen Literatur gefragt, was denn die Teilnahme an einer öffentlichen Versammlung, die gerade darauf gerichtet ist, sich in der Öffentlichkeit für ein Thema einzusetzen, mit dem Schutz der Privatsphäre zu tun haben soll.[5] Auch das Volkszählungsurteil des Bundesverfassungsgerichts nimmt gerade auf die Datenerhebung bei öffentlichen Versammlungen Bezug, um die potenziellen Gefahren staatlicher Datenerhebung und -verarbeitung zu illustrieren.[6] Beide Urteile zeigen, dass es bei dem Datenschutzgrundrecht oder dem Recht auf informationelle Selbstbestimmung im Kern nicht um den Schutz der Privatsphäre geht. Richtig verstanden ist das Recht auf informationelle Selbstbestimmung oder das Datenschutzgrundrecht gar kein eigenständiges Grundrecht, sondern eine Querschnittsbestimmung, die ganz allgemein – unabhängig von dem jeweiligen materiellen grundrechtlichen Kontext – vor abstrakten Gefährdungen jeglicher

Wohl nicht gefährdet, oberster Gesichtspunkt in der Gesetzgebung und in allen übrigen Staatsangelegenheiten sein." (www.verfassungen.net/jp/verf47-i.htm).

[3] Charta der Grundrechte der Europäischen Union (2010/C83/02): https://www.europarl.europa.eu/germany/resource/static/files/europa_grundrechtecharta/_30.03.2010.pdf.

[4] OGH, Urteil vom 24. Dezember 1969.

[5] Seit der wegweisenden Entscheidung in *Katz v. United States*, 389 U. S. 347 (360–361 Harlan, J. concurring) stellt der Supreme Court auf eine „reasonable expectation of privacy" ab. Eine solche Erwartung kann es bei öffentlichen Auftritten nicht geben. Nach dieser Konzeption ist es daher schwierig, Konstellationen wie etwa die Teilnahme an Demonstrationen zu erfassen, vgl. *Helen Nissenbaum,* Privacy as Contextual Integrity, in: Washington Law Review 79 (2004), 119 (139 f.). Verschiedene Autoren versuchen dieses Problem zu lösen, indem sie den Begriff „privacy" stärker kontextuell auslegen, ebd. (136 ff.); vgl. auch *Daniel J. Solove,* Conceptualizing Privacy, in: California Law Review 90 (2002), 1087 (1126 ff.).

[6] BVerfGE 65, 1 (43).

Grundrechtspositionen durch das Sammeln und Verarbeiten personenbezogener Daten schützt.[7] Dazu gehören auch gerade Grundrechtspositionen, die keinen Bezug zur Privatheit aufweisen, wie etwa die öffentliche, d.h. nicht durch sog. Vermummung anonymisierte, Teilnahme an öffentlichen Versammlungen zu öffentlichen Themen in der allgemeinen Öffentlichkeit.

Das Recht auf informationelle Selbstbestimmung unter dem Grundgesetz und auch das Datenschutzgrundrecht der Europäischen Grundrechtecharta bewirken eine Vorverlagerung des Grundrechtsschutzes, der sich nicht erst gegen substanzielle Beschränkungen von Freiheiten richtet, sondern bereits auf abstrakte Gefährdungen durch moderne Techniken der Datenerhebung und -verarbeitung zielt.[8] Rechtsordnungen, wie anscheinend auch die japanische, die mangels eines eigenständigen verfassungsrechtlichen Anknüpfungspunktes für diesen vorgelagerten Schutz versuchen müssen, alle Aspekte des Datenschutzes unter dem Schutz der Privatheit zu erfassen, riskieren zweierlei: Zum einen könnten sie zu einem überdehnten Konzept der Privatheit tendieren, das auch die öffentliche Teilnahme an öffentlichen Versammlungen zu öffentlichen Themen in der allgemeinen Öffentlichkeit als Problem der Privatheit definieren muss. Zum anderen besteht die Gefahr, den eigentlichen Kern des Rechts auf informationelle Selbstbestimmung oder des Datenschutzgrundrechts als Schutz vor abstrakten Grundrechtsgefährdungen zu verfehlen. Es könnte jedenfalls sein, dass die japanische Verfassungsordnung dieses strukturelle Problem von der US-amerikanischen geerbt hat.

III.

Mein dritter Punkt betrifft das Problem, das eintritt, wenn sich auch in Japan einmal die These von der Erforderlichkeit einer gesetzlichen Grundlage für polizeiliche Informationseingriffe durchgesetzt haben sollte. Mit der Gewährleistung des Gesetzesvorbehalts für polizeiliche Informationstätigkeit, die in die Privatheit der Grundrechtsträger eingreift, verbindet sich natürlich zunächst ein rechtsstaatlicher und wohl auch demokratischer Gewinn. Jedoch treten dann Fragen auf, die allein mit dem Gesetzesvorbehalt noch nicht gelöst sind. Im konstitutionellen System der deutschen Monarchien des 19. Jahrhunderts sollte der grundrechtliche Gesetzesvorbehalt die Mitbestimmungsrechte des Bürgertums bei der Freiheitsgestaltung über die Parlamente gewährleisten. Grundrechte hatten im konstitutionellen Dualismus zwischen monarchischer Exekutive und bürgerlichen Parlamenten im Wesentlichen eine politische Funktion. Freiheit wurde durch politische Mit-

---

[7] *Ralf Poscher*, The Right to Data Protection: A No-Right Thesis, in: Russell A. Miller (Hrsg.), Privacy and Power: A Transatlantic Dialogue in the Shadow of the NSA-Affair, 2017, S. 133.

[8] Ebd., S. 137; vgl. BVerfGE 65, 1. Die Sammlung von Daten im Rahmen der Volkszählung beschränkt noch keine grundrechtlichen Schutzgüter. Sie begründet aber die abstrakte Gefahr eines potenziellen Ge- bzw. Missbrauchs der Daten.

bestimmung gewährleistet.[9] Der Gesetzesvorbehalt war dazu das Vehikel. Unter demokratischen Vorzeichen kann der Gesetzesvorbehalt diese Funktion nicht mehr erfüllen. Freiheitsschutz wird nun nicht mehr durch parlamentarische Mehrheiten gewährleistet, sondern soll auch gegen sie in Stellung gebracht werden können. Auch der Gesetzgeber soll an die Grundrechte der Verfassung gebunden sein. Dies gilt nicht nur unter dem Grundgesetz, das in Art. 1 Abs. 3 GG gerade auch die Gesetzgebung an die Grundrechte bindet, sondern auch nach Art. 98 JV, nach dem die Verfassung das oberste Gesetz ist und kein Gesetz, das gegen sie verstößt, Gültigkeit erlangen kann.

Aus dieser Aufgabenstellung der Grundrechte ergibt sich durch den Gesetzesvorbehalt ein Problem: Wie soll der Gesetzgeber, der einerseits durch die Grundrechte gebunden ist, andererseits aber berechtigt ist, die Grundrechte durch Gesetze einzuschränken, gerade an diese Grundrechte gebunden sein? Die Antwort, die das Bundesverfassungsgericht im Apotheken-Urteil darauf gefunden hat, ist die Bindung auch des Gesetzgebers an den Verhältnismäßigkeitsgrundsatz.[10] Der Gesetzgeber kann Grundrechte zwar einschränken, aber diese Einschränkungen müssen ihrerseits wieder verhältnismäßig sein, was durch die Verfassungsgerichtsbarkeit überprüft werden kann. Dies ist eine der entscheidenden Weichenstellungen in der Rechtsprechung des Bundesverfassungsgerichts.[11] Sie hat zu einer Verfassungsbindung des Gesetzgebers geführt, die sich jedenfalls nicht den Vorwurf gefallen lassen muss, dass die Grundrechtsbindung des Gesetzgebers leerläuft, wie dies ursprünglich einmal vor dem Hintergrund der Weimarer Erfahrungen und Diskussionen befürchtet worden war.[12]

Für das Sicherheitsrecht gelangt jedoch auch der Grundsatz der Verhältnismäßigkeit in Bezug auf die Informationsvorsorge durch die Sicherheitsbehörden an seine Leistungsgrenze.[13] Wie sollte die bloße Sammlung von Daten etwa nicht geeignet, erforderlich und angemessen sein, wenn dadurch die Abwehr von Terroranschlägen wie die vom 11. September, von Madrid, London und Paris oder noch schlimmere aus sogenannten Ticking-Bomb-Szenarien ermöglicht würde? Einschlägige Daten können sich immer als geeignet erweisen, sie sind auch nicht sub-

---

[9] *Rainer Wahl*, Der Grundsatz der Verhältnismäßigkeit, in: Dirk Heckmann/Ralf P. Schenke/Gernot Sydow (Hrsg.), Verfassungsstaatlichkeit im Wandel: Festschrift für Thomas Würtenberger, 2013, S. 825 f.; *ders.*, Rechtliche Wirkungen und Funktionen der Grundrechte im deutschen Konstitutionalismus des 19. Jahrhunderts, in: Der Staat 18 (1979), 321 (330 ff.).

[10] BVerGE 7, 377 (402 ff.).

[11] *Wahl* (Anm. 9).

[12] Vgl. BVerfGE 7, 377 (403 f.). Das BVerfG verweist an dieser Stelle auf den im *Lüth*-Urteil, BVerfGE 7, 198 (208 f.), entwickelten Grundsatz, „daß der Gesetzgeber, wenn er sich in dem grundrechtsgeschützten Raum bewegt, die Bedeutung des Grundrechts in der sozialen Ordnung zum Ausgangspunkt seiner Regelung nehmen muß. Nicht er bestimmt frei den Inhalt des Grundrechts, sondern umgekehrt kann sich aus dem Gehalt des Grundrechts eine inhaltliche Begrenzung seines Gesetzgebungsermessens ergeben." Vgl. auch bzgl. der Weimarer Problematik BVerfGE 6, 32 (40 f.).

[13] *Uwe Volkmann*, Anmerkung, in: JZ 61 (2006), 918 (919).

stituierbar, und angesichts der drohenden ungeheuren Schäden verblasst der mit der Sammlung einzelner personenbezogener Daten verbundene Grundrechtseingriff in seiner Bedeutung für die Abwägung. Die Dynamik des Vorsorgegedankens hat bereits zu der Forderung geführt, nicht nur die Verhältnismäßigkeit, sondern auch die Operationalisierbarkeit des Verhältnismäßigkeitsgrundsatzes zum verfassungsrechtlichen Maßstab zu erheben.[14] Vorsorgemaßnahmen wären danach nicht verfassungswidrig, weil sie unverhältnismäßig sind, sondern weil sie stets verhältnismäßig sind.[15]

Wenn dies die Situation auch nur annähernd richtig beschreibt, wundert es nicht, dass die Angemessenheitserörterungen in den Entscheidungen des Bundesverfassungsgerichts zum Sicherheitsrecht einen so großen Raum einnehmen. Wenn das Gericht hier unterschiedlichen Eingriffsintensitäten unterschiedliche Gefahrenanforderungen zuordnet und etwa auf dem Vorliegen einer konkreten Gefahr für besonders intensive[16] oder besonders ausgreifende[17] Maßnahmen besteht oder detaillierte verfahrensrechtliche Anforderungen an den Schutz des Kernbereichs der Persönlichkeitsentfaltung entwickelt[18], so dürfen diese dogmatischen Festlegungen nicht lediglich als das Ergebnis des abwägenden Vergleichs unterschiedlicher Realisierungsgrade der nationalen Sicherheit auf der einen und grundrechtlicher Freiheit auf der anderen Seite verstanden werden. Es handelt sich vielmehr um verfassungsgerichtliche Rechtsfortbildungen, die gerade auch angesichts des Versagens oder jedenfalls angesichts der geringeren Leistungsfähigkeit des Verhältnismäßigkeitsgrundsatzes das ursprüngliche hermeneutische Problem der Grundrechtsbindung des Gesetzgebers im Rahmen der Angemessenheitsüberlegungen zu lösen versuchen. Bei der Angemessenheitsüberlegung geht es in diesen Fällen nicht um eine Rationalitätskontrolle, sondern um die Spezifizierung der Grundrechtsbindung des Gesetzgebers, der bereits der Verhältnismäßigkeitsgrundsatz selbst dient und innerhalb dessen die Grundrechtsbindung weiter dogmatisch entfaltet wird.[19] Wichtig ist hierbei, dass es sich um einzelgrundrechtsspezifische dogmatische Rechtsfortbildungen handelt, die in Gestalt von Angemessenheitsüberlegungen daherkommen.[20] Auch insoweit erweist sich die strukturelle Unterscheidung zwischen einem Datenschutzgrundrecht oder einem Recht auf informationelle Selbstbestimmung auf der einen und den einzelnen Grundrechten auf der anderen Seite als sinnvoll.

---

[14] *Christoph Enders,* Sozialstaatlichkeit im Spannungsfeld von Eigenverantwortung und Fürsorge, VVDStRL 64 (2004), 7 (47 f.).

[15] Ebd.

[16] BVerfGE 115, 320 (361 f.); 125, 260 (330 f.); 141, 220 (291).

[17] BVerfGE 115, 320 (362 ff.).

[18] Vgl. BVerfGE 109, 279 (LS); 120, 274 (335 ff.).

[19] Vgl. zu diesem Aspekt *Christian Bumke*, Der Grundsatz der Verhältnismäßigkeit: Beispiel für eine rechtsimmanente Innovation im Recht, in: Wolfgang Hoffmann-Riem (Hrsg.), Innovationen im Recht, 2016, S. 132 ff.

[20] Weitere Beispiele für diese Herangehensweise ebd., S. 134.

Meine Prognose wäre, dass mit der Durchsetzung des Gesetzesvorbehalts für Informationstätigkeiten der Polizei die dogmatische Arbeit am japanischen Verfassungsrecht gleichsam erst beginnen würde. Damit der Gesetzesvorbehalt nicht zu einer leerlaufenden Grundrechtsbindung des Gesetzgebers führt, müssen dann erst noch die materiellen Maßstäbe entwickelt werden, die auch den Sicherheitsgesetzgeber an die Verfassung binden. Hierbei könnte es der japanischen Rechtsprechung unter Umständen bereits entgegenkommen, dass sie solche Maßstäbe jenseits des Gesetzesvorbehalts bereits unmittelbar für die Polizei formuliert hat. Dies wirft natürlich demokratietheoretische Fragen auf, wie Herr *Tamamushi* zu Recht betont hat, aber es sind die demokratietheoretischen Fragen, die mit jeder Grundrechtsbindung des Gesetzgebers einhergehen, die ihren Namen verdient.

Teil VI

Verfassungsgerichtsbarkeit und Fachgerichtsbarkeit

Verfassungsgerichtsbarkeit und Fachgerichtsbarkeit

Uwe Volkmann

I. Äußere Koordinaten der Zuordnung

Wenn man das Thema, das im Titel angesprochen ist, zugewiesen bekommt, ist das erste, was einem dazu einfällt, dass einem nicht viel dazu einfällt, jedenfalls nichts groß Neues mehr[1]. Schon der Titel selbst ist, jedenfalls für ein verfassungsrechtliches System wie das der Bundesrepublik, so alt wie falsch gewählt[2]. Auch das Bundesverfassungsgericht lässt sich hier nach der Art und Weise seiner Einrichtung als ein Fachgericht verstehen, nämlich als ein Fachgericht für Verfassungsrecht, aber unter einer Verfassung wie dem Grundgesetz, die alle Gerichte in Art. 20 Abs. 3 auch auf sich selbst und dann in Art. 1 Abs. 3 noch einmal speziell auf die Grundrechte verpflichtet, verwalten die anderen Gerichte neben den ihnen sonst anvertrauten „Fächern" das Verfassungsrecht immer auch mit[3]. Umgekehrt muss, wie noch zu zeigen sein wird, auch das Bundesverfassungsgericht mit den verschiedenen Fachrechten hinreichend vertraut sein und sie gegebenenfalls auch

---

[1] Das bezieht sich auch auf eigene frühere Überlegungen; die nachfolgenden Ausführungen greifen insoweit vor allem zurück auf: *U. Volkmann*, Grundzüge einer Verfassungslehre der Bundesrepublik Deutschland, 2013, S. 167 ff. Der prinzipielle Befund exemplarisch bei *H.-J. Papier* in seiner Eingangsbemerkung zur Diskussion des Themas auf der Staatsrechtslehrertagung 2001, VVDStRL 61 (2002), 155: „Das Thema Verfassungsgerichtsbarkeit und Fachgerichtsbarkeit, Verfassungsrecht und einfaches Recht, beschäftigt die Theorie und die Praxis seit Jahrzehnten"; dazu die Hinzufügung von *R. Zuck*, Bundesverfassungsgericht und Fachgerichtsbarkeit, JZ 2007, 1036 (1038): „und dies bislang ohne jedes greifbare Ergebnis."

[2] So erneut *Zuck* (Anm. 1), 1036.

[3] *K. Schlaich/S. Korioth*, Das Bundesverfassungsgericht, 11. Auflage 2018, Rn. 22.

anwenden, und zwar auch dort, wo dies nicht – wie etwa in Art. 93 Abs. 1 Nr. 2, 4 oder 4c GG – ausdrücklich angeordnet ist. Der Unterscheidung, die der Titel zum Ausdruck bringt, entspricht dann jedenfalls in dieser Form keine Realität mehr. Andererseits schadet sie auch nicht, solange jeder eine Vorstellung hat, was damit gemeint ist, so dass man sie im Folgenden auch getrost weiterverwenden kann. Zugleich sind darin, wenn auch erneut auf eine unbestimmte Weise, die Koordinaten angedeutet, die dafür verantwortlich sind, dass sich das Thema in verschiedenen Verfassungsordnungen auf verschiedene Weise und in manchen Verfassungsordnungen überhaupt nicht stellt. Überhaupt nicht stellt sich das Problem in solchen Systemen, in denen – wie etwa in Großbritannien, den Niederlanden oder einzelnen skandinavischen Staaten – die Verfassung nicht oder nur ganz eingeschränkt, d. h. im Wesentlichen nur bereichs- und fallweise, justitiabel ist. Hier ist die Verfassungskontrolle, wenn sie überhaupt stattfindet, typischerweise speziellen Verfassungsausschüssen in eher beratender Funktion überantwortet oder wird dezentral von allen Gerichten wahrgenommen, die für die von ihnen je zu entscheidenden Fälle auch einzelne Regelungen der Verfassung – etwa die Grundrechte – heranziehen können, einander dabei aber nicht ins Gehege kommen[4]. Ebenso wenig stellt sich das Problem in Verfassungsordnungen mit prinzipiell oder jedenfalls stärker justitiablen Verfassungen, in denen die Verfassungskontrolle nach dem meist so genannten Einheitsmodell organisiert ist und alle Gerichte gleichermaßen und in vollem Umfang dazu ermächtigt sind, Rechtsakte auf ihre Vereinbarkeit mit der Verfassung zu überprüfen. Zwar gibt es auch hier nach US-amerikanischem Vorbild typischerweise ein oberstes Gericht, das den anderen Gerichten übergeordnet ist und für die Vereinheitlichung der Rechtsprechung sorgt. Die Verfassung wird hier aber gleichsam im normalen Geschäftsgang und in einer Weise mitbearbeitet, die sich nicht von anderen Formen der Rechtsprechung unterscheidet[5]. In diesem System machen also letztlich alle Gerichte dasselbe, so dass eine Unterscheidung von Verfassungs- und Fachgerichtsbarkeit schon grundbegrifflich nicht möglich ist. Möglich ist sie nur dort, wo die Verfassungsgerichtsbarkeit wie in der Bundesrepublik nach dem sogenannten Trennungsmodell einem institutionell verselb-

[4] Vgl. die – in Teilen durch die Entwicklung allerdings überholte – Typisierung bei *B.-O. Bryde*, Verfassungsentwicklung, 1982, S. 95 ff.; vor allem für Großbritannien hat sich die Situation durch die Einrichtung des Supreme Court im Jahre 2005 und der Verabschiedung des Human Rights Act in einigen entscheidenden Punkten verändert. Im Übrigen müsste man natürlich noch weitere Differenzierungen vornehmen, die hier nicht geleistet werden können. Eine Rolle spielt etwa, ob Gerichte nur die Anwendung der Gesetze oder auch die Gesetze selbst auf ihre Verfassungsmäßigkeit prüfen können, vgl. als Fall einer entsprechenden Beschränkung etwa Art. 120 des Grundgesetzes des Königreichs der Niederlande („Der Richter beurteilt nicht die Grundgesetzmäßigkeit von Gesetzen und Verträgen"), vgl. dazu und zur möglichen Suche nach einer Verfassungsgerichtsbarkeit dort *L. F. M. Besselink*, Verfassungsgerichtsbarkeit in den Niederlanden, in: A. von Bogdandy/C. Grabenwarter/P. M. Huber, Handbuch Ius Publicum Europaeum, Bd. VI, 2015, § 101.

[5] Vgl. *A. Voßkuhle*, in: v. Mangoldt/Klein/Starck, Grundgesetz, 7. Auflage 2018, Bd. 3, Art. 93 Rn. 14, dort auch zur Bezeichnung der verschiedenen Grundmodelle und m. w. N.

ständigten Verfassungsgericht als Spezialgericht für Verfassungsfragen übertragen ist. Damit ist, wie es den Vätern und Müttern des Grundgesetzes durchaus bewusst und für ihre Entscheidung zugunsten des Modells maßgeblich war, auch die Anerkennung eines prinzipiell oder jedenfalls stärker politischen Charakters von Verfassungsanwendung verbunden, die dann zur sonstigen Rechtsanwendung in ein noch näher zu bestimmendes Verhältnis zu setzen ist[6]. Daraus erklärt sich nicht nur, warum sich die Entgegensetzung von „Verfassungsgerichtsbarkeit" und „Fachgerichtsbarkeit" einbürgern konnte, sondern auch die Hartnäckigkeit, mit der sie sich bis heute hält. Zugleich ist damit eine Differenz eingezogen, die für die bis heute anhaltenden Schwierigkeiten der Zuordnung und Abgrenzung in erheblichem Umfang mit verantwortlich ist. Diese verschärfen sich noch einmal, wenn in diesem System zusätzlich die Möglichkeit der Urteilsverfassungsbeschwerde besteht, die Bürger also die Möglichkeit erhalten, das Verfassungsgericht gerade gegen Entscheidungen der Fachgerichte anzurufen[7]. Dieses überprüft dann auch, wie jene mit der Verfassung und möglicherweise auch mit dem von ihnen bearbeiteten Fachrecht umgehen. Von daher verwundert es nicht, dass sich die Abgrenzungs- und Zuordnungsfragen in kaum einer anderen Verfassungsordnung so häufig stellen und in kaum einer anderen Verfassungsordnung so schwer zu beantworten sind wie in derjenigen der Bundesrepublik, die durch alle diese Elemente gekennzeichnet ist.

II. Die Abhängigkeit der Zuordnung von der maßgeblichen Theorie der Verfassung

Allerdings sind die Kompetenzen vorerst nur eine leere Hülle, die noch ausgefüllt werden muss. Vor allem Verfassungsgerichte können ihre Zuständigkeiten sowohl in extensiver als auch in zurückhaltender Weise nutzen, und je nachdem, wie sie dies tun, wirkt sich das auf ihr Verhältnis zu den anderen Akteuren des politischen Systems wie des Rechtssystems aus. Auch die Wahl des organisatorischen Grundmodells tritt demgegenüber in ihrer Bedeutung zurück, wie meist am Beispiel der Gegenüberstellung von österreichischem Verfassungsgerichtshof und US-amerikanischem Supreme Court gezeigt wird: Die Rechtsprechung des zugleich als Fach- und oberstes Instanzgericht konzipierten Supreme Court ist mittlerweile weit stärker politisiert als die des von seiner Idee her als Spezialgericht für Verfassungsfragen eingerichteten österreichischen Verfassungsgerichtshofs, der sich zumindest

[6] Vgl. *C. Schönberger*, Anmerkungen zu Karlsruhe, in: M. Jestaedt/O. Lepsius/C. Möllers/C. Schönberger, Das entgrenzte Gericht, 2011, S. 9 (13 f.); *C. Möllers*, Legalität, Legitimität und Legitimation des Bundesverfassungsgericht, ebd., S. 281 (321).

[7] Ein eigenständiges Organisationsmodell sieht darin, mit durchaus beachtlichen Gründen, *E.-W. Böckenförde*, Verfassungsgerichtsbarkeit. Strukturfragen, Organisation, Legitimation, in: ders., Staat, Nation, Europa, 1999, S. 157 (170 ff.).

in der Vergangenheit als Hüter einer streng legalistischen, vornehm-reservierten Tradition im Kelsenschen Sinne verstanden hat; er wird dementsprechend bis heute weit weniger als politischer Akteur wahrgenommen als der amerikanische Supreme Court[8]. Maßgeblich für die konkrete Zuordnung sind vielmehr Reichweite und Geltungsanspruch der Verfassung, so wie sie in deren bisheriger Anwendung ausgeformt worden sind und sich zu einer zusammenhängenden Theorie der Verfassung runden: im Sinne einer „systematisch orientierten Auffassung über den allgemeinen Charakter, die normative Zielrichtung und die inhaltliche Reichweite der Verfassung als solcher und ihrer Teile", wie es in einer heute schon klassischen Definition heißt[9]. Statt von einer solchen Theorie mag man auch von dem maßgeblichen Verfassungsverständnis, dem Wesen oder der Teleologie der Verfassung sprechen, aber wie immer man es auch bezeichnet, bestimmt es doch die Rollen der Akteure im Prozess der Verfassungsverwirklichung und dementsprechend auch die Zuordnung von Verfassungs- und Fachgerichtsbarkeit entscheidend mit[10]. Beispielhaft dafür steht die Interpretation oder besser die jeweilige Lesart der Grundrechte, die aus einleuchtenden Gründen im Zentrum der Problematik stehen: Werden diese im Sinne einer liberal-rechtsstaatlichen Grundrechtstheorie als Abwehrrechte gegen den eingreifenden Staat verstanden, stellt sich die Frage der Zuordnung von Verfassungs- und Fachgerichtsbarkeit im Wesentlichen nur für die Straf- und – wo es sie gibt – die Verwaltungsgerichte, die entweder selbst Eingriffe vornehmen oder Rechtsschutz gegen Eingriffe der Exekutive gewähren sollen. Werden die Grundrechte demgegenüber in einem sozialstaatlichen Sinne als Ansprüche auf soziale Teilhabe oder auch nur auf ein vom Staat zu gewährleistendes Existenzminimum gelesen, ist zusätzlich mindestens noch die Sozialgerichtsbarkeit involviert[11]. Und noch einmal eine ganz andere Stufe ist erreicht, wenn die Verfassung und speziell die Grundrechte als umfassendes Gerechtigkeitsprogramm verstanden werden, das in alle Bereiche des Rechtslebens hinein „ausstrahlt", wie es das Bundesverfassungsgericht unter der zusammenfassenden Chiffre der „objektiven Wertordnung" oder des „Wertsystems" im Lüth-Urteil bekanntlich ausgesprochen hat[12]. Auch Gesetzgebung, Verwaltung und Rechtsprechung empfangen dadurch von der Verfassung

---

[8] Das Beispiel etwa bei *Schlaich/Korioth* (Anm. 3), Rn. 3; *Voßkuhle* (Anm. 5), Art. 93 Rn. 16.

[9] *E.-W. Böckenförde*, Die Methoden der Verfassungsinterpretation, in: ders., Staat, Verfassung, Demokratie, 1991, S. 53 (83).

[10] Dieser Zusammenhang wird dementsprechend fast überall gesehen, vgl. nur *G. Robbers*, Für ein neues Verhältnis zwischen Bundesverfassungsgericht und Fachgerichtsbarkeit, NJW 1998, 935 (936, 938 f.); entsprechend auch der Grundtenor der Referate auf der Staatsrechtslehrertagung 2001 zu „Verfassungsrecht und einfaches Recht – Verfassungsgerichtsbarkeit und Fachgerichtsbarkeit", VVDStRL 61 (2002), 7 ff., s. etwa die entsprechenden Referate von *Alexy* (dort 8), *Kunig* (dort 51 ff.), und *Hermes* (dort 121 ff., bezogen auf die Grundrechte); aus den Diskussionsbeiträgen etwa *Grimm* (180 ff.) und *Isensee* (183 ff.); allgemein heute etwa *Möllers* (Anm. 6), S. 312 f.

[11] Die Bezeichnung für die entsprechenden Grundrechtstheorien bei *Böckenförde*, Grundrechtstheorie und Grundrechtsinterpretation, in: ders. (Anm. 9), S. 115 (119 ff.).

[12] BVerfGE 7, 198 (2005 ff; die Formel von der „Ausstrahlungswirkung" 207).

„Richtlinien und Impulse“, und zwar grundsätzlich für alle Bereiche ihrer Tätigkeit[13]. Die Verfassung wird dadurch, wie man zutreffend gesagt hat, im Ergebnis eine „allbezügliche“ oder „allmaßstäbliche“ Grundordnung, die zu allen Fragen der Rechtsordnung wie auch des Zusammenlebens an sich zumindest in einem ganz allgemeinen Sinne Orientierung und Richtungsweisung bereithält[14]. Auf diese Weise wird potentiell jedes Rechtsproblem ein Verfassungsproblem oder lässt sich, wie generalisiert auch immer, mit der Verfassung in Verbindung bringen. Für Art. 6 I GG hat das Bundesverfassungsgericht dies noch vor dem Lüth-Urteil einmal plastisch ausgedrückt, als es feststellte, dieser enthalte neben seiner Bedeutung als klassisches Grundrecht und Institutsgarantie zugleich eine „verbindliche Wertentscheidung für den *gesamten Bereich des Ehe und Familie betreffenden privaten und öffentlichen Rechts*“[15]. Aber es gilt dies eben mittlerweile für alle Grundrechte und letztlich auch für die Verfassung insgesamt.

III. Grundsätzliche Veränderungen im Verhältnis von Verfassung und einfachem Recht

Mit dieser theoretischen Weichenstellung verändert sich auch das Verhältnis der Verfassung zum einfachen Recht, und zwar sowohl in quantitativer als auch in qualitativer Hinsicht. Quantitativ nimmt nicht nur die allgemeine Präsenz, sondern auch die schlichte Menge des Verfassungsrechts innerhalb der Rechtsordnung zu, wie es sich an der immer noch weiter voranschreitenden Verbreiterung und Verdichtung der verfassungsrechtlichen Maßstäbe durch eine ausgreifende Verfassungsrechtsprechung anschaulich beobachten lässt[16]. Aber auch die Wissenschaft hat ihren Anteil daran, unter anderem in den jährlich zwischen zehn und zwanzig Habilitationsschriften, die ihre Innovativität häufig gerade dadurch beweisen, dass sie neue Gehalte der Verfassung entdecken, die zuvor noch niemandem aufgefallen waren[17]. Nicht zuletzt liegt darin aber auch eine Folge der prinzipiellen

---

[13] BVerfGE 7, 198 (205).

[14] Der schöne Begriff der „Allbezüglichkeit“ bereits bei *A. Hollerbach*, Ideologie und Verfassung, in: W. Maihofer (Hrsg.), Ideologie und Recht, 1969, S. 37 (51); die „allmaßstäbliche Grundordnung“ bei *G.F. Schuppert/C. Bumke*, Die Konstitutionalisierung der Rechtsordnung, 2000, S. 58.

[15] BVerfGE 6, 55 (76); Hervorhebung nur hier.

[16] Eine Kurzbeschreibung dieses Befunds etwa in der Feststellung, das Grundgesetz bestehe heute nicht mehr nur aus den 146 mehr oder weniger blankettartigen Bestimmungen der Verfassung, sondern auch aus den rund 150 Bänden bundesverfassungsgerichtlicher Entscheidungen dazu, *Voßkuhle* (Anm. 5), Art. 93 Rn. 33 (die ausdrückliche Bezugnahme auf die BVerfGE-Bände nun in der Neuauflage gestrichen). Andere Beschreibungsangebote sind „Rechtsprechungsrecht“, so *M. Albers*, Höchstrichterliche Rechtsfindung und Auslegung gerichtlicher Entscheidungen, VVDStRL 71 (2012), 257 (286 f.); „Maßstabsbildung“, so *O. Lepsius*, Die maßstabsetzende Gewalt, in: Jestaedt/Lepsius/Möllers/Schönberger (Anm. 6), S. 159 ff., etc.

[17] So die treffende Beobachtung von *Bryde* (Anm. 4), S. 337.

Justiziabilität der Verfassung, mit der zwangsläufig auch ihre Rolle im allgemeinen Rechtssystem steigt: Verfassung ist hier ein Argument, mit dem man Prozesse gewinnen kann, und jeder Anwalt, der sein Geld wert ist, muss damit kreativ umgehen und es gegebenenfalls auch ziehen können[18]. In qualitativer Hinsicht kommt es demgegenüber zu einer neuartigen Verschränkung von Verfassungsrecht und einfachem Recht, wie sie im Begriff der Konstitutionalisierung der Rechtsordnung zum Ausdruck gebracht wird. Wird die Verfassung als verbindliche Grundentscheidung für alle Bereiche des Rechts begriffen, reicht es für das einfache Recht nicht mehr aus, wenn es lediglich nicht mit der Verfassung kollidiert, zu ihr nicht in Widerspruch steht etc. Stattdessen muss es inhaltlicher Ausdruck dieser Grundentscheidung sein, ihr auf allen Ebenen seiner Konkretisierung entsprechen[19]. Dem einfachen Recht fließt von hier her „ein spezifisch verfassungsrechtlicher Gehalt zu, der fortan seine Auslegung bestimmt", wie es das Bundesverfassungsgericht erneut im Lüth-Urteil ausgedrückt hat[20]. Immer mehr Recht ist deshalb zugleich Verfassungsrecht und einfaches Recht[21]. Formell bleiben die Rechtsebenen dann weiter unterscheidbar, so wie auch der grundsätzliche Vorrang der Verfassung entgegen einer gelegentlich geäußerten Befürchtung nicht aufgegeben wird; im Gegenteil behält die Verfassung gerade durch ihn ihre Maßstäblichkeit für das einfache Recht[22]. Aber der formellen Unterscheidung entspricht eben immer weniger eine Unterscheidung des Inhalts, hinsichtlich dessen es eben zu der wechselseitigen Verschränkung und Durchdringung kommt. Speziell die Grundrechte werden dann „im Gesetz entfaltet" oder erscheinen gleich „in einfachgesetzlichem Gewande", um die Titel zweier Habilitationsschriften zum Thema aufzugreifen[23]. In der Folge lässt sich das Verhältnis von Verfassung und einfachem Recht auch nicht mehr im traditionellen Bild des „Stufenbaus" erfassen, das in seinem inneren Kern ein Trennungs- oder Schichtenmodell ist, mit der Verfassung oder eventuell noch einer fiktiven Grundnorm als oberster Lage und dem einfachen Recht in seinen verschiedenen Erscheinungsformen (Gesetz, Verordnung, Satzung etc.) als den unteren Lagen. Stattdessen wirkt die Verfassung als „immanente Struktur" der gesamten Rechtsordnung, und wenn man diese als Ganzes schon in Bilder fassen will, so erscheint sie eher „als ein wachsendes Blatt eines Baumes, in dem die Verfassung die Blattrippen darstellt"[24]. Natürlich kann man dann versuchen, die Grundrechte

---

[18] Auch diese Beobachtung bei *Bryde* (Anm. 4), S. 335 f.

[19] *H. Hofmann*, Das Wesen der Verfassung, JöR n. F. 51 (2003), 1 (12).

[20] BVerfGE 7, 198 (205).

[21] *B.-O. Bryde*, Programmatik und Normativität der Grundrechte, in: D. Merten/H.-J. Papier (Hrsg.), Handbuch der Grundrechte in Deutschland und Europa, Bd. I, 2004, § 17 Rn. 53.

[22] Die entsprechende Befürchtung etwa bei *S. Korioth*, BVerfG und Rechtsprechung („Fachgerichte"), in: Festschrift 50 Jahre Bundesverfassungsgericht, 2001, Bd. I, S. 55, 79 (Anm. 130); *R. Alleweldt*, Bundesverfassungsgericht und Fachgerichtsbarkeit, 2006, S. 177 ff., 205 f.

[23] *M. Jestaedt*, Grundrechtsentfaltung im Gesetz, 1999; *M. Gellermann*, Grundrechte in einfachgesetzlichem Gewande, 2000.

[24] *Robbers* (Anm. 10), NJW 1998, 935 (938, 940).

oder die Verfassung insgesamt aus diesem „einfachgesetzlichen Gewand" oder eben diesem „Blatt" mit ihrem je spezifischen Gehalt herauszupräparieren, wie es verschiedentlich vorgeschlagen wird[25]. Aber man hat es hier in der Sache nicht mit trennscharfen Grenzen im Sinne eines Entweder/Oder – hier strikt bindendes Verfassungsrecht, dort prinzipiell autonomes einfaches Recht – zu tun, sondern mit graduellen Abstufungen und Skalierungen, einem Verhältnis des Mehr oder Weniger, einer größeren oder geringeren Nähe zur Verfassung oder zum jeweiligen Grundrecht zu tun[26]. Auch eine, sagen wir, Vorschrift über Zahl und Größe der Fenster in einem Pausenraum für Arbeitnehmer lässt sich zur Not mit einem Grundrecht in Verbindung bringen oder daran messen.

IV. Die Einwirkung auf die Tiefenstrukturen der Rechtsordnung

Neben dieser allgemeinen und als solche gar nicht mehr zu bestreitenden inhaltlichen Verschränkung der Rechtsebenen hat diese Entwicklung auch zu einigen subkutanen Veränderungen des Rechtssystems geführt, die als solche weniger registriert werden, aber möglicherweise gerade deshalb bedeutsamer sind. Sie treten in den Tiefenstrukturen der Rechtsanwendung ein, nämlich in der allgemeinen Rechtskultur und hier vor allem auf der Ebene der Methodik sowie der juristischen Dogmatik, die ebenfalls zusehends vom Verfassungsrecht angeleitet und überformt werden. Sichtbar wird dies vor allem an dem allgemeinen Siegeszug, den die typischerweise mit dem Verfassungsrecht assoziierten Strukturen der Verhältnismäßigkeitsprüfung und insbesondere das Prinzip der Güterabwägung in allen Bereichen der Rechtsordnung und auch in solchen angetreten haben, in denen sie lange als ein Fremdkörper galten[27]. Gerade von dogmatisch orientierten Zivilrechtlern wird dies gern beklagt, ohne dass ihnen schon ein probates Gegenmittel eingefallen wäre[28]. Darüber hinaus werden aber auch die spezifischen Fachdogmatiken ihrerseits immer stärker durch Verfassungsrecht geprägt, und im Grunde finden hier die eigentlich entscheidenden „Wechselwirkungen" statt[29]. Dass der Grad dieser

---

[25] Dies letztlich die Generalthese von *Alleweldt* (Anm. 22), S. 169 ff.

[26] Zumal, wie man sehen muss, gerade die Grundrechtskontrolle von den konkreten Grundrechtsgehalten – etwa in Gestalt klar konturierter Schutzbereiche – mittlerweile weitgehend abstrahiert, so zutreffend *Zuck* (Anm. 1), 1041.

[27] Man kann über die verschiedenen „Migrationswege" dieser Figur insbesondere zwischen öffentlichem Recht und Privatrecht streiten, vgl. dazu ausführlich *A. Tischbirek*, Die Verhältnismäßigkeitsprüfung, 2017, dort insbesondere S. 14 ff.; wichtiger dürfte auch hier die verbreitete Wahrnehmung sein, die sich zu einem die Rechtskultur prägenden Narrativ verdichtet.

[28] Markant etwa *J. Rückert*, Abwägung – die juristische Karriere eines unjuristischen Begriffs, JZ 2011, 913, zur möglicherweise früher einsetzenden Führungsrolle des öffentlichen Rechts dort 916 ff.

[29] Der Begriff natürlich ebenfalls nach BVerfGE 7, 198 (209); mittlerweile ja zur allgemeinen „Wechselwirkungslehre" kanonisiert.

Prägung von Fach zu Fach durchaus unterschiedlich sein kann, mag man dabei durchaus einräumen; es ändert aber an dem Tatbestand nichts. Besonders markant fällt die Prägung naturgemäß im Verwaltungsrecht aus, das entsprechend seiner programmatischen (und, wie ich meine: bis heute gültigen) Selbstbeschreibung als „konkretisiertes Verfassungsrecht" schon früh die Impulse des Verfassungsrechts aufnahm und in seine allgemeine Dogmatik – von den unbestimmten Rechtsbegriffen bis zur Ermessensfehlerlehre – integrierte[30]. Der Prozess als solcher ist damit aber nicht abgeschlossen, sondern aus sich heraus auf Kontinuität, Fortführung und weitere Dynamik angelegt; er kann sich deshalb auch solche Gebiete erobern, in denen zumindest die Dogmatik bislang ohne die Verfassung leidlich zurechtkam. Deutlich wird dies derzeit im Polizeirecht, in dem die das Gebiet lange Zeit autonom strukturierenden Leitbegriffe – die Gefahr, der Störer etc. – in ihrer Bedeutung immer mehr zurücktreten und durch offenere, aber verfassungsrechtlich angeleitete Kategorien ersetzt werden, wie sie vor allem für die Behandlung von Informationseingriffen entwickelt worden sind[31]. Im Sozialrecht und im Steuerrecht lassen sich ähnliche Entwicklungen feststellen[32]. Demgegenüber fällt die Einwirkung der Verfassung in denjenigen Fächern schwächer aus, die traditionell stärker auf ihrer Autonomie beharren. Das gilt vor allem für das Zivilrecht, dessen Vertreter umgekehrt auf das Verfassungsrecht wegen dessen schwächerer dogmatischer Disziplinierung meist nur geringschätzig herabblicken. Auch dort ist die Einwirkung aber auch jenseits des schon früh konstitutionalisierten Familienrechts durchaus vorhanden und wird durch normspezifische Vorgaben – wie die Zuordnung von Privatnützigkeit und Sozialpflichtigkeit im Rahmen von Art. 14 GG oder auch durch rechtsgebietsübergreifende Vorgaben wie den Vertrauensschutz oder eben den Verhältnismäßigkeitsgrundsatz – sichergestellt[33]. Und auch hier ist der Grundgedanke mittlerweile der des angemessenen Ausgleichs verschiedener Rechtspositionen, der seinerseits durch die Verfassung gesteuert wird, etwa wenn es um die Berücksichtigung des Kräfteverhältnisses zwischen den Beteiligten und die Anforderungen an privatautonomes Entscheiden geht. Die Gerichte dürfen sich deshalb heute auch von Verfassungs wegen nicht mit der Feststellung begnügen, Vertrag ist Ver-

[30] Die Formel bei *F. Werner*, Verwaltungsrecht als konkretisiertes Verfassungsrecht, DVBl. 1959, 527 ff. Neuerdings werden daran im Interesse der Sicherung der Eigenständigkeit des Verwaltungsrechts verschiedene Relativierungen angebracht, s. etwa *C. Möllers*, Methoden des Verwaltungsrechts, in: W. Hoffmann-Riem/E. Schmidt-Aßmann/A. Voßkuhle (Hrsg.), Grundlagen des Verwaltungsrechts, Bd. 1, 2. Aufl. 2012, § 3 Rn. 13; sie treffen aber m. E. die grundsätzliche Orientierung und vor allem die prägende Wirkung des Narrativs nicht. Die unhistorische Fundamentalkritik bei *L. Michael*, Verfassung im Allgemeinen Verwaltungsrecht, VVDStRL 75 (2016), 177 ff., geht m. E. an der Sache ganz vorbei.

[31] Vgl. dazu zusammenfassend BVerfGE 141, 220 (267 ff.).

[32] Vgl. für das Steuerrecht etwa *K. Tipke*, Mehr oder weniger Entscheidungsspielraum für den Steuergesetzgeber?, JZ 2009, 533 ff., zur Rezeption der vom BVerfG seinerzeit neu aufgestellten Folgerichtigkeitspostulate.

[33] Vgl. *Schuppert/Bumke* (Anm. 14), S. 39 ff.

trag[34]. Man könnte sich demgegenüber noch stärkere Einwirkungen vorstellen, etwa über eine stärkere Anwendung des allgemeinen Gleichheitssatzes des Art. 3 Abs. 1 GG oder zumindest der spezifischen Diskriminierungsverbote aus Art. 3 Abs. 3 GG, zu denen es allerdings bislang nicht oder ganz ansatzweise gekommen ist. Aber auch hier ist offen, ob es dabei bleibt[35]. Auf diese Weise wenden die Fachgerichte Verfassungsrecht in der Sache mittlerweile auch dort an, wo sie es gar nicht mehr merken[36].

V. Die strukturelle Angleichung der Aufgabenbereiche

Beschrieben ist damit allerdings nur der seinerseits vorläufige Endzustand einer Entwicklung, an der das Bundesverfassungsgericht wie die Fachgerichte gleichermaßen beteiligt waren: das Bundesverfassungsgericht gleichsam von oben, von der Verfassung und insbesondere den Grundrechten herkommend, die Fachgerichte in der Tendenz eher von unten, über das einfache Recht und von dort aus die Harmonisierung mit der eigenen Fachdogmatik sichernd[37]. Mit Blick auf die Verfassung besteht dann aber prinzipielle und nur hinsichtlich der konkreten Grenzlinien noch umstrittene „Aufgabenparallelität" zwischen den Gerichten[38]. Für das Gesamtsystem ist es dann weniger wichtig, wo die Aufgaben, als dass sie überhaupt wahrgenommen werden. Daraus erklärt sich im historischen Rückblick die deutliche Zurückhaltung, die das Bundesverfassungsgericht gegenüber jenen Fachgerichtsbarkeiten übte, die das in der Verfassung materialisierte Gerechtigkeitsprogramm sehr früh und von sich aus aktiv aufgegriffen haben, also etwa gegenüber den Verwaltungsgerichten, die die Beschreibung ihres Faches als „konkretisiertes Verfassungsrecht" verinnerlicht hatten, noch bevor sie explizit eingeführt wurde, oder gegenüber den Arbeitsgerichten, die das Problem der Drittwirkung der Grundrechte schon – und relativ forsch – adressierten, bevor es beim Bundesverfassungsgericht aufschlug[39]. Umgekehrt war das Bundesverfassungsgericht von Anfang an

[34] Vgl. BVerfGE 89, 214 (234f.); dort auch mit der Zusammenfassung der entsprechenden Anforderungen und ihrer Verschränkung mit der zivilrechtlichen Dogmatik.

[35] Erste Ansätze nunmehr möglicherweise in BVerfGE 148, 267ff. – Stadionverbot.

[36] Illustratives Beispiel für diese Invisibilisierung verfassungsrechtlicher Vorgaben ist die verwaltungsgerichtliche Rechtsprechung zur Klagebefugnis in baurechtlichen Nachbarstreitigkeiten: Diese kann zwar nach dem derzeitigen Stand der Dogmatik nicht mehr unmittelbar auf Art. 14 GG gestützt werden, sondern wird ausschließlich über das einfache Recht gewährleistet – dies aber eben gerade in Aufnahme der Vorgaben der verfassungsgerichtlichen Rechtsprechung, nach der Eigentumsschutz aus Art. 14 GG nur nach Maßgabe des einfachen Rechts besteht, vgl. BVerfGE 58, 300 – Nassauskiesung.

[37] *J. Berkemann*, Das Bundesverfassungsgericht und „seine" Fachgerichtsbarkeiten, DVBl. 1996, 1028 (1030).

[38] Ein in fast allen Behandlungen des Themas wiederkehrender Begriff, vgl. *Berkemann* (Anm. 37), DVBl. 1996, 1030; *Korioth* (Anm. 22), S. 55.

[39] Mit der Lehre von der unmittelbaren Drittwirkung, BAGE 1, 185 (193f.); heute ist davon

dort stärker gefordert, wo die Gerichte – wie vor allem die Zivilgerichte – *Otto Mayers* Diktum „Verfassungsrecht vergeht, Verwaltungsrecht besteht" für ihren Zweig übernahmen und in einer Abwehrhaltung gegenüber der Verfassung verharrten; ihnen gegenüber musste deren Geltungsanspruch erst nach und nach und oft in zähem Ringen durchgesetzt werden. In der Sache ist aber auch die Art und Weise der Aufgabenwahrnehmung ungeachtet des unterschiedlichen Zugangs – hier vom einfachen Recht, dort vom Verfassungsrecht her – nicht prinzipiell verschieden: Auf der einen Seite ist jedes Gericht zur – in jedem neu zu entscheidenden Fall immer erst einmal autonomen – Interpretation der Verfassung berufen, wie das Bundesverfassungsgericht schon früh festgestellt hat[40]. Wo das einfache Recht – wie etwa für die Behandlung von Meinungsäußerungen oder im Bereich des Arbeitskampfs – keine oder nur generalklauselartige Maßstäbe bereithält, erscheint die Rechtsanwendung durch die Fachgerichte sogar ausschließlich als Verfassungsanwendung; wo der Gesetzgeber verfassungsrechtliche Maßstäbe ausgestaltet und einen Bereich in diesem Sinne „durchnormiert" hat, läuft die Verfassung im Hintergrund als Kontrollprogramm immer mit, das gegebenenfalls auch aktiviert werden kann. In diesem Sinne kommt den Fachgerichten auch eine eigenständige Kompetenz zur Konkretisierung, Entwicklung und Fortbildung der Verfassung zu[41]. Dementsprechend trauen sie sich immer wieder auch einmal, Grundrechte zu „erfinden", von der Begründung eines Rechtsanspruchs auf Sozialhilfe – lange bevor sich das Bundesverfassungsgericht zu ihm durchringen konnte – bis hin jüngst zur Ableitung eines grundsätzlichen Rechts auf freie Entscheidung über den eigenen Tod aus dem allgemeinen Persönlichkeitsrecht[42]. Auf der anderen Seite muss sich das Bundesverfassungsgericht für das einfache Recht nicht nur als Prüfungsgegenstand interessieren, sondern es darin auch selbst immer wieder auslegen und anwenden[43]. Kaum eine Prüfung der Verhältnismäßigkeit kommt ohne die umfassende Einbindung des einfachen Rechts aus, und spätestens im Verfahren der verfassungskonformen Auslegung oder bei der Kontrolle der Einhaltung der

---

auch das BVerfG – jedenfalls in Teilbereichen – nicht weit entfernt, s. für das Versammlungsrecht etwa BVerfG, NJW 2015, 2485 (2486) – Bierdosen-Flashmob. Für die Gerichte selbst spielt der Unterschied ohnehin keine Rolle; diese müssen die Grundrechte immer „unmittelbar" anwenden.

[40] BVerfGE 3, 225 (231); entsprechend auch die ständig wiederholte Feststellung, für den Grundrechtsschutz seien „primär" die Fachgerichte zuständig, s. nur *H. Lechner/R. Ruck*, Bundesverfassungsgerichtsgesetz, 7. Auflage 2015, § 90 Rn. 15 m. w. N.

[41] Verfassungskonkretisierungs- und -entwicklungskompetenz: *Bryde* (Anm. 4), S. 319 ff. Der Begriff der „Verfassungsentwicklung" ist dafür deshalb treffend gewählt, weil er die schwierige und speziell für die Verfassung ohnehin nicht zu leistende Unterscheidung zwischen Interpretation und Fortbildung des Rechts bewusst in der Schwebe hält.

[42] Rechtsanspruch auf Fürsorge: BVerwGE 1, 159 ff., in der verfassungsrechtlichen Rechtsprechung demgegenüber erst ansatzweise in BVerfGE 40, 121 (133); zum Recht auf selbstbestimmtes Sterben nunmehr BVerwGE 158, 142 ff., sowie – drei Jahre später und noch einmal weitergehend – BVerfGE 153, 182 ff. Die Rede von der „Erfindung" von Grundrechten bei *A. Voßkuhle*, Stabilität, Zukunftsoffenheit und Vielfaltssicherung, JZ 2009, 917 (920 f.).

[43] So die zutreffende Feststellung von *Zuck* (Anm. 1), 1038.

verfassungsrechtlichen Grenzen der Rechtsfortbildung vermischen sich die Rechtsschichten endgültig. Der Anteil „normaler" Gesetzesanwendung sowohl in den verfassungsgerichtlichen Entscheidungen als auch in den mündlichen Verhandlungen ist dementsprechend durchweg hoch. Organisatorisch wird dem durch die innergerichtliche Geschäftsverteilung nach Ressorts oder Sachgebieten Rechnung getragen, die sicherstellen soll, dass jeder Richter und jede Richterin sich nach kurzer Einarbeitungszeit in den ihnen zugewiesenen Rechtsgebieten ebenso sicher bewegen können wie die Spezialisten aus den jeweiligen Fachgerichtsbarkeiten.

VI. Die veränderte Rolle der Fachgerichtsbarkeit

Für die Fachgerichte ist diese Parallelisierung der Aufgaben in mehrfacher Hinsicht folgenreich, zunächst für das eigene Rollenverständnis, sodann für die Argumentations- und Entscheidungskultur und schließlich, in der Konsequenz, auch für ihre öffentliche Wahrnehmung. Zunächst ist, in einem ganz trivialen Sinne, mit der neuen Bedeutung der Verfassung als allmaßstäbliche Grundordnung für alle Bereiche der Rechtsordnung auch ihre Bedeutung für die tägliche Arbeit der Gerichte gestiegen, so dass sie dort heute ebenfalls „allgegenwärtig" ist[44]. Jede Richterin und jeder Staatsanwalt muss deshalb in der Ausbildung auch das Verfassungsrecht gelernt haben; es gehört zu dem, was man in der Praxis einfach „können" muss. Damit wird auch das frühere Selbstbild der Fachgerichte – oder jedenfalls einiger unter ihnen – als tendenziell unpolitische Institutionen oder überhaupt einer im Kern unpolitischen Dritten Gewalt hinfällig; im Gegenteil teilt sich der genuin politische Grundzug des Verfassungsrechts, wie er in allen einschlägigen Bestimmungsversuchen anerkannt ist (Verfassung als politisches Recht, als strukturelle Kopplung von Recht und Politik etc.), nun auch der Fachgerichtsbarkeit mit und wirkt in sie hinein. Die Folgen zeigen sich in einer charakteristischen Veränderung der Argumentationskultur, die sich stärker zu grundsätzlichen, die gesamte Gesellschaft betreffenden Gesichtspunkten verschiebt[45]. Wenn etwa, wie jüngst, die Verwaltungsgerichte über den Antrag eines Todkranken auf Erlaubnis zum Erwerb eines Betäubungsmittels zum Zweck der Selbsttötung entscheiden müssen, können sie dies formal nach den Regeln des Betäubungsmittelrechts behandeln oder als die ungleich größere Frage nach dem Recht auf das eigene Sterben angesichts einer hochtechnologisierten Apparatemedizin, und die – gerade deshalb vielkritisierte – Entscheidung des BVerwG in diesem Fall zeigt, dass den Gerichten dies auch durchaus bewusst ist oder sie es ganz gezielt einsetzen[46].

---

[44] *Schlaich/Korioth* (Anm. 3), Rn. 19.

[45] So die einleuchtende Beobachtung von *Möllers* (Anm. 6), S. 326 f.

[46] Vgl. beispielhaft die Kritik von *K.-F. Gärditz*, Suizidale Betäubungsmittelautonomie?, Zeitschrift für Lebensrecht 26 (2017), 38 (49 f.): „Verkennung der Politizität des begründeten Anspruchs", „politisch zu entscheidende Wertungskonflikte" etc. Aber die politische Dimension

Wenn es also, wie vermutet worden ist, gerade der Sinn der Einrichtung einer besonderen Verfassungsgerichtsbarkeit gewesen sein sollte, die Politisierung des Rechts auf diese Institution zu begrenzen und alle anderen davon abzuschirmen, so hätte es jedenfalls nicht wirklich funktioniert[47]. Aber der Befund gilt generell und etwa auch dort, wo die Gerichte über die Zuordnung von Meinungsfreiheit und Persönlichkeitsschutz in einer demokratischen Ordnung oder – wie jüngst ebenfalls die Verwaltungsgerichte – über die Sichtbarkeitsansprüche von Religion in den öffentlichen Schulen verhandeln[48]. Im Ergebnis halten die Fachgerichte mit solchen Entscheidungen die Verfassung in der Gesellschaft ähnlich präsent wie das Bundesverfassungsgericht, auch wenn solche spektakulären Fälle natürlich die Ausnahme sind und die meisten von ihnen früher oder später ohnehin beim Bundesverfassungsgericht landen. Noch häufiger wirken aber die „Fachgerichte als Verfassungsgerichte" dort, wo es von der breiten Öffentlichkeit gar nicht registriert wird: in den kleinen, normalen und völlig unspektakulären Fällen, wie sie zum Alltag einer Rechtsordnung gehören[49]. Auch dort wird aber, wie man sehen muss, Verfassungsrecht gemacht, nämlich in seiner konkreten Auswirkung auf den Bürger; diesen interessieren im Zweifel weniger die abstrakten Maßstäbe, die das Bundesverfassungsgericht zu Art. 5 Abs. 1 GG entwickelt hat, als vielmehr die Frage, was man konkret sagen darf und was nicht[50]. Insgesamt ist damit die Stellung der Fachgerichte im Rechtssystem stark aufgewertet worden, zumal sie durch den ihnen jederzeit möglichen Rückgriff auf die Verfassung auch neue Freiräume gegenüber dem Gesetzgeber gewinnen, die sie nicht selten offensiv nutzen[51].

VII. Die Schwierigkeiten der Bestimmung der Rolle des Bundesverfassungsgerichts

Unter diesen Bedingungen ist es allerdings weniger die Rolle und Funktion der Fachgerichte, die prekär wird, als vielmehr die des Bundesverfassungsgerichts. Natürlich bleibt dieses weiter allein für die mögliche Verwerfung von Gesetzen für den Fall ihrer Verfassungswidrigkeit zuständig, in dem den Fachgerichten nur – aber

---

des Falles, der auch schon den EGMR beschäftigte, hätte man auch dann gehabt, wenn die Entscheidung anders ausgefallen wäre; letztlich liegt hier nur ein besonders deutliches Beispiel dafür vor, wie die Gerichte die ihnen durch den Rückgriff auf die Verfassung möglichen Spielräume nutzen können oder jedenfalls zu nutzen versuchen.

[47] So die Vermutung von *Möllers* (Anm. 6), S. 327f.

[48] BVerwGE 141, 223ff.: öffentliches Schulgebet muslimischer Schüler.

[49] Die Formulierung als Kapitelüberschrift bei *Kunig* (Anm. 10), VVDStRL 61 (2002), 45; s. auch *Alexy*, ebda., 29: „kleine Verfassungsgerichte".

[50] Das Beispiel so bei *Bryde* (Anm. 4), S. 321.

[51] Markantes Beispiel: die Zubilligung eines Schmerzensgeldanspruchs für Persönlichkeitsverletzungen contra legem durch BGHZ 26, 349ff. – Herrenreiter; gebilligt durch BVerfGE 34, 269 (280ff.) – Soraya.

immerhin auch – das entsprechende Prüfungsrecht zusteht[52]. In einem System, das die Urteilsverfassungsbeschwerde kennt, überprüft ein Verfassungsgericht in den allermeisten Fällen aber nicht die Verfassungsmäßigkeit der Gesetze selbst, sondern die Art und Weise, wie andere Gerichte diese mit Blick auf die Verfassung anwenden. Im Ergebnis macht das Bundesverfassungsgericht, wenn auch wie gesehen vom entgegengesetzten Zugang her, nichts anderes als diese anderen Gerichte auch, die wiederum von ihrem Zugang aus dasselbe machen wie das Bundesverfassungsgericht. Auch wenn man dann weiter betont, dass die Verfassungsbeschwerde nur ein „außerordentlicher Rechtsbehelf" ist und das Bundesverfassungsgericht nicht zum „Rechtsweg" im eigentlichen Sinne gehört, wirkt es in der praktischen Konsequenz nur wie eine zusätzliche Instanz, über deren Notwendigkeit – für welche Fälle braucht es wirklich ein, zwei oder drei Instanzen? – man ebenso streiten kann, wie man es in den einzelnen Gerichtszweigen ja auch tut[53]. Das gilt umso mehr, je weiter der Prozess der Konstitutionalisierung der Rechtsordnung vorangeschritten, insbesondere je tiefer die Verfassung in die einzelnen Fachdogmatiken eingesickert und nun dort aufgehoben ist. Unter diesen Bedingungen sorgt das Bundesverfassungsgericht mit seinen Entscheidungen in der Regel nicht für mehr oder weniger Grundrechtsschutz, sondern ersetzt, wie in jeder gefestigten liberalen Kultur, nur eine mögliche Grundrechtssicht durch eine andere, wenn es nicht überhaupt, wie in mehrpoligen Rechtsverhältnissen, Grundrechte einfach nur umverteilt[54]. Auch Verfassungsrichter fordern deshalb, die „verfassungsgerichtliche Erziehungsdiktatur" gegenüber den Fachgerichten zurückzufahren, oder stellen die Abschaffung der Urteilsverfassungsbeschwerde ernsthaft zur Diskussion, und dies keineswegs erst nach ihrer Amtszeit[55]. Überraschender Verlierer der Entwicklung könnte deshalb das Bundesverfassungsgericht sein, das den gesamten Prozess einst angestoßen und in manchen Bereichen überhaupt erst durchgesetzt hat. Natürlich verfügt es nach wie vor über ein höheres symbolisches Kapital als die Fachge-

---

[52] Auch hier ist aber im Ergebnis das Verwerfungsmonopol des BVerfG dahin: Über den Vorrang des – in den Grundrechten inhaltlich weitgehend parallelen – Unionsrechts eröffnen sich auch den Fachgerichten eigene Möglichkeiten zur Nichtanwendung von Gesetzesrecht, ohne das BVerfG einschalten zu müssen. Art. 100 GG, der ein Verwerfungsmonopol statuiert, stimmt insoweit nicht mehr, vgl. *D. Grimm*, Die Zukunft der Verfassung II, 2012, S. 107.

[53] Die Verfassungsbeschwerde als „außerordentlicher Rechtsbehelf" bereits in BVerfGE 1, 4; seitdem st. Rspr., vgl. BVerfGE 18, 315 (325); 49, 252 (258). Zur (Nicht-)Zugehörigkeit des BVerfG zum Rechtsweg s. bereits § 90 Abs. 2 BVerfGG selbst, ferner im Zusammenhang mit dem Begriff des Rechtswegs in Art. 19 Abs. 4 GG *P.M. Huber*, in: von Mangoldt/Klein/Starck (Anm. 5), Bd. 1, Art. 19 Rn. 449.

[54] Das Argument übernommen von *J. Waldron*, The Core of the Case against Judicial Review, The Yale Law Journal 115 (2006), 1346 ff., dort bezogen auf die Möglichkeit der Aufhebung demokratisch beschlossener Gesetze.

[55] S. einerseits *Bryde* (Anm. 21), § 17 Rn. 48, und andererseits *Voßkuhle* (Anm. 5), Rn. 166, die Möglichkeit der Abschaffung der Urteilsverfassungsbeschwerde gegenüber der Erstfassung der Kommentierung nun aber stärker relativiert; zur Forderung nach einem „echten Schnitt" im Verhältnis zu den Fachgerichten s. aber auch ebd., Rn. 66.

richte, denen trotz aller durchaus sichtbarer Bemühungen weithin das Charisma fehlt, das zur Generierung von umfassender Deutungsmacht erforderlich ist[56]. Allerdings bleiben der genauere Standort und die künftige Rolle des Bundesverfassungsgerichts ihnen gegenüber durchaus unklar. Ihren eigentlichen Sachgrund hat diese Unklarheit in der erheblichen Kluft, die praktisch von Anfang an zwischen den theoretischen Kontrollbefugnissen des Bundesverfassungsgerichts und seinen praktischen Wirkungsmöglichkeiten klafft. Theoretisch hat sich das Bundesverfassungsgericht mit der Elfes-Doktrin und dem Ausbau von Art. 3 Abs. 1 GG zu einer von einem konkreten Vergleichsfall abstrahierenden Willkürkontrolle die Möglichkeit geschaffen, die Entscheidungen der Fachgerichte umfassend und auch bis in die letzten Einzelheiten der Anwendung des einfachen Rechts hinein zu kontrollieren: Im Ergebnis stellt danach jedes falsche Urteil wegen der verfassungsrechtlichen Bindung der Gerichte an Gesetz und Recht einen Verfassungsverstoß dar, den das Bundesverfassungsgericht mit der beliebten Allzweckwaffe des „Art. 2 Abs. 1 GG i. V. m. dem Rechtsstaatsprinzip" aufheben könnte[57]; alternativ lässt sich dafür auch auf die Willkürkontrolle ausweichen[58]. Praktisch kann das Bundesverfassungsgericht den umfassenden Kontrollanspruch aber gar nicht durchhalten; dazu fehlen ihm sowohl die personellen und zeitlichen Kapazitäten als zuletzt auch der Wille. In diesem Dilemma wird die Zuordnung von Verfassungs- und Fachgerichtsbarkeit und hier vor allem die nähere Bestimmung des Standorts des Bundesverfassungsgerichts zu einem Dauerproblem, das die Verfassungsrechtsprechung selbst und die verfassungsprozessuale Dogmatik folgerichtig seit nunmehr mehr als sechs Jahrzehnten beschäftigt.

VIII. Zu einem möglichen Leitbild der Zuordnung

Moderiert werden die konkrete Standortbestimmung und die Zuordnung allerdings nahezu ebenso lange von einer übergreifenden Vorstellung davon, wie sie sinnvoller- und richtigerweise auszusehen hätte. Diese Vorstellung ist allen Beteiligten gemeinsam, sie liegt letztlich allen bisherigen Abgrenzungsversuchen in dieser oder jener Weise zugrunde, und sie verdichtet sich zu einem normativen Leitbild, das die Praxis der Verfassungsanwendung bis heute prägt. In der Sache läuft dieses Leit-

[56] Das Konzept von Deutungsmacht in *H. Vorländer*, Deutungsmacht – Die Macht der Verfassungsgerichtsbarkeit, in: ders. (Hrsg.), Die Deutungsmacht der Verfassungsgerichtsbarkeit, 2006, S. 9 (16 ff.): Deutungsmacht dort als „spezifische Form von Macht", „die sich auf symbolische und kommunikative Geltungsressourcen stützt und sich in der Durchsetzung von Leitideen und Geltungsansprüchen manifestiert".

[57] Zur prinzipiellen Problematik solcher Normverbünde *M. Meinke*, In Verbindung mit, 2006; *I. Augsberg/S. Augsberg*, Kombinationsgrundrechte, AöR 132 (2007), 539 ff.

[58] Kritisch dazu schon *C. Kirschberg*, Willkürschutz statt Grundrechtsschutz, NJW 1987, 1988 ff.; dogmatische Kritik bei *W. Heun*, in: H. Dreier (Hrsg.), Grundgesetz Kommentar, Bd. 1, 3. Aufl. 2013, Art. 3 Rn. 62 ff.

bild auf ein Modell arbeitsteiliger Verwirklichung der Verfassung hinaus, das die unterschiedlichen Stärken und Potentiale der jeweiligen Institutionen möglichst optimal zur Geltung bringen will. Für das Bundesverfassungsgericht wirkt sich dabei nicht zuletzt das hohe symbolische Kapital aus, das es im Laufe seiner Rechtsprechung aufgehäuft hat. In diesem Sinne weist das Leitbild, ohne dass sich dies präziser benennen ließe, dem Bundesverfassungsgericht tendenziell die Rolle eines „Grundsatzforums" zu, das sich um die großen Linien kümmert, während die Fachgerichte umso stärker aktiviert und eingebunden werden, je weiter man in der Falllösung nach unten, d. h. in die Einzelheiten der Sachverhaltsermittlung oder auch die speziellen Fragen des einfachen Rechts, hinabsteigt[59]. Zum Ausdruck gebracht wird es seit je her durch die bekannten formelhaften Wendungen und größtenteils selbstentwickelten Regeln, die die Rechtsprechung des Bundesverfassungsgerichts bis heute prägen: also etwa die Beschränkung der Aufhebungskompetenz auf die Verletzung „spezifischen Verfassungsrechts"; die Abstufung der Kontrolldichte nach Intensität und Gewichtigkeit der Rechtsbeeinträchtigung; das ewige Mantra, das Bundesverfassungsgericht sei „keine Superrevisionsinstanz"[60]. Man hat darin oft ein „Arkanum des Gerichts" oder jedenfalls bloße „Leerformeln" gesehen, weil sich aus ihnen keine feste Grenze ergibt, sie in hohem Maße flexibel gehandhabt werden können und der Zugriff auf die Vollkontrolle jederzeit möglich bleibt[61]. Das lässt sich in der Tat an einer Unzahl von Beispielen demonstrieren[62]. Aber es ist auch gar nicht der Sinn dieser Formeln, eine feste Grenze zu bestimmen. Stattdessen wirken sie gerade durch ihre ständige rituelle Wiederholung, mit der sie eine „persuasive Kraft" entfalten[63]. Gerade dadurch funktionieren sie als normatives Leitbild, das nach wie vor die Richtung anzeigt, in der eine angemessene Aufgabenverteilung zu suchen ist. Man kann dann weiter darüber nachdenken, wie man dieses Leitbild zeitgemäß fortschreibt und weiterentwickelt, nachdem die Fachge-

---

[59] „Forum of principle": *R. Dworkin*, A Matter of Principle, 1985, S. 33 ff.

[60] Als grundlegend gilt meist BVerfGE 18, 85 (92 f.) mit der sog. Heckschen Formel. Zusammenfassender Überblick über diese und weitere Formeln (Schumann-Formel, Intensitätsformel, Eigenart der betroffenen Grundrechte, Kontrolle der Rechtsfortbildung etc.) *Voßkuhle* (Rn. 5), Art. 93 Rn. 61 ff.; *R. Zuck*, Das Recht der Verfassungsbeschwerde, 5. Auflage 2017, Einleitung Rn. 149 ff.

[61] Arkanum des Gerichts: *Böckenförde* (Anm. 7), S. 169; die „Leerformel" etwa bei *H. Bethge*, in: Maunz/Schmidt-Bleibtreu/Klein/Bethge, Bundesverfassungsgerichtsgesetz, 55. Ergänzungslieferung, Stand 10/2018, § 90 Rn. 316; *Zuck* (Fn. 60), Rn. 580, jeweils bezogen auf die „Verletzung spezifischen Verfassungsrechts".

[62] Anschauliches Beispiel sind etwa die Bereichsausnahmen für einzelne Grundrechte wie die Meinungsfreiheit, bei denen immer wieder Verurteilungen zu überschaubaren Geldstrafen, die im Ergebnis kaum zu beanstanden waren, allein wegen des gewählten Begründungswegs aufgehoben werden, vgl. etwa BVerfG NJW 2016, 2870 (Beleidigung einer Staatsanwältin als „dumm", „widerwärtig", „durchgeknallt", „geisteskrank" etc.).

[63] *Robbers* (Anm. 10), 936. Der Vorwurf von *Alleweldt* (Anm. 22), S. 271 f., „sämtliche Begrenzungstheorien" hätten nicht das geleistet, was sie „zu leisten versprechen: nämlich eine praxistaugliche Abgrenzung der Kompetenzen zwischen Verfassungsgericht und Fachgerichten", geht deshalb am Problem vorbei; im Übrigen gilt das für die von *Alleweldt* selbst entwickelte „Begrenzungstheorie" nicht minder, s. *Zuck* (Anm. 1), 1037 ff.

richte das Konstitutionalisierungsprogramm aufgegriffen haben und die Verfassung mittlerweile ebenso selbstverständlich in ihre Entscheidungen einbauen wie das Bundesverfassungsgericht selbst. Ein bedenkenswerter, schon vor längerer Zeit unterbreiteter Vorschlag zielt hier darauf, den bisherigen Abgrenzungsformeln ein umfassenderes Leitbild des „Kooperationsverhältnisses" zur Seite zu stellen, in dem das Bundesverfassungsgericht statt als mehr oder weniger präzeptoraler „Hüter" – also Oberlehrer – eher als eine Art „Moderator" fungiert. Dieser beschränkt sich im Wesentlichen auf die Sicherung und Fortschreibung der großen Linien, bleibt aber ansonsten im Hintergrund und sorgt allenfalls durch vorsichtig dosierte Interventionen dafür, dass der Prozess weiter in Gang bleibt[64].

IX. Die Zuordnung als Resultat einer interpretativen und sozialen Praxis

Das Bundesverfassungsgericht verwendet den Begriff des „Kooperationsverhältnisses" demgegenüber bislang nur im Verhältnis zu den europäischen Gerichten, in der Sache also dort, wo es selbst am kürzeren Hebel sitzt[65]. Das verweist auf das grundsätzliche Problem solcher Vorschläge, die weniger von außen an die bestehende Praxis herangetragen werden können als vielmehr innerhalb dieser Praxis selbst entwickelt werden müssen. Auch das hier beschriebene Leitbild der Zuordnung ist insoweit wesentlich ein Resultat dieser Praxis und hat sich in ihr herausgebildet. Das bedeutet nicht, dass es völlig losgelöst von verfassungsrechtlichen Bindungen oder überhaupt den Vorgaben der Verfassung entstanden ist. Im Gegenteil lässt es sich, wie die meisten verfassungsrechtlichen Theoreme oder Leitbilder, auf bestimmte Anhaltspunkte im Text stützen oder damit in Verbindung bringen: im konkreten Fall etwa auf die Verteilung der rechtsprechenden Gewalt auf das Bundesverfassungsgericht, die obersten Bundesgerichte und die Gerichte der Länder in Art. 92 GG oder eine Zusammenschau der Liste der Kompetenzen in Art. 93 GG. Tatsächlich geschieht dies in allen Behandlungen des Themas auch oder wird mindestens versucht[66]. Allerdings sind die entsprechenden Vorgaben für sich noch ganz unbestimmt und können wiederum in ganz verschiedener Weise ausgefüllt werden, wobei entscheidend immer auch eine vorausgesetzte Vor-

---

[64] *Robbers* (Anm. 10), 938 f., prinzipielle Sympathie in der Sache – ohne Verwendung des „Kooperationsverhältnisses" – auch bei *Voßkuhle* (Anm. 5), Art. 93 Rn. 66: „Prüfungsumfang rigoros beschränken auf grundsätzliche Auslegungsfragen im Sinne der Schumannschen Formel". Kritisch zu der Grundvorstellung von Kooperation demgegenüber *Korioth* (Anm. 22), S. 79; Diskussionsbeitrag *Isensee*, VVDStRL 61 (2002), 184.

[65] Grundlegend BVerfGE 89, 155 (175); s. auch die harmonisierende Beschreibung als „Verfassungsgerichtsverbund" bei *A. Voßkuhle*, Der europäische Verfassungsgerichtsverbund, NVWZ 2010, 1 ff.

[66] Vgl. *Bryde* (Anm. 4), S. 315 f.; *Kunig* (Anm. 10), 38 ff.; *Voßkuhle* (Anm. 4), Art. 93 Rn. 17 ff.

stellung über Sinn und Aufgaben der Institution eine Rolle spielt[67]. Gerade im Verhältnis der Akteure zueinander sind deshalb alle Beschränkungen wesentlich Selbstbeschränkungen und müssen als solche gehandhabt werden. Das gilt vor allem für das Bundesverfassungsgericht selbst, das so, wie es sich seine Kontrollbefugnisse in nicht unwesentlichem Umfang selbst geschaffen hat (mit dem Elfes-Urteil in Bezug auf die Reichweite des Prüfprogramms, mit dem Lüth-Urteil über die Rechtsprechung der Zivilgerichte, mit dem Maastricht-Urteil über das gesamte europäische Integrationsprojekt etc.), auch über die Grenzen seiner Tätigkeit im Wesentlichen autonom entscheidet. Als sinnfälliges Beispiel mag man die Norm des § 26 BVerfGG nehmen, die an sich für das Bundesverfassungsgericht das Recht und die Pflicht zur Tatsachenermittlung begründet. Es wendet diese Vorschrift aber in der Regel nicht an; stattdessen gilt der Satz, dass die Ermittlung und Feststellung des Sachverhalts Sache der Instanzgerichte sei[68]. Dem entspricht es, dass die Grenzverläufe in sich hochgradig variabel sind und zwischen den Akteuren auch immer neu ausverhandelt werden müssen. So hat etwa das Bundesverfassungsgericht die Einhaltung der Verfahrensgrundrechte in seiner frühen Rechtsprechung relativ streng kontrolliert, dies dann aber angesichts der sich abzeichnenden eigenen Überlastung wieder zurückgenommen[69]. Umgekehrt hat es früher die Rechtsfortbildung der Fachgerichte nur einer relativ pragmatischen Vertretbarkeitskontrolle unterworfen, die Zügel hier aber mittlerweile deutlich enger angezogen; ein so bahnbrechendes Urteil wie „Soraya" wäre heute nicht mehr möglich[70]. In anderen Bereichen wie der Kontrolle polizeilicher Informationseingriffe kann demgegenüber nun plötzlich die Subsidiarität der Verfassungsbeschwerde wieder betont werden, nachdem man in allen entsprechenden Entscheidungen zuvor darüber kommentarlos hinweggegangen ist[71]. Von unten kommt auch von Seiten der Fachgerichte Auflehnung immer wieder einmal vor und muss dann innerhalb des

---

[67] In diesem Sinne ist die Hecksche Formel bei ihrer erstmaligen Formulierung ausschließlich mit „dem Sinn der Verfassungsbeschwerde und der besonderen Aufgabe des Bundesverfassungsgerichts" begründet worden, vgl. BVerfGE 18, 85 (92). S. umgekehrt als Versuch, aus den verfassungsrechtlichen Vorgaben ein weitgehendes Gegenmodell zur derzeitigen Praxis zu entwerfen: *Hermes* (Anm. 10), 129 ff.

[68] *Zuck* (Anm. 1), 1039; in diesem Sinne bereits BVerfGE 18, 85 (92); 30, 173 (196 f.); 60, 79 (90); 84, 382 (386), st. Rspr. Kritisch dazu das Sondervotum *Steinberger*, BVerfGE 70, 59 (69); zsfd. und mit Hinweis auf charakteristische Ausnahmen wie das Parteiverbotsverfahren *G. Zöbeley/F.-W. Dollinger*, in: Umbach/Clemens/Dollinger (Hrsg.), BVerfGG, 2. Auflage 2005, § 26 Rn. 10 ff., s. dazu die schöne Charakterisierung des BVerfGG als „soft law" bei *Isensee*, Diskussionsbeitrag, VVDStRL 61 (2002), 185.

[69] Vgl. *Voßkuhle* (Anm. 5), Art. 93 Rn. 60.

[70] S. die Gegenüberstellung des Entscheidungsprogramms in BVerfGE 34, 269 (286 ff.) – Soraya einerseits und BVerfGE 128, 193 (210) – Dreiteilungsmethode andererseits; zur Einordnung *B. Rüthers*, Klartext zu den Grenzen des Richterrechts, NJW 2011, 1856 ff.

[71] S. nunmehr die entsprechende Akzentuierung in BVerfG, NVWZ 2019, 398 (Rn. 41 ff.) – Automatisierte Kennzeichenerfassung.

Systems verarbeitet werden[72]. Sie stellt aber, solange sie nicht zum Regelfall wird, nicht das System als solches in Frage, das sich im Wesentlichen selbst steuert und stabilisiert. Gerade darin erweist sich die Verfassung als die interpretative und soziale Praxis, die sie in der Sache ist.

---

[72] Markantes Beispiel die anhaltende Auseinandersetzung des BVerfG mit dem OVG Münster über den Umgang mit rechtsextremistischen Versammlungen, s. etwa OVG Münster, NJW 2001, 2114 f. einerseits und BVerfG, NJW 2001, 2069 ff. andererseits. Als Beispiel einer erfolgreichen Intervention von unten: BFH, NJW 1999, 3798 f. mit der Ablehnung des vom BVerfG in einer Entscheidung kreierten steuerrechtlichen Halbteilungsgrundsatzes; dazu dann abschließend BVerfGE 115, 97 (114). Auch durch den Einfluss des europäischen Rechts gewinnen die Fachgerichte gegenüber dem BVerfG neue Freiräume, die es ihnen etwa ermöglichen, mit dem EuGH „über Bande" zu spielen und so am BVerfG vorbei zu agieren, s. zuletzt am Beispiel des kirchlichen Arbeitsrechts EuGH, NZA 2018, 1187 und BAG, NZA 2019, 455 – Egenberger.

Teil VII

Das Verhältnis von Verfassung und Gesetz im Lichte des EU-Rechts

Das Verhältnis von Verfassung und Gesetz im Lichte des EU-Rechts

Yumiko Nakanishi

I. Einleitung

Zuerst eine Definition: Was bedeutet das Verhältnis von Verfassung und Gesetz im Lichte des EU-Rechts? Verfassung in diesem Sinne sind die EU-Verfassung und die nationalen Verfassungen. Gesetz in diesem Sinne sind die EU-Maßnahmen.

In diesem Beitrag wird das Thema „Das Verhältnis von Verfassung und Gesetz im Lichte des EU-Rechts“ in zwei Abschnitten behandelt. Erstens das Verhältnis zwischen der EU-Verfassung und den EU-Maßnahmen in der EU-Rechtsordnung.

Zweitens das Verhältnis zwischen nationaler Verfassung und den EU-Maßnahmen im EU-Rechtsraum, der aus der EU-Rechtsordnung und den nationalen Rechtsordnungen besteht. Im EU-Rechtsraum sind nicht nur das EU-Recht, sondern auch nationales Recht einschließlich der nationalen Verfassungen enthalten, solange nationales Recht zu den vom EU-Recht erfassten Bereichen gehört. In diesem Raum spielen nicht nur der EuGH, sondern auch nationale Gerichte als „EU-Gerichte" eine Rolle. Gemäß Art. 19 Abs. 1 EUV verpflichten sich nationale Gerichte, erforderliche Rechtsbehelfe zu schaffen, damit ein wirksamer Rechtsschutz in den vom Unionsrecht erfassten Bereichen gewährleistet ist. Als Exkurs wird das Verhältnis zwischen nationaler Verfassung und dem EU-Recht in der japanischen Rechtsordnung als Rechtsordnung eines Drittstaates behandelt.

Ich behandele diese Punkte im Rahmen des Themas „Die Verfassungsentwicklung im Gesetz". Es wird gezeigt, wie eine Verfassung (d.h. EU-Verfassung bzw. nationale Verfassung) durch Gesetze bzw. EU-Maßnahmen entwickelt oder beeinflusst wird. Abschließend will ich einige Betrachtungen über das Verhältnis zwischen dem EuGH und den nationalen Gerichten anstellen.

In diesem Beitrag wird die Beeinflussung der EU-Maßnahmen durch die deutsche Verfassung nicht behandelt, weil der Rahmen dieses Beitrags das Thema „Die Verfassungsentwicklung im Gesetz" bildet. Die Entwicklung der EU-Maßnahmen durch die Europäische Konvention zum Schutz der Menschenrechte und Grundfreiheiten (EMRK) wird aus dem gleichen Grund nicht behandelt. Weiter wird die Entwicklung der EU-Verfassung durch die Änderungen der Verträge nicht angesprochen. Der Beitrag konzentriert sich auf das Thema „Die Verfassungsentwicklung im Gesetz bzw. in EU-Maßnahmen".

II. Das Verhältnis zwischen der EU-Verfassung und den EU-Maßnahmen in der EU-Rechtsordnung

1. Die Pyramide in der EU-Rechtsordnung

In der Pyramide der EU-Rechtsordnung besteht die Spitze aus der EU-Verfassung, die aus dem Vertrag über die Europäische Union (EUV), dem Vertrag über die Arbeitsweise der Europäischen Union (AEUV) und der Charta der Grundrechte der Europäischen Union (Charta) besteht (Art. 2 Abs. 3 EUV und Art. 6 Abs. 1 EUV). In der zweiten Schicht liegen die internationalen Verträge, die die EU allein oder mit den Mitgliedstaaten abgeschlossen hat. Gemäß Art. 216 Abs. 1 AEUV binden die von der Union geschlossenen Übereinkünfte die EU-Organe und die Mitgliedstaaten. Allerdings ist die Prüfungsmöglichkeit der Rechtmäßigkeit einer EU-Maßnahme gemäß einem internationalen Vertrag begrenzt, da die Bestimmungen des Vertrags unmittelbare Wirkung haben müssen.[1] In der dritten Schicht liegt sekundäres Recht, d.h. EU-Maßnahmen, die auf der Rechtsgrundlage der EU-Verträge (z.B. Art. 192 Abs. 1 AEUV) erlassen werden. In der vierten Schicht liegen Ausführungsbestimmungen, d.h. EU-Maßnahmen (Durchführungsrechtsakte, delegierte Rechtsakte), die auf der Grundlage von sekundärem Recht erlassen werden.

Die Hierarchie zwischen der EU-Verfassung und den EU-Maßnahmen ist durch die Nichtigkeitsklage gemäß Art. 263 AEUV garantiert. Sie ist teilweise auch durch das Vorabentscheidungsverfahren gemäß Art. 267 AEUV gesichert. So hat der EuGH z.B. bei den verbundenen Rechtssachen C-293/12 und C-594/12 (Digital Rights Ireland) entschieden, dass die Richtlinie 2006/24 über die Vorratsspeicherung von Daten Art. 7 und Art. 8 Charta verletzt habe und nichtig sei.[2] Bei den verbundenen Rechtssachen C-402/05 P und C-415/05 P (Kadi) hat der EuGH die Verordnung 881/2002 über die Anwendung bestimmter spezifischer restriktiver Maßnahmen gegen bestimmte Personen und Organisationen für nichtig erklärt.[3] Weiterhin wird die Hierarchie zwischen der EU-Verfassung und den geplanten internationalen Verträgen durch das Gutachtenverfahren gemäß Art. 218 Abs. 11 AEUV garantiert. Zum Beispiel in den Gutachten 1/91 (Abkommen über die Schaffung des Europäischen Wirtschaftsraums)[4], Gutachten 1/09 (Schaffung eines einheitlichen Patentgerichtssystems)[5] und Gutachten 2/13 (EMRK)[6] hat der EuGH erklärt, dass Entwürfe dieser internationalen Verträge mit der EU-Verfassung unvereinbar sind.

2. Die Entwicklung der EU-Verfassung durch die EU-Maßnahmen

Das Verhältnis zwischen der EU-Verfassung und den EU-Maßnahmen in Bezug auf die Hierarchie zwischen beiden ist zwar klar. Aber das Verhältnis ist nicht einfach. Die Effektivität von bestimmten Artikeln der EU-Verträge bedarf der EU-Maßnahmen. Es bedeutet, dass EU-Maßnahmen erlassen werden müssen, um die vorgeschriebenen Rechte der EU-Verträge zu verwirklichen. Zum Beispiel brauchen Art. 10 EUV (Demokratische Grundsätze), Art. 19 AEUV (Antidiskriminierung), Art. 21 AEUV (Freizügigkeit), Art. 12 Abs. 4 EUV und Art. 24 AEUV (Bürgerinitiative), Art. 16 AEUV (Datenschutz) und Art. 15 AEUV (Grundsatz der Offenheit) den Erlass von EU-Maßnahmen, so dass die EU-Bürger sie anwenden können.

---

[1] Z.B. zu GATT: EuGH, Rechtssache C-280/93, Deutschland gegen Rat, ECLI:EU:C:1994:367, Rn. 110–111.

[2] EuGH, Verbundene Rechtssachen C-293/12 und C-594/12, Digital Rights Ireland, ECLI:EU:C:2014:238.

[3] EuGH, Verbundene Rechtssachen C-402/05 P und C-415/05 P Kadi, ECLI:EU:C:2008:461.

[4] EuGH, Gutachten 1/91, ECLI:EU:C:1991:490.

[5] EuGH, Gutachten 1/09, ECLI:EU:C:2011:123.

[6] EuGH, Gutachten 2/13, ECLI:EU:C:2014:2454.

Art. 19 AEUV sieht das Prinzip der Antidiskriminierung vor. Art. 19 AEUV ist nicht ausreichend, um das Prinzip der Antidiskriminierung in einem konkreten Rechtsstreit vor einem nationalen Gericht durchzusetzen. Vielmehr soll eine Maßnahme auf der Grundlage von Art. 19 AEUV erlassen werden, so dass die EU-Bürger das in Art. 19 garantierte Recht nutzen können. Der EuGH hat im Fall der Rechtssache C-427/06 (Bartsch) klargestellt, dass das EU-Recht kein Verbot der Diskriminierung aus Gründen des Alters kennt, dessen Schutz die Gerichte der Mitgliedstaaten zu gewährleisten haben, wenn die möglicherweise diskriminierende Behandlung keinen gemeinschaftlichen Bezug aufweist und ein solcher gemeinschaftlicher Bezug durch die Richtlinie 2000/78 erst nach Ablauf der dem betreffenden Mitgliedstaat für die Umsetzung dieser Richtlinie gesetzten Frist entstanden ist.[7] Richtlinie 2000/78 zur Festlegung eines allgemeinen Rahmens für die Verwirklichung der Gleichbehandlung in Beschäftigung und Beruf wurde auf Grundlage von Art. 19 AEUV (ehemals Art. 13 EGV) erlassen, damit die Bürger sich auf Art. 19 AEUV in Verbindung mit der Richtlinie 2000/78 berufen können. In der Rechtssache C-441/14 (Rasmussen) hat der EuGH klargemacht, dass die Richtlinie das allgemeine Verbot der Diskriminierung wegen des Alters konkretisiere und dass die Anwendung dieses Verbots auf einen Sachverhalt voraussetze, dass der Sachverhalt in den Bereich des von der Richtlinie 2000/78 aufgestellten Diskriminierungsverbots falle.[8]

Art. 21 AEUV sieht die Freizügigkeit von Personen vor. Richtlinie 2004/38 über das Recht der Unionsbürger und ihrer Familienangehörigen, sich im Hoheitsgebiet der Mitgliedstaaten frei zu bewegen und aufzuhalten, wurde auf der Grundlage von Art. 21 AEUV und anderen Artikeln erlassen. Die Verordnung 2016/679 zum Schutz natürlicher Personen bei der Verarbeitung personenbezogener Daten (Datenschutz-Grundverordnung) wurde auf der Grundlage von Art. 16 AEUV erlassen. Die Effektivität des Primärrechts der EU hängt vom Erlass derartiger EU-Maßnahmen ab.

Allerdings gibt es einige Bestimmungen des Primärrechts, die unmittelbare Wirkung haben, so etwa Art. 45 AEUV (Freizügigkeit der Arbeitnehmer)[9] und Art. 157 AEUV (Gleichstellung von Mann und Frau im Erwerbsleben)[10].

Die Charta und die EU-Verträge sind rechtlich gleichrangig (Art. 6 Abs. 1 EUV). Die Charta gilt für die EU-Organe immer, für die Mitgliedstaaten aber ausschließlich bei der Durchführung des Rechts der Union (Art. 51 Abs. 1 Charta). Der EuGH hat zur Durchführung des Unionsrechts zuerst in der Rechtssache C-617/10 (Åklagaren gegen Fransson) geklärt, dass die durch die Charta garantierten Grundrechte zu beachten sind, wenn eine nationale Rechtsvorschrift in den Geltungsbereich des Unionsrechts fällt und der EuGH nicht zuständig ist, um über eine

[7] EuGH, Rechtssache C-427/06, Bartsch, ECLI:EU:C:2008:517, Rn. 25.

[8] EuGH, Rechtssache C-441/14, Rasmussen, ECLI:EU:C:2016:278, Rn. 23–24.

[9] EuGH, Rechtssache C-281/98, Angonese, ECLI:EU:C:2000:296.

[10] EuGH, Rechtssache 43/75, Defrenne, ECLI:EU:C:1976:56.

rechtliche Situation zu entscheiden, wenn sie nicht vom Unionsrecht erfasst wird.[11] Danach hat der EuGH in der Rechtssache C-206/13 (Siragusa)[12] die Kriterien der Durchführung des Unionsrechts nach einer Art Mahnung vom Bundesverfassungsgericht[13] dahin präzisiert, dass der Begriff der „Durchführung des Rechts der Union" im Sinne von Art. 51 der Charta einen hinreichenden Zusammenhang von einem gewissen Grad verlangt, der darüber hinausgeht, dass die fraglichen Sachbereiche nur benachbart sind oder der eine von ihnen mittelbare Auswirkungen auf den anderen haben kann. Die Effektivität der durch die Charta garantierten Grundrechte geht vom Erlass der EU-Maßnahmen aus. Und wenn eine Maßnahme erlassen wird und dadurch die Grundrechte konkretisiert werden, muss die Effektivität des Unionsrechts durch die Mitgliedstaaten sichergestellt werden. Z. B. stellt der EuGH fest, dass ein mit einem Rechtsstreit über das allgemeine Verbot der Diskriminierung wegen des Alters in seiner Konkretisierung durch die Richtlinie 2000/78 befasstes nationales Gericht im Rahmen seiner Zuständigkeiten den rechtlichen Schutz, der sich für den Einzelnen aus dem Unionsrecht ergibt, sicherzustellen und die volle Wirksamkeit des Unionsrechts zu gewährleisten hat.[14]

III. Das Verhältnis zwischen nationaler Verfassung und den EU-Maßnahmen im EU-Rechtsraum

1. Der Vorrang des Unionsrechts in der EU-Rechtsordnung

Jetzt möchte ich das Verhältnis zwischen der EU-Verfassung und nationalem Recht in der EU-Rechtsordnung behandeln.

a) Nach Ansicht des EuGH

aa) Vorrang des Unionsrechts

In der Rechtssache 6/64 (Costa gegen ENEL) hat der EuGH das Prinzip des Vorrangs des Unionsrechts festgestellt.[15] Darüber hinaus hat der EuGH in der Rechtssache 11/70 (Internationale Handelsgesellschaft) klargestellt, dass dieser prinzipielle Vorrang auch gegenüber der deutschen Verfassung gilt.[16] Dieses Prinzip des Vorrangs verbietet auch eine Weiteranwendung eines im Widerspruch zu EU-Recht stehenden nationalen Gesetzes für eine bestimmte Übergangszeit, wenn

---

[11] EuGH, Rechtssache C-617/10, Åklagaren gegen Hans Åkerberg Fransson, ECLI:EU:C:2013:105.

[12] EuGH, Rechtssache C-206/13, Siragusa, ECLI:EU:C:2014:126, Rn. 24.

[13] BVerfG (Antiterrordatei), Urteil des Ersten Senats vom 24. April 2013, 1 BvR 1215/07, Rn. 91.

[14] EuGH, Rechtssache C-441/14, Rasmussen, ECLI:EU:C:2016:278, Rn. 35.

[15] EuGH, Rechtssache 6/64, Costa gegen ENEL, ECLI:EU:C:1964:66.

[16] EuGH, Rechtssache 11/70, Internationale Handelsgesellschaft, ECLI:EU:C:1970:114.

das Unionsrecht unmittelbar gilt.[17] Allerdings bedeutet der Vorrang nicht einen Geltungsvorrang, sondern nur einen Anwendungsvorrang.[18]

Der Vorrang des Unionsrechts wird nicht nur in den Gebieten der Gesetzgebungskompetenzen der EU, sondern auch in denen der Mitgliedstaaten durchgesetzt. Z. B. hat der EuGH in der Rechtssache C-73/08 (Bressol) festgestellt, dass das Unionsrecht zwar die Zuständigkeit der Mitgliedstaaten zur Gestaltung ihrer Bildungssysteme und Systeme der beruflichen Bildung unberührt lässt, dass die Mitgliedstaaten jedoch bei der Ausübung dieser Zuständigkeit das Unionsrecht und insbesondere die Bestimmungen über die Freizügigkeit und die Aufenthaltsfreiheit beachten müssen und ferner die Modalitäten des gewählten Systems über den Zugang der Studenten dem Unionsrecht und insbesondere dem Grundsatz der Nichtdiskriminierung aus Gründen der Staatsangehörigkeit entsprechen müssen.[19] Allerdings wird die endgültige Durchsetzung des Unionsrechts den nationalen Gerichte überlassen.[20]

Neulich hat der EuGH in den verbundenen Rechtssachen C-203/15 und C-698/15 (Tele2 Sverige) das Verhältnis zwischen der EU-Verfassung und einem nationalen Recht zum Datenschutz geklärt und entschieden, dass das betreffende nationale Gesetz mit Art. 7, 8 und 11 der Charta unvereinbar ist.[21]

bb) Der Grundsatz der unionsrechtskonformen Auslegung

Der EuGH hat die Verpflichtung zur unionsrechtskonformen Auslegung in der Rechtssache 14/83 (von Colson und Kamann) in folgender Weise festgestellt: „Allerdings ist klarzustellen, daß die sich aus einer Richtlinie ergebende Verpflichtung der Mitgliedstaaten, das in dieser vorgesehene Ziel zu erreichen, sowie die Pflicht der Mitgliedstaaten gemäß Art. 5 EWG-Vertrag (jetzt Art. 4 Abs. 3 EUV), alle zur Erfüllung dieser Verpflichtung geeigneten Maßnahmen allgemeiner oder besonderer Art zu treffen, allen Trägern öffentlicher Gewalt in den Mitgliedstaaten obliegen, und zwar im Rahmen ihrer Zuständigkeiten auch den Gerichten. Daraus folgt, daß das nationale Gericht bei der Anwendung des nationalen Rechts, insbesondere auch der Vorschriften eines speziell zur Durchführung der Richtlinie 76/207 erlassenen Gesetzes, dieses nationale Recht im Lichte des Wortlauts und

---

[17] EuGH, Rechtssache C-409/06, Winner Wetten GmbH gegen Bürgermeisterin der Stadt Bergheim, ECLI:EU:C:2010:503.

[18] EuGH, Verbundene Rechtssachen C-10/97 bis C-22/97, Ministero delle Finanze gegen IN.CO.GE.'90 Srl, ECLI:EU:C:1998:498, Rn. 21.

[19] EuGH, Rechtssache C-73/08, Bressol u. a. gegen Gouvernement de la Communauté française, ECLI:EU:C:2010:181, Rn. 28 und 29.

[20] EuGH, Rechtssache C-73/08, Bressol, Rn. 64; Siehe *Koen Lenaerts*, How the ECJ thinks: A Study on Judicial Legitimacy, 36 Fordham Int'l L. J., 2013, S. 1302 (1342–1350, 1370 f.).

[21] EuGH, Verbundene Rechtssachen C-203/15 und C-698/15, Tele2 Sverige AB, ECLI:EU:C:2016:970.

des Zwecks der Richtlinie auszulegen hat, um das in Art. 189 Abs. 3 (jetzt Art. 288 AEUV) genannte Ziel zu erreichen."[22]

Darüber hinaus hat der EuGH in der Rechtssache C-441/14 (Rasmussen) für den Grundsatz der unionsrechtskonformen Auslegung einerseits bestimmte Schranken festgestellt und andererseits diesen verstärkt. Dabei hat der EuGH entschieden, dass der Grundsatz nicht als Grundlage für eine Auslegung *contra legem* des nationalen Rechts dienen darf.[23] Gleichzeitig hat der EuGH klargestellt, dass das Erfordernis einer unionsrechtskonformen Auslegung die Verpflichtung der nationalen Gerichte umfasse, eine gefestigte Rechtsprechung gegebenenfalls abzuändern, wenn sie auf einer Auslegung des nationalen Rechts beruht, die mit den Zielen einer Richtlinie nicht vereinbar ist.[24]

cc) Verpflichtung, entgegenstehende Bestimmung des nationalen Rechts nicht anzuwenden

In der Rechtssache C-144/04 (Mangold) hat der EuGH das nationale Gericht verpflichtet, die volle Wirksamkeit des allgemeinen Verbots der Diskriminierung wegen des Alters zu gewährleisten, indem es jede entgegenstehende Bestimmung des nationalen Rechts unangewendet lässt, auch wenn die Frist für die Umsetzung der Richtlinie 2000/78 zur Festlegung eines allgemeinen Rahmens für die Verwirklichung der Gleichbehandlung in Beschäftigung und Beruf noch nicht abgelaufen ist.[25] Die Entscheidung in der Rechtssache C-144/04 (Mangold) wurde ebendeshalb kritisiert, weil die Frist für die Umsetzung der Richtlinie noch nicht abgelaufen war. Der EuGH hat auch in der Rechtssache C-555/07 (Kücükdeveci) festgestellt, dass es dem nationalen Gericht obliegt, in einem Rechtsstreit zwischen Privaten die Beachtung des Verbots der Diskriminierung wegen des Alters in seiner Konkretisierung durch die Richtlinie 2000/78 sicherzustellen, indem es erforderlichenfalls entgegenstehende Vorschriften des innerstaatlichen Rechts unangewendet lässt, unabhängig davon, ob es von seiner Befugnis Gebrauch macht, in den Fällen des Art. 267 Abs. 2 AEUV den EuGH im Wege der Vorabentscheidung um Auslegung dieses Verbots zu ersuchen.[26]

In der Rechtssache C-441/14 (Rasmussen) hat der EuGH weiter festgestellt, dass ein mit einem Rechtsstreit über das allgemeine Verbot der Diskriminierung wegen des Alters in seiner Konkretisierung durch die Richtlinie 2000/78 befasstes

---

[22] EuGH, Rechtssache 14/83, von Colson und Kamann, ECLI:EU:C:1984:153, Rn. 26.

[23] EuGH, Rechtssache C-441/14, Rasmussen, ECLI:EU:C:2016:278, Rn. 32.

[24] EuGH, Rechtssache C-441/14, Rasmussen, ECLI:EU:C:2016:278, Rn. 33; danach wird diese Aussage wiederholt. Rechtssache C-414/16, Egenberger, ECLI:EU:C:2018:257, Rn. 72; Rechtssache C-68/17, IR gegen JQ, ECLI:EU:C:2018:696, Rn. 64; Rechtssache C-407/18, ECLI:EU:C:2019:537, Rn. 66; Rechtssache C-573/17, ECLI:EU:C:2019:530, Rn. 78; Rechtssache C-55/18, ECLI:EU:C:2019:402, Rn. 70; Rechtssache C-385/17, ECLI:EU:C:2018:1018, Rn. 51.

[25] EuGH, Rechtssache C-144/04, Mangold, ECLI:EU:C:2005:709, Rn. 78.

[26] EuGH, Rechtssache C-555/07, Kücükdeveci, ECLI:EU:C:2010:21.

nationales Gericht, selbst wenn es ihm tatsächlich nicht möglich sein sollte, das nationale Recht in einer mit dieser Richtlinie im Einklang stehenden Weise auszulegen, gleichwohl verpflichtet ist, im Rahmen seiner Zuständigkeiten den rechtlichen Schutz, der sich für den Einzelnen aus dem Unionsrecht ergibt, sicherzustellen und die volle Wirksamkeit des Unionsrechts zu gewährleisten, indem es erforderlichenfalls jede diesem Verbot zuwiderlaufende Vorschrift der nationalen Regelung unangewendet lässt.[27] Darüber hinaus hat er klargestellt, dass das Verbot der Diskriminierung wegen des Alters dem Einzelnen ein subjektives Recht verleiht, das er als solches geltend machen kann und das die nationalen Gerichte auch in Rechtsstreitigkeiten zwischen Privatpersonen verpflichtet, von der Anwendung mit diesem Verbot nicht im Einklang stehender nationaler Vorschriften abzusehen.[28] Allerdings ist das dänische oberste Gericht dieser Entscheidung nicht gefolgt, wie ich später ausführen werde.

Diese Aussage vom EuGH in der Rechtssache C-441/14 (Rasmussen) lässt sich ferner in den Entscheidungen der Rechtssache C-414/16 (Egenberger)[29] und der Rechtssache C-68/17 (IR v JQ)[30] finden. Darüber hinaus wird in diesen beiden Rechtssachen die unmittelbare Wirkung zwischen Privaten in Bezug auf Art. 21 der Charta durch den EuGH anerkannt.[31]

In der Rechtssache C-378/17 hat der EuGH festgestellt, dass der Grundsatz des Vorrangs des Unionsrechts es gebietet, dass nationale Gerichte im Rahmen dieser Zuständigkeit den rechtlichen Schutz, der sich für den Einzelnen aus dem Unionsrecht ergibt, sicherstellen und die volle Wirksamkeit des Unionsrechts gewährleisten, indem sie erforderlichenfalls jede möglicherweise entgegenstehende Bestimmung des nationalen Rechts unangewendet lassen.[32]

b) Nach Ansicht des BVerfG

Das BVerfG hat zwar 1974 in der Entscheidung Solange I das Prinzip des Vorrangs nicht anerkannt,[33] die Position gegenüber den EU-Maßnahmen aber 1986 in der Entscheidung Solange II geändert und grundsätzlich das Prinzip des Vorrangs anerkannt.[34] Das BVerfG hat entschieden, dass es seine Gerichtsbarkeit über die Anwendbarkeit von EU-Maßnahmen nicht mehr ausüben und dieses Recht nicht

---

[27] EuGH, Rechtssache C-441/14, Rasmussen, ECLI:EU:C:2016:278, Rn. 35.

[28] EuGH, Rechtssache C-441/14, Rasmussen, ECLI:EU:C:2016:278, Rn. 36.

[29] EuGH, Rechtssache C-414/16, Egenberger, ECLI:EU:C:2018:257, Rn. 76–77.

[30] EuGH, Rechtssache C-68/17, IR gegen JQ, ECLI:EU:C:2018:696, Rn. 69.

[31] EuGH, Rechtssache C-414/16, Egenberger, ECLI:EU:C:2018:257, Rn. 76; EuGH, Rechtssache C-68/17, IR gegen JQ, ECLI:EU:C:2018:696, Rn. 69; siehe auch *Matthias Ruffert*, Privatrechtswirkung der Grundrechte, JuS 2020, S. 1 (5–6).

[32] EuGH, Rechtssache C-378/17, Minister for Justice and Equality und Commissioner of the Garda Síochána gegen Workplace Relations Commission, ECLI:EU:C:2018:979, Rn. 45.

[33] BVerfG (Solange I), Beschluss des Zweiten Senats vom 29. Mai 1974, 2 BvL 52/71.

[34] BVerfG (Solange II), Beschluss des Zweiten Senats vom 22. Oktober 1986, 2 BvR 197/83.

mehr am Maßstab der Grundrechte des Grundgesetzes überprüfen werde, solange auf Ebene der EU ein ausreichender Grundrechtsschutz gewährleistet ist. Weiterhin hat das BVerfG den Grundsatz der Europarechtsfreundlichkeit aus Art. 23 Abs. 1 GG entwickelt.[35]

Das Prinzip des Vorrangs des Unionsrechts wurde zwar vom EuGH begründet, vom BVerfG aber auch anerkannt. Allerdings gibt es die Vorbehalte der Ultra-vires-Kontrolle[36] und der Identitätskontrolle[37] durch das BVerfG nach dem Vertrag von Lissabon. Darüber hinaus hat das BVerfG in dem Fall „Recht auf Vergessen II" festgestellt, dass es Grundrechtsschutz am Maßstab der Unionsgrundrechte gewährleistet, soweit die Grundrechte des Grundgesetzes durch den Anwendungsvorrang des Unionsrechts verdrängt werden.[38]

2. Das Verhältnis zwischen nationaler Verfassung und den EU-Maßnahmen

Wie oben dargestellt, haben die EU-Maßnahmen die EU-Verfassung entwickelt, indem der Erlass der EU-Maßnahmen zur vollen Wirksamkeit von Bestimmungen der EU-Verfassung führen kann. Zum Beispiel hat die Richtlinie 2000/78 zur Festlegung eines allgemeinen Rahmens für die Verwirklichung der Gleichbehandlung in Beschäftigung und Beruf die Grundrechte in Art. 21 der Charta (Prinzip der Antidiskriminierung) konkretisiert.

Jetzt untersuche ich, ob und wie EU-Maßnahmen (Gesetze) nationales Recht bzw. die nationale Verfassung entwickeln können.

Die Richtlinie 2000/78 hat nicht nur die EU-Verfassung konkretisiert, sondern auch nationales Recht entwickelt. Richtlinie 2000/78 hat das Alter betreffende Diskriminierungen in Deutschland beseitigt, indem der EuGH in der Rechtssache C-144-04 (Mangold) Deutschland verpflichtet hat, sie nicht anzuwenden.[39]

In der Rechtssache C-285/98 (Kreil)[40] hat der EuGH festgestellt, dass die Richtlinie 76/207/EWG zur Verwirklichung des Grundsatzes der Gleichbehandlung von Männern und Frauen hinsichtlich des Zugangs zur Beschäftigung, zur Berufsbildung und zum beruflichen Aufstieg sowie in Bezug auf die Arbeitsbedingungen der Anwendung nationaler Bestimmungen entgegenstand, die wie die des deutschen

[35] BVerfG (Lissabon), Urteil des Zweiten Senats vom 30. Juni 2009, 2 BvR 2/08, Rn. 225.

[36] BVerfG (Honeywell), Beschluss des Zweiten Senats vom 6. Juli 2010, 2 BvR 2661/06.

[37] BVerfG (Europäischer Haftbefehl), Beschluss des Zweiten Senats vom 15. Dezember 2015, 2 BvR 2735/14; BVerfG (OMT-Vorlage), Beschluss des Zweiten Senats vom 14. Januar 2014, 2 BvE 13/13, 2 BvR 2728/13; BVerfG (PSPP), Beschluss des Zweiten Senats vom 18. Juli 2017, 2 BvR 859/15, 2 BvR 1651/15, 2 BvR 2006/15, 2 BvR 980/16.

[38] BVerfG (Recht auf Vergessen II), Beschluss des Ersten Senats vom 6. November 2019, 1 BvR 276/17, Rn. 50 ff.

[39] EuGH, Rechtssache C-144/04, Mangold, ECLI:EU:C:2005:709; EuGH, Rechtssache C-555/07, Kücükdeveci, ECLI:EU:C:2010:21.

[40] EuGH, Rechtssache C-285/98, Tanja Kreil gegen Bundesrepublik Deutschland, ECLI:EU:C:2000:2.

Rechts Frauen allgemein vom Dienst mit der Waffe ausschließen und ihnen nur Zugang zum Sanitäts- und Militärmusikdienst erlaubten. Richtlinie 76/207 hat damit zur Verwirklichung der Gleichbehandlung von Männern und Frauen beigetragen.

Der EuGH hat in der Rechtssache C-115/09 (Trianel Kohlekraftwerk Lünen) die Aktivlegitimation des Klägers ausgedehnt, indem er geurteilt hat, dass eine NGO das Recht hat, gegen eine Entscheidung zu klagen, obwohl das nationale Verfahrensrecht dies nicht zulässt, weil die in der Klage angeführten Vorschriften nur die Interessen der Allgemeinheit und nicht die Rechtsgüter Einzelner schützen.[41] In diesem Fall hat die Richtlinie 85/337[42] über die Umweltverträglichkeitsprüfung bei bestimmten öffentlichen und privaten Projekten im deutschen Prozessrecht Rechte der NGOs als Kläger entwickelt. Obwohl die Rechtsschutzgarantie unter Art. 19 Abs. 4 GG (d. h.: wird jemand durch die öffentliche Gewalt in seinen Rechten verletzt, so steht ihm der Rechtsweg offen) eine Verletzung eigener Rechte voraussetzt, forderte der EuGH die Abweichung von dem Prinzip der Verletztenklage, so dass eine NGO klagen kann, auch wenn es keine Verletzung eigener Rechte gibt. Als Ergebnis der Entscheidung über die EU-Maßnahme (Richtlinie 85/337) wurde die deutsche Verfassung in materiellem Sinn geändert. § 42 Abs. 2 Verwaltungsgerichtsordnung (VwGO) sieht jetzt vor: „*Soweit gesetzlich nichts anderes bestimmt ist*, ist die Klage nur zulässig, wenn der Kläger geltend macht, durch den Verwaltungsakt oder seine Ablehnung oder Unterlassung in seinen Rechten verletzt zu sein“[43]. Die Entwicklung des Umwelt-Rechtsbehelfsgesetz (UmwRG) ist ebenso eine Folge der Entscheidung des EuGH.[44] Jetzt bestimmt z. B. § 2 UmwRG ausdrücklich, dass ein Umweltverband, ohne eine Verletzung in eigenen Rechten geltend machen zu müssen, Rechtsbehelfe einlegen kann.[45]

Darüber hinaus hat Richtlinie 2004/38 über das Recht der Unionsbürger und ihrer Familienangehörigen, sich im Hoheitsgebiet der Mitgliedstaaten frei zu bewegen und aufzuhalten, das nationale Personenstandsrecht einschließlich der Regelungen über die Ehe beeinflusst, obwohl das betreffende nationale Recht in die Zuständigkeit der Mitgliedstaaten fällt, indem der EuGH in der Rechtssache C-673/16 (Coman) Rumänien dazu verpflichtet hat, die Ehe, die ein Drittstaatsangehöriger mit einem gleichgeschlechtlichen Unionsbürger in einem anderen Mitgliedstaat nach dessen Recht geschlossen hat, anzuerkennen.[46] Gleichzeitig hat der EuGH klargestellt, dass die Abweichung dieser Verpflichtung nicht durch die

---

41 EuGH, Rechtssache C-115/09, Bund für Umwelt und Naturschutz Deutschland, ECLI:EU:C:2011:289.

42 Die Richtlinie 85/337 wurde durch die Richtlinie 2011/92 über die Umweltverträglichkeitsprüfung aufgehoben.

43 Hervorhebung durch die Autorin.

44 *Sabine Schlacke*, Umweltrecht, 7. Aufl. 2019, S. 150.

45 *Wilfried Erbguth/Annette Guckelberger*, Allgemeines Verwaltungsrecht, 10. Aufl. 2020, § 9 III 3 Klagebefugnis kraft Unionsrechts, S. 128–133.

46 EuGH, Rechtssache C-673/16, Coman, ECLI:EU:C:2018:385.

nationale Identität von Art. 4 Abs. 2 EUV gerechtfertigt werden konnte.[47] Diese Entscheidung des EuGH könnte die Verfassungen in katholischen Staaten, wo die gleichgeschlechtliche Ehe noch nicht anerkannt wird, beeinflussen.[48]

In der Rechtssache C-68/17 (IR gegen JQ)[49] geht es um die Ungleichbehandlung eines an einem katholischen Krankenhaus angestellten Arztes wegen dessen Religion. Das Bundesarbeitsgericht hatte zwar entschieden, dass einem Arzt nicht nur wegen einer gegen Kirchenrecht verstoßenden Ehe gekündigt werden darf. Aber das Krankenhaus hat gegen das Urteil eine Verfassungsbeschwerde zum BVerfG eingelegt. Das BVerfG hat geurteilt, dass das Urteil des Bundesarbeitsgerichts Grundrechte der Beschwerdeführerin (Kirchliche Trägerin des katholischen Krankenhauses) verletzte.[50] Dann hat das Bundesarbeitsgericht um eine Vorabentscheidung über die Auslegung der Richtlinie 2000/78 zur Festlegung eines allgemeinen Rahmens für die Verwirklichung der Gleichbehandlung in Beschäftigung und Beruf vor dem EuGH ersucht. Der EuGH hat die Intention des Bundesarbeitsgerichts akzeptiert und es unterstützt, indem er das Prinzip des Verbotes der Diskriminierung wegen der Religion bei der Auslegung der Richtlinie 2000/78 durchgesetzt hat. Der EuGH hat das Bundesarbeitsgericht verpflichtet, nationale Vorschriften unionsrechtskonform auszulegen, gegebenenfalls ständige Rechtsprechung zu ändern und erforderlichenfalls jede entgegenstehende nationale Vorschrift unangewendet zu lassen. Allerdings ist es nun fragwürdig, ob die kirchliche Autonomie unter dem Grundgesetz durch das BVerfG weiter garantiert werden kann, wenn solche Garantien mit dem EU-Recht unvereinbar sind.[51]

Diese oben genannten Fälle zeigen, dass in verschiedenen Fällen EU-Maßnahmen nationale Verfassungen beeinflussen und entwickeln.

In jüngster Zeit kann man leider bedauerliche Fälle finden, in denen die Rechtsstaatlichkeit bzw. die Unabhängigkeit der Richter in einem Mitgliedstaat, Polen, in Gefahr ist. Die Rechtsstaatlichkeit ist eine Grundlage der EU-Verfassung genauso wie einer nationalen Verfassung. Oben wird dargestellt, wie die EU-Maßnahmen nationale Verfassungen beeinflussen und entwickeln. Hier wird ein Fall gezeigt, in dem ein nationales Gesetz eine nationale Verfassung genauso wie die EU-Verfassung bzw. Rechtsstaatlichkeit als einen Wert der EU (Art. 2 EUV) beeinträchtigen könnte.

In Polen wurde ein neues Gesetz über das oberste Gericht, das insbesondere das Ruhestandsalter betrifft, erlassen. Die Europäische Kommission behauptete, dass das Gesetz die Unabhängigkeit der Richter bzw. die Rechtsstaatlichkeit beein-

[47] EuGH, Rechtssache C-673/16, Coman, ECLI:EU:C:2018:385, Rn. 46.

[48] *Anneli Albi*, Supremacy of EC Law in the Member States, European Constitutional Law Review, vol. 3 (2007), S. 25 (37).

[49] EuGH, Rechtssache C-68/17, IR gegen JQ, ECLI:EU:C:2018:696.

[50] BVerfG, Beschluss des Zweiten Senats vom 22. Oktober 2014, 2 BvR 661/12.

[51] *Claudio Franzius*, 70 Jahre Grundgesetz und Europa: Passt das zusammen?, EuR 2019, S. 365 (375–377).

trächtige. In der Rechtssache C-619/18 (Kommission gegen Polen) hat der EuGH diese Behauptung anerkannt.[52] Die EU hat zwar keine Gesetzgebungskompetenz, die Organisation der Justiz in den Mitgliedstaaten zu regulieren. Aber der EuGH hat die Zuständigkeit anerkannt, fragwürdige nationale Vorschriften zu kontrollieren, indem er sagt, dass das Erfordernis der Unabhängigkeit der Gerichte zum Wesensgehalt des Rechts auf wirksamen gerichtlichen Rechtsschutz und des Grundrechts auf ein faires Verfahren gehört.[53] Ferner hat der EuGH in den verbundenen Rechtssachen C-585/18, C-624/18 und C-625/18 (A.K. gegen Sąd Najwyższy) entschieden, dass Art. 47 der Charta und Art. 9 Abs. 1 der Richtlinie 2000/78 zur Festlegung eines allgemeinen Rahmens für die Verwirklichung der Gleichbehandlung in Beschäftigung und Beruf eine Verschlechterung der Rechtsstaatlichkeit bzw. der Unabhängigkeit der Richter verhindern könnten.[54] In diesen verbundenen Rechtssachen hat die betreffende Richtlinie die Rechtsstaatlichkeit in der polnischen Verfassung garantiert. In diesen Rechtssachen haben einige EU-Bürger bzw. Richter in Polen vor einem nationalen Gericht geklagt. Danach hat Sąd Najwyższy (Supreme Court) um eine Vorabentscheidung vor dem EuGH ersucht. Dieser Fall könnte eine Art „reverse" Solange, wie von *Bogdandy* und anderen vorgeschlagen wurde[55], genannt werden.

Zusätzlich sei noch bemerkt, dass zwar nicht eine EU-Maßnahme, aber die EU-Verfassung die deutsche Verfassung unmittelbar beeinflusst. Das BVerfG hat geurteilt, dass die Erstreckung der Grundrechtsberechtigung auf juristische Personen aus Mitgliedstaaten der Europäischen Union eine aufgrund des Anwendungsvorrangs der Grundfreiheiten im Binnenmarkt (Art. 26 Abs. 2 AEUV) und des allgemeinen Diskriminierungsverbots wegen der Staatsangehörigkeit (Art. 18 AEUV) vertraglich veranlasste Anwendungserweiterung des deutschen Grundrechtsschutzes darstellte.[56]

3. Grenzen des Prinzips des Vorrangs

Das Prinzip vom Vorrang des Unionsrechts gegenüber nationalem Recht in der EU-Rechtsordnung wurde oben dargestellt. In der Unionsrechtsordnung gilt das Prinzip ohne weiteres. Wie ich ausgeführt habe, hält der EuGH am Prinzip des Vorrangs des Unionsrechts fest. Jetzt sieht es aber so aus, dass das Prinzip des Vorrangs

---

[52] EuGH, Rechtssache C-619/18, Kommission gegen Polen, ECLI:EU:C:2019:531.

[53] EuGH, Rechtssache C-619/18, Kommission gegen Polen, ECLI:EU:C:2019:531, Rn. 52 und 58–59.

[54] EuGH, Verbundene Rechtssachen C-585/18, C-628/18 und C-625/18, A.K. u.a. gegen Sąd Najwyższy, ECLI:EU:C:2019:982.

[55] *Armin von Bogdandy/Matthias Kottmann/Carlino Antpöhler/Johanna Dickschen/Simon Hentrei/Maja Smrkolj*, Reverse Solange-Protecting the Essence of Fundamental Rights Against EU Member States, CMLRev. 2012, Vol. 49, S. 489 (491).

[56] BVerfG, Beschluss des Ersten Senats vom 19. Juli 2011, 1 BvR 1916/09.

insbesondere in nationalen Rechtsordnungen schwankt. In Italien und Dänemark zum Beispiel kann man solche Tendenzen erkennen.[57]

Was Italien, und zwar eine italienische Bestimmung über die Verjährungsfristen, betrifft, hat der EuGH zwar zuerst in der Rechtssache C-105/14 (Taricco I)[58] festgestellt, dass das nationale Gericht verpflichtet sei, Art. 325 Abs. 1 und 2 AEUV volle Wirkung zu verleihen, indem es erforderlichenfalls die Bestimmungen des nationalen Rechts unangewendet lässt, die die Wirkung hätten, den betreffenden Mitgliedstaat an der Erfüllung der ihm durch Art. 325 Abs. 1 und 2 AEUV auferlegten Verpflichtungen zu hindern. Danach hat der italienische Verfassungsgerichtshof (Corte constituzionale) noch einmal um eine Vorabentscheidung vor dem EuGH ersucht, indem er nicht nur drei Vorlagefragen stellte, sondern dem EuGH außerdem die darauf zu gebende Antwort empfahl, um die Einleitung eines „Controlimiti"-Verfahrens[59] zu vermeiden. Der italienische Verfassungsgerichtshof ist der Ansicht, dass die italienische Verfassung ihm die Aufgabe zuweise, zu prüfen, ob EU-Maßnahmen mit den Prinzipien der Verfassung vereinbar seien.[60] In der Rechtssache C-42/17 (Taricco II)[61] hat der EuGH das Urteil von Taricco I teilweise geändert. Er urteilte wie folgt:

„Daraus folgt zum einen, dass das nationale Gericht zu prüfen hat, ob die nach Rn. 58 des Urteils Taricco erforderliche Feststellung, dass die einschlägigen Vorschriften des Strafgesetzbuchs die Verhängung von wirksamen und abschreckenden Strafen in einer beträchtlichen Anzahl schwerer, gegen die finanziellen Interessen der Union gerichteter Betrugsfälle verhindern, in der italienischen Rechtsordnung hinsichtlich der Bestimmung der anwendbaren Verjährungsregelung eine Unsicherheit schafft, die gegen den Grundsatz der Bestimmtheit des anzuwendenden Rechts verstößt. Sollte dies tatsächlich der Fall sein, sind die nationalen Gerichte nicht verpflichtet, die einschlägigen Vorschriften des Strafgesetzbuchs unangewendet zu lassen."[62]

---

[57] Zu Rechtssachen Taricco (Italien) und Rasmussen (Dänemark) gibt es mehrere Anmerkungen. Z. B. *Giovanni Zaccaroni*, The Good, The Bad and The Ugly. National Constitutional Courts and the EU Constitutional Identity, Italian Journal of Public Law, vol. 10, issue 2 (2018), S. 421–446.

[58] EuGH, Rechtssache C-105/14, Strafverfahren gegen Ivo Taricco, ECLI:EU:C:2015:555.

[59] Nach den Schlussanträgen des Generalanwalts *Yves Bot*: „D[as] Verfahren beruht auf dem Gedanken, dass die italienische Rechtsordnung zwar eine Beschränkung ihrer Souveränität durch das Unionsrecht anerkennt, jedoch diesem zugleich Grenzen setzt, um die Grundwerte, auf denen die Rechtsordnung beruht, zu schützen". EuGH, Rechtssache C-42/17, Strafverfahren gegen M. A. S. und M.B., ECLI:EU:C:2017:564, Fußnote (5); siehe auch *Diana-Urania Galetta*, European Union Law in the Jurisprudence of Italian High Courts: Is the Counter-Limits Doctrine a Dog That Barks but Does No Bite?, European Public Law, vol. 21 (2015), S. 747 (751, 755).

[60] *Davide Paris*, Limiting the 'Counter-limits'. National Constitutional Courts and the Scope of the Primacy of EU Law, Italian Journal of Public Law, vol. 10, issue 2 (2018), S. 205 (213).

[61] EuGH, Rechtssache C-42/17, Strafverfahren gegen M. A. S. und M.B., ECLI:EU:C:2017:936.

[62] EuGH, Rechtssache C-42/17, Strafverfahren gegen M. A. S. und M.B., ECLI:EU:C:2017:936, Rn. 59.

Was Dänemark betrifft, hat das oberste Gericht um eine Vorabentscheidung vor dem EuGH ersucht. Anschließend hat der EuGH zwar in der Rechtssache C-441/14 (Rasmussen)[63] klargemacht, dass das allgemeine Verbot einer Diskriminierung wegen des Alters in seiner Konkretisierung durch die Richtlinie 2000/78 dahin auszulegen sei, dass es auch in einem Rechtsstreit zwischen Privatpersonen einer nationalen Regelung entgegenstand, wonach Arbeitnehmer keine Entlassungsabfindung beziehen können, wenn sie Anspruch auf eine Altersrente haben, und darüber hinaus das Unionsrecht dahin auszulegen sei, dass ein nationales Gericht alle Vorschriften des nationalen Rechts, die gegen das allgemeine Verbot der Diskriminierung wegen des Alters verstoßen, unangewendet lassen muss. Aber das oberste Gericht in Dänemark ist dieser Vorabentscheidung nicht gefolgt und hat die betreffende nationale Bestimmung angewandt, indem es insbesondere das dänische Gesetz über den Beitritt zur EU auslegte und feststellte, dass das Gesetz keine unmittelbare Wirkung des allgemeinen Verbots einer Diskriminierung zwischen Privatpersonen vorsehe[64]. Das dänische Gericht hat das Prinzip des Vorrangs des Unionsrechts nicht respektiert. Eine solche Verletzung kann aus Sicht des Europarechts nicht akzeptiert werden. Wie ich oben erläutert habe, versucht in der Tat der EuGH nach eben dieser Entscheidung vom dänischen obersten Gericht sein Verständnis des Europarechts, insbesondere das Prinzip des Vorrangs zu korrigieren. In Wirklichkeit gilt das Prinzip des Vorrangs des Unionsrechts nicht unbedingt in nationalen Rechtsordnungen.

Hier aber möchte ich zeigen, dass eine Art Abweichung vom Prinzip des Vorrangs eine Rolle im Kontext der Entwicklung der EU-Verfassung bzw. einer Europäischen Verfassung spielen könnte.

Das BVerfG hat in den Entscheidungen Solange I und Solange II die Bedeutung des Grundrechtskatalogs und des demokratischen legislativen Organs (oder der demokratischen Legitimation) betont. Die EU hat diese Probleme überwunden, indem sie eine verbindliche Charta bekam und das Europäische Parlament nun ein legislatives Organ wurde. Aber das BVerfG hat damit begonnen, die EU-Maßnahmen durch die Ultra-vires-Kontrolle[65] und die Identitätskontrolle[66] nach dem Vertrag von Lissabon zu prüfen.

---

[63] EuGH, Rechtssache C-441/14, Rasmussen, ECLI:EU:C:2016:278.

[64] Case no. 15/2014 Dansk Industri (DI) acting for Ajos A/S v Estate of A, Judgment of the Supreme Court delivered 6 December 2016, unofficial translation in English, http://www.supremecourt.dk/supremecourt/nyheder/pressemeddelelser/Documents/Judgment%2015-2014.pdf.

[65] BVerfG (Honeywell), Beschluss des Zweiten Senats vom 6. Juli 2010, 2 BvR 2661/06.

[66] BVerfG (Europäischer Haftbefehl), Beschluss des Zweiten Senats vom 15. Dezember 2015, 2 BvR 2735/14; BVerfG (OMT-Vorlage), Beschluss des Zweiten Senats vom 14. Januar 2014, 2 BvE 13/13, 2 BvR 2728/13; BVerfG (PSPP), Beschluss des Zweiten Senats vom 18. Juli 2017, 2 BvR 859/15, 2 BvR 1651/15, 2 BvR 2006/15, 2 BvR 980/16.

Das BVerfG hat zum ersten Mal in der Entscheidung zum Europäischen Haftbefehl die Identitätskontrolle angewandt.[67] Der Fall betrifft die Durchsetzung des Rahmenbeschlusses der EU über den Europäischen Haftbefehl. Dabei gab es die Möglichkeit, dass das BVerfG das Prinzip des Vorrangs beschränken könnte. In der Tat erhöhte das BVerfG das Niveau des Schutzes der EU-Grundrechte. Das bedeutet, dass das BVerfG einen Fehler des betreffenden Rahmenbeschlusses ergänzt oder verbessert.[68] Danach hat der EuGH in den verbundenen Rechtssachen C-404/15 und C-659/15 (Aranyosi) diese Entscheidung des BVerfG bestätigt.[69]

Dennoch können die weiteren Entscheidungen des BVerfG – „Recht auf Vergessen I und II"[70] – das EU-Recht, insbesondere EU-Grundrechte beeinflussen.[71] Angesichts der Entwicklung der EU-Grundrechte und der Rechtsprechung des EuGH hat das BVerfG seine Einsichten zum EuGH und den EU-Grundrechten erneuert. Das Verhältnis zwischen dem BVerfG und dem EuGH tritt mit diesen Entscheidungen in ein neues Stadium ein.

IV. Exkurs: Das Verhältnis zwischen der japanischen Verfassung und den EU-Maßnahmen in der japanischen Rechtsordnung

Deutschland ist Mitgliedstaat der EU und Japan ist kein Mitgliedstaat der EU, sondern ein Drittstaat. Zum Vergleich wird das Verhältnis zwischen der japanischen Verfassung und den EU-Maßnahmen in der japanischen Rechtsordnung behandelt.

Japan ist zwar kein Mitgliedstaat der EU. Aber das japanische Recht einschließlich der Verfassung ist vom EU-Recht beeinflusst. Im Bereich des Umweltrechts hat die REACH-Verordnung[72] japanisches Recht beeinflusst.[73] Was den Schutz

[67] BVerfG (Europäischer Haftbefehl), 2 BvR 2735/14, Beschluss des Zweiten Senats vom 15. Dezember 2015.

[68] *Yumiko Nakanishi*, Completion of EU Measures through Court Decisions: The Example of the European Arrest Warrant, Hitotsubashi Journal of law and politics, vol. 45, 2017, S. 13 (19).

[69] EuGH, Verbundene Rechtssache C-404/15 und C-659/15 PPU, Aranyosi und Căldăraru, ECLI:EU:C:2016:198.

[70] BVerfG (Recht auf Vergessen I), Beschluss des Ersten Senats vom 6. November 2019, 1 BvR 16/13; BVerfG (Recht auf Vergessen II), Beschluss des Ersten Senats vom 6. November 2019, 1 BvR 276/17.

[71] Siehe *Jürgen Kühling*, Das „Recht auf Vergessenwerden" vor dem BVerfG. November(r)evolution für die Grundrechtsarchitektur im Mehrebenensystem, NJW 2020, S. 275 (278); kritisch zu den Entscheidungen *Jörn Axel Kämmer/Markus Kotzur*, Vollendung des Grundrechtsverbundes oder Heimholung des Grundrechtsschutzes?, NVwZ 2020, S. 177 ff.

[72] Verordnung 1907/2006 zur Registrierung, Bewertung, Zulassung und Beschränkung chemischer Stoffe, ABl. L 396 vom 30.12.2006, S. 1–851.

[73] *Yumiko Nakanishi*, Japanese Environmental Law in the Context of Globalisation. A Focus on Chemical Law, in: Timo Hebeler/Ekkehard Hofmann/Alexander Proelß/ Peter Reiff (Hrsg.), Protecting the Environment for Future Generations. Principles and Actors in International Environmental Law, Berlin 2017, S. 283 (288–289, 302–303).

der persönlichen Daten betrifft, ist der Einfluss der Verordnung 2016/679 (Datenschutz-Grundverordnung)[74] nicht zu ignorieren. Dank der Verordnung sind entsprechende Grundrechte garantiert worden. Japan und die EU haben ein Wirtschaftspartnerschaftsabkommen (WPA) abgeschlossen. Das WPA enthält ein Kapitel 16 über Handel und nachhaltige Entwicklung. In dem Kapitel werden Umweltschutz, Arbeitnehmerschutz und Teilnahme der Zivilgesellschaft geregelt. Dieses Kapitel könnte Rechte der Bürger verbessern. Außerdem haben Japan und die EU auch ein strategisches Abkommen abgeschlossen. Dieses Abkommen basiert auf gemeinsamen Werten (Demokratie, Rechtsstaatlichkeit und Respekt der Menschenrechte), obwohl das Wort „Menschenwürde" nicht erwähnt wird.[75]

Japan als Drittstaat hat der EU keine Hoheitsrechte übertragen. Nichtsdestoweniger ist, wie gesagt, japanisches Recht einschließlich der Verfassung von dem Unionsrecht bzw. den EU-Maßnahmen beeinflusst. Dieses Phänomen ist unter „Standardisierung durch die EU-Maßnahmen" zu verstehen. Darüber hinaus beeinflusst das Unionsrecht das Recht der Drittstaaten durch den Abschluss internationaler Verträge. Freihandelsabkommen, die die EU mit Drittstaaten verhandelt oder abgeschlossen hat, haben ähnliche Eigenschaften.[76]

V. Betrachtungen

1. Ergebnis

Verfassungsentwicklung im Gesetz kann man in der EU-Rechtsordnung finden. Die EU-Verträge und die Charta liegen an der Spitze der Hierarchie in der Rechtsordnung. EU-Maßnahmen als Gesetz konkretisieren die Bestimmungen der EU-Verträge und der Charta als Verfassung. Durch EU-Maßnahmen entwickelt sich die EU-Verfassung. Die EU-Maßnahmen werden von den legislativen Organen der EU, dem Europäischen Parlament und dem Rat der EU erlassen (Art. 14 und 16 EUV). Konkretisierung der Verfassung liegt in der Rolle der legislativen Organe.

Wie oben dargestellt, haben die EU-Maßnahmen nicht nur die EU-Verfassung, sondern auch nationale Verfassungen insbesondere in Bezug auf Nichtdiskriminierungen (Alter, Geschlecht, Religion oder Weltanschauung und sexuelle Ausrichtung) beeinflusst bzw. entwickelt. Deutschland hat der Union Hoheitsrechte übertragen. Als Ergebnis dieser Übertragung der Hoheitsrechte treten die

---

74 Verordnung 2016/679 zum Schutz natürlicher Personen bei der Verarbeitung personenbezogener Daten zum freien Datenverkehr, ABl. L119 vom 4.5.2016, S. 1–88.

75 *Yumiko Nakanishi*, The Economic Partnership Agreement and the Strategic Partnership Agreement between the European Union and Japan from a Legal Perspective, Hitotsubashi Journal of Law and Politics 47 (2019), S. 1 (10–11).

76 *Yumiko Nakanishi*, Characteristics of EU Free Trade Agreements in a Legal Context: A Japanese Perspective, European Yearbook of International Economic Law 8 (2017), S. 457 (461–468).

legislativen Organe der EU an die Stelle der nationalen legislativen Organe. Man kann eine Entwicklung der Verfassung durch EU-Maßnahmen feststellen.

Basierend auf den oben dargestellten Untersuchungen möchte ich einige Betrachtungen über das Verhältnis zwischen dem EuGH und nationalen Gerichten anschließen und im Folgenden zeigen, warum EU-Recht nationale Verfassungen beeinflussen darf.

2. Das Verhältnis zwischen dem EuGH und nationalen Gerichten

a) GG und EU-Recht und das BVerfG und der EuGH

Die Grundrechte im GG sind inzwischen 70 Jahre alt. Das BVerfG hat bis jetzt das GG ausgelegt und Grundrechte entwickelt. Andererseits ist die Charta der EU-Grundrechte seit 2009 verbindlich. So ist z. B. die Menschenwürde[77], die in Art. 1 Abs. 1 GG geregelt ist, auch in Art. 1 der Charta aufgenommen.[78]

Der EuGH hat die Charta ausgelegt und Grundrechte garantiert, obwohl der EuGH Grundrechte schon seit 1970 garantiert hat. Was die Dauer betrifft, haben die Grundrechte im GG zwar eine längere Geschichte als die Charta und das BVerfG eine längere Erfahrung im Bereich des Grundrechtsschutzes als der EuGH, aber das bedeutet nicht, dass die Entwicklung von EU-Recht immer auf nationalem Recht basiert und immer der Entwicklung der nationalen Verfassung folgen soll. Wie oben gezeigt, wird die deutsche Verfassung durch EU-Maßnahmen beeinflusst und entwickelt. Die EU-Maßnahmen haben umgekehrt der Entwicklung der nationalen Grundrechte gedient. Allerdings hat das BVerfG in den Fällen von Recht auf Vergessen I[79] und II[80] dem EuGH „Treuhandschaft" aufgedrängt[81], indem es die Auslegung der Grundrechte des Grundgesetzes im Licht der Charta postuliert und den Prüfungsumfang im Verfassungsbeschwerdeverfahren auf die Charta-Grundrechte ausgedehnt hat.[82]

Aber wenn eine nationale Verfassung – z. B. das Prinzip der Rechtsstaatlichkeit in Polen – in Gefahr ist, schützt das EU-Recht den Wesensgehalt einer nationalen Verfassung (oder versucht es zumindest) unter Berufung auf die Werte der EU. Das

---

[77] Das Konzept kommt aus *Kants* Begriff vom „Recht der Menschheit": „mach dich anderen nicht zum bloßen Mittel, sondern sei für sie zugleich Zweck", *Immanuel Kant*, Die Metaphysik der Sitten, Werkausgabe, Bd. VIII, herausgegeben von Wilhelm Weischedel, 18. Aufl., Berlin 2017, S. 344 (AB 43, 44).

[78] Zum Konzept „Menschenwürde" in Deutschland und dem freien Dienstleistungsverkehr und Warenverkehr vgl. EuGH, Rechtssache C-36/02, Omega, ECLI:EU:C:2004:614, Rn. 33–35.

[79] BVerfG (Recht auf Vergessen I), Beschluss des Ersten Senats vom 6. November 2019, 1 BvR 16/13, Rn. 60.

[80] BVerfG (Recht auf Vergessen II), Beschluss des Ersten Senats vom 6. November 2019, 1 BvR 276/17, Rn. 32.

[81] *Jörn Axel Kämmer/Markus Kotzur*, Vollendung des Grundrechtsverbundes oder Heimholung des Grundrechtsschutzes?, NVwZ 2020, S. 177 ff.

[82] *Matthias Ruffert*, Privatrechtwirkung der Grundrechte, JuS 2020, S. 1 (4).

EU-Recht kann garantieren, was eine nationale Verfassung nicht garantieren kann, z. B. die gleichgeschlechtliche Ehe, wie wir im Fall von Rumänien gesehen haben. Das EU-Recht bzw. der EuGH kann garantieren, was nationale Gerichte nicht garantieren können, z. B. Rechtsstaatlichkeit in Polen.

b) Dreiecksverhältnis: der EuGH, das BVerfG und Fachgerichte

Das BVerfG ist Hüter der Verfassung[83] und garantiert das Grundgesetz bzw. Grundrechte. Der EuGH spielt zwei Rollen: als Verfassungsgericht und Fachgericht. Der EuGH legt EU-Maßnahmen aus und prüft auch die Verfassungsmäßigkeit der EU-Maßnahmen in geplanten internationalen Verträgen.

Nach Art. 267 AEUV können bzw. müssen nationale Gerichte eine Vorabentscheidung des EuGH erwirken, wenn Fälle, die die Auslegung der EU-Verträge oder die Gültigkeit und die Auslegung der EU-Maßnahmen betreffen, vor nationalen Gerichten anhängig sind. Nationale Gerichte spielen eine Rolle als „EU-Gerichte" gemäß Art. 19 Abs. 1 UA. 2 EUV. Das Vorabentscheidungsverfahren soll durch die Einführung eines Dialogs von Gericht zu Gericht zwischen dem EuGH und nationalen Gerichten die Kohärenz und die einheitliche Auslegung des EU-Rechts gewährleisten.[84] Der EuGH stellt fest, dass die EU eine Rechtsunion ist, in der den Einzelnen das Recht zusteht, die Rechtmäßigkeit nationaler Entscheidungen oder jeder anderen nationalen Handlung, mit der eine Handlung der EU auf sie angewendet wird, gerichtlich anzufechten.[85]

Von 1952 bis 2018 haben deutsche nationale Gerichte 2527 Vorabentscheidungen des EuGH eingeholt, französische Gerichte demgegenüber 1020 und italienische Gerichte 1513.[86] In den deutschen 2527 Fällen sind 821 Fälle von Bundesfachgerichten vorgelegt worden (Bundesgerichtshof 240, Bundesverwaltungsgericht 135, Bundesfinanzhof 327, Bundesarbeitsgericht 43 und Bundessozialgericht 76), vom Bundesverfassungsgericht zwei.[87] Bundesfachgerichte zögern nicht, eine Vorabentscheidung vor dem EuGH zu ersuchen, während das BVerfG bis 2014 nie eine Vorabentscheidung vorgelegt hatte. Unmittelbare Dialoge zwischen den EuGH und den Bundesfachgerichten durch Vorabentscheidungsverfahren gemäß Art. 267 AEUV haben sich entwickelt.

[83] Vgl. *Hans Kelsen*, Wer soll der Hüter der Verfassung sein?, 2. Aufl. 2019.

[84] EuGH, Rechtssache C-619/18, Kommission gegen Polen, ECLI:EU:C:2019:531, Rn. 45.

[85] EuGH, Rechtssache C-619/18, Kommission gegen Polen, ECLI:EU:C:2019:531, Rn. 46.

[86] Court of Justice of the European Union, Annual Report 2018 Judicial Activity, S. 144–145.

[87] Der erste Fall betrifft den OMT-Beschluss: BVerfG (OMT-Vorlage), Beschluss des Zweiten Senats vom 14. Januar 2014, 2 BvE 13/13, 2 BvR 2728/13, und EuGH, Rechtssache C-62/14, Gauweiler u. a. gegen Deutscher Bundestag, ECLI:EU:C:2015:400; der zweite Fall betrifft den PSPP-Beschluss: BVerfG (PSPP), Beschluss des Zweiten Senats vom 18. Juli 2017, 2 BvR 859/15, 2 BvR 1651/15, 2 BvR 2006/15, 2 BvR 980/16 und EuGH, Rechtssache C-493/17, Weiss u. a., ECLI:EU:C:2018:1000.

Interessant ist das Phänomen, dass ein Bundesfachgericht den EuGH um eine Vorabentscheidung ersucht, um national eine Art Unterstützung zu bekommen oder seine Position zu stärken. Ein Beispiel ist die oben erwähnte Rechtssache C-68/17 (IR v JQ). Nachdem das BVerfG das Urteil des Bundesarbeitsgerichts für verfassungswidrig erklärt hatte, hat das Bundesarbeitsgericht eine Vorabentscheidung des EuGH eingeholt, um die Richtigkeit des eigenen Urteils zu begründen. Hier kann ein Dreiecksverhältnis (der EuGH, das BVerfG und ein Bundesfachgericht) festgestellt werden[88]. Ein anderer Fall ist die Rechtssache C-416/10 (Križan). Es geht um das Dreiecksverhältnis von EuGH, dem slowakischen Verfassungsgerichtshof und dem slowakischen Obersten Gerichtshof. Der Verfassungsgerichtshof hat ein Urteil des Obersten Gerichtshofs aufgehoben und die Sache zurückverwiesen, obwohl der Oberste Gerichtshof die Richtlinie 85/337 (durch Richtlinie 2003/35 geänderte Fassung) über die Umweltverträglichkeitsprüfung bei bestimmten öffentlichen und privaten Projekten und die Richtlinie 96/61 über die integrierte Vermeidung von Umweltverschmutzung angewandt und ein darauf gestützes Urteil gesprochen hatte. Angesichts dieser Tatsache hat der Oberste Gerichtshof eine Vorabentscheidung vor dem EuGH eingeholt, um dem Urteil vom Verfassungsgericht nicht folgen zu müssen und stattdessen das von ihm selbst gefällte Urteil durchzusetzen. Der EuGH stand dem Obersten Gerichtshof zur Seite, indem er entschied, dass die nationale Vorschrift den Obersten Gerichtshof nicht daran hindern könne, den EuGH zu jedem Zeitpunkt des Verfahrens, den es für geeignet hält, mit einem Vorabentscheidungsersuchen zu befassen und gegebenenfalls eine vom Verfassungsgericht vorgenommene Beurteilung unbeachtet zu lassen, die sich als unionsrechtswidrig erweise.[89]

Das Vorabentscheidungsverfahren gemäß Art. 267 AEUV ermöglicht den obersten Fachgerichten, von Entscheidungen des Verfassungsgerichts abzuweichen, wenn sie diese Entscheidung als unionsrechtswidrig ansehen. Das Vorlageverfahren an den EuGH eröffnet eine Perspektive, die nicht dem hierarchischen Verhältnis von Verfassungs- und Fachgericht auf nationaler Ebene entspricht. Bundesfachgerichte bzw. oberste Gerichte sind mit dem EuGH unmittelbar durch das Vorabentscheidungsverfahren gemäß Art. 267 AEUV verbunden. Solange ein Verfassungsgericht unionsrechtswidrig handelt, verpflichten sich Bundesfachgerichte bzw. Oberste Gerichte dazu, eine Vorabentscheidung des EuGH einzuholen, damit das EU-Recht in den Mitgliedstaaten der EU durchgesetzt wird. Allerdings könnte die „Recht auf Vergessen II-Entscheidung“[90] des BVerfG, das Verhältnis zwischen

---

[88] *Yumiko Nakanishi*, Trilateral Relations between National Inferior Courts, National Superior Courts and the Court of Justice of the European Union: ‚Conversion‘ of the German Federal Constitutional Court, Hitotsubashi Journal of Law and Politics 49 (2021), S. 1–15.

[89] EuGH, Rechtssache C-416/10, Križan, ECLI:EU:C:2013:8, Rn. 71.

[90] BVerfG (Recht auf Vergessen II), Beschluss des Ersten Senats vom 6. November 2019, 1 BvR 276/17.

dem BVerfG und den Fachgerichten gegenüber dem EuGH beeinflussen, indem das BVerfG durch die Einbeziehung der EU-Grundrechte in seinen Prüfungsmaßstab seinen Auftrag zur Kontrolle der Rechtsprechung der Fachgerichte betont hat.[91]

c) Hierarchie und Heterarchie

Hierarchie gilt für das Verhältnis zwischen der EU-Verfassung und den EU-Maßnahmen in der EU-Rechtsordnung, was ich im ersten Abschnitt dieses Beitrags behandelte. Der EuGH garantiert diese Hierarchie in der EU-Rechtsordnung. Hingegen gibt es keine absolute Hierarchie zwischen dem EU-Recht und nationalem Recht, obwohl das Prinzip des Vorrangs bzw. Anwendungsvorrangs anerkannt ist. Dabei gibt es auch keine absolute Hierarchie zwischen dem EuGH und dem BVerfG oder den nationalen obersten Gerichten.

Im EU-Rechtsraum gibt es keine absolute Hierarchie, vielmehr Heterarchie[92] zwischen dem EuGH und dem BVerfG oder den nationalen obersten Gerichten. Heterarchische Strukturen funktionieren in Bezug auf den Grundrechtsschutz. Dies zeigen die oben erwähnten Fälle über den Europäischen Haftbefehl. Das BVerfG hat die Identitätskontrolle im Rahmen der Durchsetzung eines Europäischen Haftbefehls angewandt und gemäß Art. 1 Abs. 1 GG verweigert, eine Person nach Italien auszuliefern, da es am italienischen Strafprozessrecht zweifelte. Danach hat der EuGH in den verbundenen Rechtssachen C-404/15 und C-659/15 (Aranyosi) die Entscheidung des BVerfG bestätigt. Als Ergebnis wurde das Niveau des Grundrechtsschutzes erhöht. Der EuGH garantiert Grundrechte basierend auf der Charta und andererseits garantiert das BVerfG Grundrechte basierend auf dem GG. Allerdings will nun das BVerfG Grundrechte am Maßstab der EU-Grundrechte gewährleisten, soweit die Grundrechte des Grundgesetzes durch den Anwendungsvorrang des EU-Rechts verdrängt werden.[93]

Es gibt keine Hierarchie, vielmehr Heterarchie, wo die beiden Gerichte miteinander kooperieren und gegebenenfalls sich auch gegenseitig kontrollieren. In einem heterarchischem Verhältnis können die beiden Gerichte miteinander Grundrechtsschutz ergänzen und verstärken. Eben in der Entscheidung „Recht auf Vergessen II" hat das BVerfG festgestellt, dass es seine Kontrolle in enger Kooperation mit dem EuGH ausübt, soweit es die EU-Grundrechte als Prüfungsmaßstab anlegt.[94] Gleichfalls betrachtet es sich selbst als letztentscheidende In-

---

[91] BVerfG (Recht auf Vergessen II), Beschluss des Ersten Senats vom 6. November 2019, 1 BvR 276/17, Rn. 57 ff.

[92] Zum Konzept „Heterarchie" z.B. *Gernot Sydow/Fabian Wittreck*, Deutsches und Europäisches Verfassungsrecht I, München 2019, S. 92–93.

[93] BVerfG (Recht auf Vergessen II), Beschluss des Ersten Senats vom 6. November 2019, 1 BvR 276/17, Rn. 50 ff.

[94] BVerfG (Recht auf Vergessen II), Beschluss des Ersten Senats vom 6. November 2019, 1 BvR 276/17, Rn. 68.

stanz im Sinne des Art. 267 Abs. 3 AEUV und sagt, dass es demnach zur Vorlage verpflichtet ist.[95]

3. Kleine abweichende Problemstellungen

Wie oben dargestellt, haben die EU-Maßnahmen die EU-Verfassung entwickelt, insbesondere indem der EuGH die EU-Maßnahmen auslegt. Darüber hinaus haben die EU-Maßnahmen die deutsche Verfassung entwickelt, insbesondere indem der EuGH EU-Maßnahmen auslegt. Die Verfassungsentwicklung an sich ist eine gute Sache. Aber ein Punkt sollte diskutiert werden: Die EU ist zwar keine verfassunggebende Gewalt für Deutschland, aber die deutsche Verfassung wird von den EU-Maßnahmen beeinflusst oder entwickelt. Deutschland hat der Union Hoheitsrechte übertragen. Die Übertragung von Hoheitsrechten ist verfassungsrechtlich und prozessrechtlich erlaubt. Und dann ist es kein Problem mehr? Die Fälle (Entwicklung der nationalen Verfassung in EU-Maßnahmen), die oben dargestellt wurden, ergeben sich aus den Entscheidungen des EuGH, in denen er EU-Maßnahmen auslegt. Der EuGH ist kein legislatives Organ. Kann ein solches Organ die Verfassung ändern? Verfassungsentwicklung, insbesondere die Entwicklung einer nationalen Verfassung sollte auch unter dem Aspekt der Demokratie bedacht werden. Allerdings stellt sich diese Frage nicht nur für den EuGH, sondern auch für das Verfassungsgericht.[96]

Anschließend gibt es noch eine Frage zu besprechen: Besitzt der EuGH genügend demokratische Legitimation, um die deutsche Verfassung in legitimer Weise zu beeinflussen? Was die Unabhängigkeit der Richter betrifft, hat Polen Zweifel gegenüber der Wiederernennung eines Richters am EuGH in der Rechtssache C-619/18 (Kommission gegen Polen) geäußert.[97] Der EuGH hat diese Zweifel zurückgewiesen, indem er festgestellt hat, dass die Ernennung der Richter am EuGH gemäß Art. 253 AEUV befristet für die Dauer von sechs Jahren erfolgt und die Wiederernennung eines ausscheidenden Richters nach diesem Artikel gegenseitiges Einvernehmen der Regierungen der Mitgliedstaaten erfordert, nachdem der in Art. 255 AEUV vorgesehene Ausschuss seine Stellungnahme abgegeben hat.[98] Der in Art. 255 AEUV vorgesehene Ausschuss[99] wurde nach dem Vertrag von Lissabon begründet. Er verbessert die Sicherstellung der Unabhängigkeit der Richter am

---

95 BVerfG (Recht auf Vergessen II), Beschluss des Ersten Senats vom 6. November 2019, 1 BvR 276/17, Rn. 69.

96 *Niels Petersen*, Deutsches und Europäisches Verfassungsrecht II, München 2019, S. 2 (Rn. 6): „Warum sollten Verfassungsrichter, die nicht unmittelbar durch Wahlen legitimiert sind, den demokratischen Gesetzgeber kontrollieren können?".

97 EuGH, Rechtssache C-619/18, Kommission gegen Polen, ECLI:EU:C:2019:531, Rn. 118.

98 EuGH, Rechtssache C-619/18, Kommission gegen Polen, ECLI:EU:C:2019:531, Rn. 121.

99 Zum Ausschuss (the Article 255 Panel), siehe z. B. *Jean-Marc Sauvé*, 3 Selecting the European Union's Judges, in: Michal Bobek (Hrsg.), Selecting Europe's Judges, Oxford 2015, S. 78–85.

EuGH.[100] In der Tat hat Deutschland zwar z. B. die Art und Weise der Richterwahl geändert,[101] aber es gibt noch die Möglichkeit, dass ein Richter die Absichten der Regierung des Mitgliedstaats berücksichtigt, da eine Wiederernennung die Zustimmung der Regierung voraussetzt.[102]

---

[100] *Dominique Ritleng*, The Independence and Legitimacy of the European Court of Justice, in: ders. (Hrsg.), Independence and Legitimacy in the Institutional System of the European Union, Oxford 2016, S. 83 (92–98).

[101] *Ritleng* (Anm. 100), S. 95.

[102] *Ritleng* (Anm. 100), S. 98 f.

Das Verhältnis von Verfassung und Gesetz im Lichte des EU-Rechts

Kommentar zu dem Referat von Yumiko Nakanishi

Matthias Ruffert

1. Im nationalen Recht steht die Frage nach dem Verhältnis von Verfassung und Gesetz auf einem festen Fundament – dem Hierarchieprinzip, und dieses Prinzip prägt auch unser (verfassungs-)juristisches Denken. Nicht von ungefähr bedient sich Frau *Nakanishi* in ihrem Vortrag des Bildes der Pyramide. Aber das Europarecht irritiert die pyramidale Hierarchie. Für das kelsenianische Hierarchiedenken der Zwischenkriegszeit reichte es noch aus, sich des Verhältnisses zwischen staatlichem Recht und Völkerrecht zu vergewissern; schon dies eine ziemlich anspruchsvolle Aufgabe mit bekanntem Ergebnis. Das Europarecht macht es nun noch schwieriger, weil es dazu neigt, klare Abgrenzungen gleichsam zu verschleifen. Im Anschluß an die Überlegungen von Frau *Nakanishi* sollen hierzu zwei Perspektiven eingenommen werden: Erstens der Blick auf die Unionsrechtsordnung selbst und zweitens der auf ihr Verhältnis zum mitgliedstaatlichen Recht.

2. Zunächst also zur Unionsrechtsordnung selbst. Hier wird das Hierarchiedenken einerseits durch eine übersteigerte Hierarchisierung, andererseits durch eine Abschwächung des Hierarchiegedankens herausgefordert. Beides klingt in Frau *Nakanishis* Vortrag an.

Was meint übersteigerte Hierarchisierung? Frau *Nakanishi* erwähnt die Zuordnung völkerrechtlicher Verträge zur Unionsrechtsordnung. Gemäß Art. 216 Abs. 2 AEUV sind Unionsorgane und Mitgliedstaaten an derartige Verträge gebunden; sie stehen also über dem Sekundärrecht. Nach Art. 218 Abs. 11 AEUV kann der EuGH in einem Gutachtenverfahren vor der Ratifikation eines konkreten Vertrages dessen Konformität mit dem Primärrecht klären. Die Position völkerrechtlicher Verträge in der unionalen Normenhierarchie ist also zwischen Primär- und Sekundärrecht.

Der EuGH hat jedoch beginnend mit dem ersten EWR-Gutachten Strukturen und Prinzipien herausgestellt, die gleichsam änderungsfest sein sollen.[1] Völkerrechtliche Verträge sollen diese Prinzipien auch dann nicht überwinden können, wenn gleichzeitig das Primärrecht angepaßt wird. Im Mittelpunkt steht stets die Integrität

[1] EuGH, Gutachten 1/91, Slg. 1991, I-6079, Rn. 71 f. (EWR). Hinweise zum Schrifttum bei *Ohler*, in: Grabitz/Hilf/Nettesheim, EU, Art. 48 EUV (2017), Rn. 24.

der europäischen Gerichtsbarkeit, und so ist der Vorwurf nicht ganz abseitig, der EuGH wolle durch diese Konstruktion den Mitgliedstaaten als „Herren der Verträge" die Gestaltungshoheit über das Unionsrecht mehr oder weniger aus der Hand nehmen. Nachdem dieser Rechtsprechungsansatz über einige Jahre ruhte, ist er nun seit dem Gutachten über den Beitritt zur Europäischen Menschenrechtskonvention wieder ganz besonders bedeutsam. Seither betont der Gerichtshof in ständiger Rechtsprechung, „dass die Union mit einer neuartigen Rechtsordnung von spezieller Natur, einem ihr eigenen verfassungsrechtlichen Rahmen und ihr eigenen Grundprinzipien, einer besonders ausgefeilten institutionellen Struktur sowie einem Gesamtbestand ihr Funktionieren gewährleistender Rechtsregeln ausgestattet ist", kurz: die Autonomie des Unionsrechts.[2] Dieser Topos wirkt einerseits als Schirm für ein europäisches Gerichtssystem, das auch die mitgliedstaatlichen Gerichte einschließt – und rechtsstaatliche Anforderungen an die Justiz in den Mitgliedstaaten stellt[3] – andererseits aber auch als Bollwerk gegen Einschränkungen der Entscheidungsbefugnisse des EuGH. Deswegen ist der Beitritt zur EMRK gescheitert und wurde Investoren innerhalb der EU der effektive Rechtsschutz beschnitten;[4] der Abschluß von CETA durch die EU konnte nur mit erheblichem argumentativen Aufwand als unionsrechtskonform angesehen werden.[5] Die Definition eines änderungsfesten Kerns gehört zum Verfassungsrecht, aber wenn es dabei immer nur um die eigene Jurisdiktionshoheit geht, drohen Verzerrungen.

Wo ist die Hierarchisierung schwächer? Auch dies erwähnt Frau *Nakanishi,* die übrigens keine Probleme mit einer verfassungsrechtlichen Zuordnung der Verträge hat; damit ist sie als japanische Wissenschaftlerin vielen Vertretern der deutschen Staatsrechtslehre voraus. Hier geht es um die Struktur des europäischen Verfassungsrechts, dem es ursprünglich weniger auf die Eingrenzung vorhandener supranationaler Herrschaft ankommt, als vielmehr darauf, ein Integrationsprogramm zu verwirklichen. Schon völkerrechtlich waren bereits die Römischen Verträge nicht in erster Linie *traité-loi,* also auf die Regelsetzung ausgerichtet, sondern *traité-cadre,* auf Rahmensetzung orientiert. Primäres Unionsrecht bedarf der Ausfüllung durch Sekundärrecht. Besonders gut läßt sich das an den vier Grundfreiheiten (Personen, Waren, Kapital, Dienstleistungen) illustrieren. Sie gehören zum primären Vertragsrecht und sind nur so lange anwendbar, bis der entsprechende Regelungsbereich durch Sekundärrecht harmonisiert ist. Die Harmonisierung beseitigt gerechtfertigte Hemmnisse für den wirtschaftlichen Austausch im „unvollkommenen Binnenmarkt", und dann ist das harmonisierende Sekundärrecht bzw. das harmonisierte nationale Recht maßgeblich. Das irritiert den Stufenbau der Unionsrechtsordnung, dreht die Pyramide aber nicht um: Die Verwirklichung der Grundfreiheiten im

[2] EuGH, Gutachten 2/13, ECLI:EU:C:2014:2454, Rn. 158 (EMRK).

[3] Zusammenfassung der Rspr. in EuGH, Rs. C-619/18, ECLI:EU:C:2019:531, Rn. 42 ff. (Kommission/Polen).

[4] EuGH, Rs. C-284/16, EU:C:2018:158, Rn. 35 (Achmea).

[5] EuGH, Gutachten 1/17, ECLI:EU:C:2019:341 (CETA).

Sekundärrecht muß nämlich mit den Grundfreiheiten vereinbar sein.[6] Tatsächlich gibt es Rechtsprechung des EuGH, die dies einfordert, wenn auch der Gerichtshof nur selten veranlaßt war, hierüber zu urteilen.[7]

Frau *Nakanishi* erwähnt das Modell der Vertragsverwirklichung noch in anderen Zusammenhängen. Prominent wird es sichtbar im Antidiskriminierungsrecht, das letztlich der Verwirklichung konkreter Grundrechte dient, nämlich den Diskriminierungsverboten in Art. 21 GRCh. Das Problem besteht hier darin, daß das Sekundärrecht – die Antidiskriminierungsrichtlinien – älter ist als das Primärrecht, dessen Verwirklichung es dient, denn die Grundrechtecharta wurde erst ein knappes Jahrzehnt nach den Richtlinien rechtsverbindlich. Der EuGH ist nicht ganz unschuldig daran, daß hier die Maßstäbe durcheinandergeraten und bisweilen unklar ist, welcher Rechtssatz genau zur Anwendung kommt. *Ulrich Haltern* hat gezeigt, daß es auch um eine Ausweichstrategie geht: Wenn die Frist zur Umsetzung von Richtlinien noch nicht abgelaufen ist oder wenn eine Richtlinie unmittelbar im Verhältnis zwischen Privaten wirken müßte – was nach der Rechtsprechung ausgeschlossen ist –, dann greift der Gerichtshof auf das primärrechtliche Grundrecht zurück.[8] Frau *Nakanishi* erwähnt die in Deutschland ganz besonders umstrittene Mangold-Rechtsprechung.[9] Sie hat nun in der Egenberger-Story eine ganz besondere Krönung erfahren.[10] Die Story wird aber nun in Karlsruhe zu Ende erzählt – eine Verfassungsbeschwerde ist anhängig.

3. Spätestens jetzt kommt das Verhältnis zwischen Unionsrecht und dem mitgliedstaatlichen Recht ins Spiel. Frau *Nakanishi* verweist hier zu Recht auf die mit Costa/ENEL[11] beginnende ständige Rechtsprechung des EuGH. Lange war man auf der Suche nach einer dogmatischen Begründung für den Vorrang des Unionsrechts vor dem mitgliedstaatlichen Recht, der sich bekanntlich sogar auf das Verfassungsrecht erstreckt. Die Aufnahme der Vorrangregel in das Primärrecht scheiterte[12]; mit der Alternative, einer Erklärung zum Vertrag von Lissabon[13], tat sich das Bundesverfassungsgericht im Lissabon-Urteil schwer.[14] Ein Jahr später wurde die Problematik jedoch im Honeywell-Urteil (das im Kontext der schon erwähnten Mangold-

[6] Kritischer *Jestaedt,* Diskriminierungsschutz und Privatautonomie, VVDStRL 64 (2005), S. 298 (322 ff.), im Anschluß an *Schönberger,* Normenkontrollen im EG-Föderalismus. Die Logik gegenläufiger Hierarchisierungen im Gemeinschaftsrecht, EuR 2003, S. 600.

[7] Zusammenfassend m. w. N. zur Rspr. *Schroeder,* in: Streinz (Hrsg.), EUV/AEUV, 3. Aufl. 2018, Art. 34 AEUV Rn. 29.

[8] *Haltern,* Europarecht II, 3. Aufl. 2017, Rn. 783 ff.

[9] EuGH, Rs. C-144/04, Slg. 2005, I-9981 (Mangold). S. auch EuGH, Rs. C-555/07, Slg. 2010, 365 (Kücükdevici).

[10] EuGH, Rs. C-414/16, ECLI:EU:C:2018:257 (Egenberger).

[11] EuGH, Rs. 6/64, Slg. 1964, 1251 (Costa/ENEL).

[12] Art. I-6 VerfEU, ABl.EU 2004 Nr. C 310/1. (nicht ratifiziert).

[13] Erklärung Nr. 17 zum Vertrag von Lissabon; ABl.EU Nr. C 202/344.

[14] BVerfGE 123, 267 (396 ff.).

Rechtsprechung steht) aufgelöst: Das Unionsrecht muß grundsätzlich Vorrang vor dem mitgliedstaatlichen Recht haben, weil sonst eine funktionsfähige Rechtsgemeinschaft nicht gedacht werden kann.[15] Es ist nicht möglich, daß 28 Mitgliedstaaten gleichzeitig den Vorrang ihrer Rechtsordnungen postulieren. Die Kontrollvorbehalte nationaler Verfassungsgerichte, auf die Frau *Nakanishi* verweist, sind daher auf Extremsituationen reduziert. Das Bundesverfassungsgericht formuliert seinen Kontrollmaßstab entsprechend.[16]

In diesem Kontext konnte sich auch die Aufregung um die vom EuGH in Åkerberg Fransson[17] vollzogene Ausdehnung der Grundrechtskontrolle legen. Zwar gibt es in der Rechtsprechung des EuGH eher Suchbewegungen als eine griffige (und unionsrechtskonforme) Abgrenzungsformel,[18] aber der große Konfliktfall ist bislang ausgeblieben.[19] Er ist eher an anderer Stelle zu erwarten: Zu ungeschickt war es vom EuGH, eine Frage des Bundesverfassungsgerichts als unzulässig zurückzuweisen, obwohl Art. 267 AEUV, die Norm über Vorlagen an den EuGH, nur verlangt, daß das vorlegende Gericht eine Frage für entscheidungserheblich hält.[20] Auch der Umgang mit Kompetenzsperren in EUV und AEUV – z.B. bezogen auf das Religionsverfassungsrecht in Art. 17 AEUV – birgt Konfliktstoff.[21]

Ein Mechanismus der Konfliktvermeidung ist die unionsrechtskonforme Auslegung, auf die Frau *Nakanishi* ebenfalls ausführlich eingeht. Gestartet als richtlinienkonforme Auslegung, gehört sie heute zum festen Kanon der europarechtlichen Methodik. Hier soll nun, nicht zuletzt, um den präzisen Rechtsvergleich zu erleichtern, auf ein naheliegendes Mißverständnis hingewiesen werden (dem Frau *Nakanishi* übrigens nicht unterliegt): Unionsrechtskonforme Auslegung hat eine andere Funktion als die Ihnen allen bekannte verfassungskonforme Auslegung. Bei der verfassungskonformen Auslegung nach deutschem Verfassungsrecht geht es um den Respekt vor dem parlamentarischen Gesetzgeber. Ist ein Weg erkennbar, ein Gesetz so auszulegen, daß es der Verfassung entspricht, so ist die entsprechende Auslegungsvariante anderen Varianten, nach denen das Gesetz für nichtig zu erklären wäre, vorzuziehen. Bei der unionsrechtskonformen Auslegung geht es nicht um den Schutz des nationalen oder Unionsgesetzgebers. Vielmehr werden die mitgliedstaatlichen Gerichte in ihrer interpretativen Tätigkeit in die Umsetzung und Anwendung des Unionsrechts integriert. Sie füllen Auslegungs- und Gestaltungsspielräume im Sinne unionsrechtlicher Regeln und Prinzipien aus und tragen so zur Verwirklichung des Unionsrechts bei.

[15] BVerfGE 126, 286 (303).

[16] St. Rspr. seit BVerfGE 142, 123 (194 ff.).

[17] EuGH, Rs. C-617/10, ECLI:EU:C:2013:105 (Åkerberg Fransson).

[18] Illustrativ *Streinz/Michl*, in: Streinz (Hrsg.), EUV/AEUV, 3. Aufl. 2018, Art. 51 GRCh, Rn. 8 ff.

[19] Erst einige Monate nach dem Verfassungsgespräch ergingen die beiden Entscheidungen zum „Recht auf Vergessen“: BVerfG, EuGRZ 2019, 683 und 702.

[20] EuGH, Rs. C-493/17, ECLI:EU:C:2018:1000, Rn. 159 ff. (Weiss). Das BVerfG hat inzwischen zumindest hierauf souverän reagiert: BVerfGE 154, 17, Rn. 222 ff. (PSPP).

[21] S. *Walter*, FAZ Nr. 152 v. 4.7.2019, S. 6.

4. Die supranationale Unionsrechtsordnung ist in der Lage, nationales Recht nachhaltig zu beeinflussen. Das bringt eine besondere Verantwortung auch der Staatenvertreter im Rat bei der Unionsgesetzgebung mit sich; die früher oft geübte Gleichgültigkeit sollte *passé* sein. Es schafft aber auch im globalen Rahmen Gestaltungsspielräume. Wenn Frau *Nakanishi* uns daran erinnert, wie das Europarecht über das Freihandelsabkommen mit Japan[22] das japanische Recht prägt, so kann dieser Effekt kaum unterschätzt werden. Die plumpe Freihandelskritik, die ausgehend von den Rändern des politischen Spektrums zeitweise zum Mainstream der deutschen öffentlichen Debatte geworden ist, negiert diese Effekte völlig. Was in Deutschland zerredet wird, hat Japan längst begriffen. Es wäre nicht das schlechteste Ergebnis unseres schönen japanisch-deutschen Austausches, wenn hierauf die notwendige Aufmerksamkeit gelenkt würde.

[22] Im Einzelnen: https://ec.europa.eu/trade/policy/in-focus/eu-japan-economic-partnership-agreement/index_de.htm; der Volltext des Abkommens ist einsehbar in: ABl.EU 2018 L 330 v. 27.12.2018, S. 3–899.

Verzeichnis der Teilnehmerinnen und Teilnehmer

Prof. Dr. *Koichi Akasaka*, Universität Kyushu
Prof. Dr. *Gabriele Britz*, Richterin am Bundesverfassungsgericht, Karlsruhe/Justus-Liebig-Universität Gießen
Prof. Dr. *Matthias Cornils*, Johannes Gutenberg-Universität, Mainz
Prof. Dr. *Tsuyoshi Hatajiri*, Chuo-Universität, Tokio
Prof. Dr. *Tomonobu Hayashi*, Tokio-Universität, Tokio
Prof. Dr. *Noriyuki Inoue*, Universität Kobe
Ass.-Prof. Dr. *Sotaro Ishizuka*, Nihon-Universität, Tokio
Prof. Dr. *Matthias Jestaedt*, Albert-Ludwigs-Universität Freiburg i. Br.
Prof. Dr. *Takashi Jitsuhara*, Fukuoka-Universität, Fukuoka
Prof. Dr. *Anna-Bettina Kaiser*, Humboldt-Universität zu Berlin
Prof. Dr. *Nobuhiko Kawamata*, Universität Saitama
Prof. Dr. *Go Koyama*, Keio-Universität, Tokio
Prof. Dr. *Julian Krüper*, Ruhr-Universität Bochum
Prof. *Tomoaki Kurishima*, Universität Saitama
Prof. Dr. *Oliver Lepsius*, Westfälische Wilhelms-Universität, Münster
Prof. Dr. *Mitsuhiro Matsubara*, Chuo-Universität, Tokio
Prof. Dr. *Kazuhiko Matsumoto*, Universität Osaka
Prof. Dr. *Motoi Miyaji*, Meijigakuin-Universität, Tokio
Prof. Dr. *Yuhiko Miyake*, Komazawa-Universität, Tokio
Prof. Dr. *Toru Mori*, Universität Kyoto
Prof. Dr. *Toshiyuki Munesue*, Senshu-Universität, Tokio
Prof. Dr. *Yumiko Nakanishi*, Hitotsubashi-Universität, Tokio
Prof. Dr. *Martin Nettesheim*, Eberhard Karls Universität, Tübingen
Prof. Dr. *Nami Thea Ohnishi*, Senshu-Universität, Tokio
Prof. Dr. *Ralf Poscher*, Max-Planck-Institut zur Erforschung von Kriminalität, Sicherheit und Recht, Freiburg i. Br.
Prof. Dr. *Matthias Ruffert*, Humboldt-Universität zu Berlin
Prof. Dr. *Christoph Schönberger*, Universität Konstanz
Prof. Dr. *Hidemi Suzuki*, Keio-Universität, Tokio
Prof. Dr. *Atsushi Takada*, Universität Osaka
Prof. *Shusaku Takechi*, Toyo-Universität, Tokio
Prof. Dr. *Yuki Tamamushi*, Nihon-Universität, Tokio
Prof. Dr. *Uwe Volkmann*, Goethe-Universität, Frankfurt a. M.
Prof. Dr. *Christian Waldhoff*, Humboldt-Universität zu Berlin
Prof. Dr. *Hinnerk Wißmann*, Westfälische Wilhelms-Universität, Münster